「令和5年版 労働経済の分析」（労働経済白書）の発表に当たって

　本年の春から、新型コロナウイルス感染症の感染症法上の位置付けが季節性インフルエンザと同じ「5類」に変更されました。3年余りにわたりまして、新型コロナウイルス感染症対策にご理解・ご協力をいただいた国民の皆様に対し、改めて感謝を申し上げます。

　我が国の雇用情勢は、感染拡大の影響から経済社会活動が徐々に活発化する中で、新規求人数が2年連続で増加し、2022年の完全失業率が2.6％まで低下するなど、引き続き回復基調にあります。名目賃金についても、2022年においては、2019年の感染拡大前の水準を上回りました。2023年の春季労使交渉における賃上げ率は3.60％と、1993年に次ぐ30年ぶりの高水準となるなど、賃上げに向けて力強い動きが見られています。他方、名目賃金が大きく増加する中でも、物価上昇に伴い、実質賃金がマイナスとなるなど、まだまだ賃上げの効果を実感しづらい状況にあることから、持続的な賃上げに向けて、様々な取組を加速させていく必要があります。

　このような問題意識から、今年の白書では「持続的な賃上げに向けて」と題して、過去30年にわたり賃金が伸び悩んだ背景について確認するとともに、賃上げが企業・労働者及び経済全体に及ぼす効果や、今後の持続的な賃上げに向けた方向性等について分析を行いました。

　具体的には、これまで我が国の賃金が伸び悩んだ状況について、国際比較等を通じて明らかにするとともに、その背景について、いくつかの仮説を踏まえながら考察しています。さらに、賃上げが経済にとって様々な好影響をもたらすことについて、個々の企業・労働者や、日本経済全体の2つの視点に分けて分析を行っています。

　その上で、持続的な賃上げに向けて、スタートアップ等の新規開業、転職によるキャリアアップ及び希望する非正規雇用労働者の正規雇用転換の3つの視点を取り上げ、今後の方向性をとりまとめました。政策が賃金に及ぼす影響として、最低賃金制度と同一労働同一賃金の2つを取り上げ、これら政策の効果についても明らかにしました。

　賃上げは、未来への投資です。成長の果実が労働者に適切に分配されれば、それが更なる成長へとつながっていきます。こうした好循環をつくっ

ていくことが、日本経済の活力を取り戻すためには必要不可欠であり、今回の分析における結果も踏まえながら、必要な取組を着実に進めてまいります。
　今回の分析が、持続的な賃上げの実現に向けて、国民の皆様の理解を一層深める一助となれば幸いです。

令和5年9月

厚生労働大臣　武見敬三

令和5年版 労働経済の分析 〔概要〕

—持続的な賃上げに向けて—

「令和5年版 労働経済の分析」のポイント

【2022年の労働経済の推移と特徴】

○ 我が国の雇用情勢は、経済社会活動が徐々に活発化する中で持ち直している。雇用者数については、女性の正規雇用者数が堅調に増加したほか、「宿泊業，飲食サービス業」「生活関連サービス業，娯楽業」では減少から増加に転じた。

○ 人手不足感はコロナ前の水準まで戻りつつある中、転職者は、「より良い条件の仕事を探すため」が牽引し、3年ぶりに増加に転じた。

○ 名目賃金は全ての月で前年同月を上回り、民間主要企業の賃上げ率は、2.20%と4年ぶりに前年の水準を上回った。一方で、円安の進行等に伴う物価上昇により、実質賃金は減少した。
　※　実質賃金：前年比▲1.0%（2021年 ＋0.6%、2020年 ▲1.2%）

【賃金の現状と課題】

○ 賃金は、1970年から1990年代前半まではほぼ一貫して増加していたが、1990年代後半以降、それまでの増加トレンドから転換し、減少又は横ばいで推移している。

○ 1990年代後半以降、物価の影響も考慮すると、一人当たりの実質労働生産性は他の主要先進国並みに上昇しているものの、実質賃金は伸び悩んでいる。我が国においては、労働時間の減少や労働分配率の低下等が賃金を押し下げている。

○ 我が国の賃金の伸び悩みには、企業の利益処分、労使間の交渉力、雇用者の構成等の変化や、日本型雇用慣行の変容、労働者のニーズの多様化が寄与した可能性がある。

【賃上げによる企業・労働者や経済等への好影響】

○ 賃上げは、企業にとっては、求人の被紹介確率を上昇させるとともに離職率を低下させる等の効果が、労働者にとっては、仕事の満足度を高める等の効果がある。

○ 賃上げは、経済全体でみると、消費や生産等を増加させる効果がある。また、賃上げや雇用の安定は、希望する人の結婚を後押しする観点からも重要。
　※　全労働者の賃金が1%増加した場合に見込まれる効果：生産額 約2.2兆円、雇用者報酬 約0.5兆円

【企業と賃上げの状況について】

○ 売上総額や営業利益等が増加した企業や、今後増加すると見込む企業ほど、賃上げを行う傾向がある。

○ 価格転嫁ができている企業ほど賃上げする傾向がある。価格転嫁できない理由は、「価格を引き上げると販売量が減少する可能性がある」が最多。

【持続的な賃上げに向けて】

＜スタートアップ企業等の新規開業と賃金の関係＞

○ OECD諸国についてみると、開業率と労働生産性・賃金上昇には正の相関がみられる。

○ スタートアップ企業等における賃上げ率や、成長見通しは、創業15年以上の企業よりも高く、賃上げにも積極的な傾向がある。
　※　スタートアップ企業は、通常創業10年以内の非上場企業とされるが、データの制約から15年未満の企業について分析。

＜転職によるキャリアアップや正規雇用転換と賃金の関係＞

○ 転職を経ると2年後に転職前と比べて年収が大きく増加する確率が高まる。

○ また、非正規雇用労働者が正規雇用に転換すると、年収が大きく増加するだけではなく、安定した雇用に移ることで、キャリア見通し、成長実感が改善し、自己啓発を行う者の割合も高まる傾向がある。

【政策による賃金への影響（最低賃金制度、同一労働同一賃金）】

○ 最低賃金が近年大きく上昇している中で、最低賃金近傍のパートタイム労働者割合は高まっている。最低賃金の引上げは、最低賃金＋75円以内のパートタイム労働者の割合を大きく上昇させ、時給が低い（下位10%）パートタイム労働者の賃金を大きく引き上げる可能性がある。

○ 同一労働同一賃金の施行は、正規・非正規雇用労働者の時給差を約10%縮小させ、非正規雇用労働者への賞与支給事業所割合を約5%上昇させた可能性がある。

> 我が国の雇用情勢は、経済社会活動が徐々に活発化する中で、持ち直している。
> 雇用者数については、男女ともに非正規雇用労働者は回復に弱さがみられるが、女性の正規雇用労働者は堅調に増加している。産業別にみると、「宿泊業，飲食サービス業」「生活関連サービス業，娯楽業」は減少から増加に転じたほか、「医療，福祉」「情報通信業」では引き続き増加がみられた。

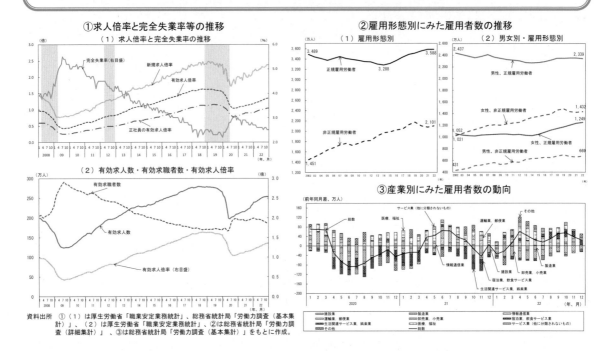

①求人倍率と完全失業率等の推移
（1）求人倍率と完全失業率の推移
（2）有効求人数・有効求職者数・有効求人倍率

②雇用形態別にみた雇用者数の推移
（1）雇用形態別
（2）男女別・雇用形態別

③産業別にみた雇用者数の動向

資料出所　①（1）は厚生労働省「職業安定業務統計」、総務省統計局「労働力調査（基本集計）」、（2）は厚生労働省「職業安定業務統計」、②は総務省統計局「労働力調査（詳細集計）」、③は総務省統計局「労働力調査（基本集計）」をもとに作成。

> 雇用の過不足の状況をみると、2021年12月以降は全ての産業において「不足」超となっているなど、人手不足感はコロナ前の水準まで戻りつつある。
> 民間職業紹介事業について、「介護サービスの職業」「歯科医師、獣医師、薬剤師」等では、常用求人数が新規求職申込件数の２倍以上となった一方、「一般事務の職業」では、新規求職申込件数を大きく下回った。
> 前職を離職した理由別に転職者数の前年差をみると、2022年は「より良い条件の仕事を探すため」が３年ぶりに増加に転じている。

①産業別にみた雇用人員判断D.I.の推移

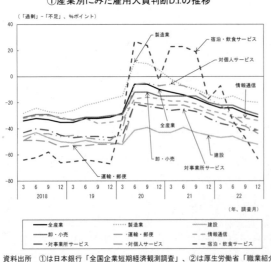

②民間職業紹介事業における職業別　常用求人数・新規求職申込件数

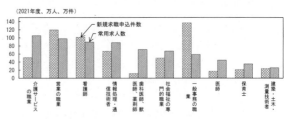

③前職離職理由別にみた転職者数の推移

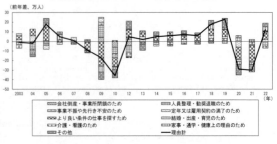

資料出所　①は日本銀行「全国企業短期経済観測調査」、②は厚生労働省「職業紹介事業報告書の集計結果（速報）」、③は総務省統計局「労働力調査（詳細集計）」をもとに作成。

> 労働時間をみると、感染症の影響による2020年の大幅減から２年連続で増加した。
> 名目賃金（現金給与総額）は、前年比で全ての月において増加した。2022年の民間主要企業の賃上げは、賃上げ率が2.20%となっており、４年ぶりに前年の水準を上回った。
> 一方で、円安の進行や輸入原材料の価格の高騰に伴う物価上昇がみられ、実質賃金は減少した。

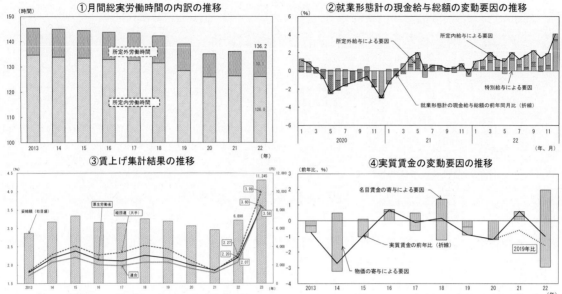

①月間総実労働時間の内訳の推移

②就業形態計の現金給与総額の変動要因の推移

③賃上げ集計結果の推移

④実質賃金の変動要因の推移

資料出所　①及び②は厚生労働省「毎月勤労統計調査」、③は厚生労働省「民間主要企業春季賃上げ要求・妥結状況」、（一社）日本経済団体連合会「春季労使交渉・大手企業業種別回答状況（加重平均）」、日本労働組合総連合会「春季生活闘争（最終）回答集計結果」、④は厚生労働省「毎月勤労統計調査」、総務省統計局「消費者物価指数」をもとに作成。

Ⅱ．持続的な賃上げに向けて
賃金の現状と課題

> 賃金については、1970年からおおむね1990年代前半までは、ほぼ一貫して増加している一方で、1990年代後半以降、それまでの増加トレンドから転換し、減少又は横ばいで推移している。
> （※）　1970年代～1990年代前半までは、名目労働生産性と名目賃金がどちらもほぼ一貫して増加しており、両者は極めて強く連動していたが、1990年代後半以降、生産性の上昇ほどは賃金が増加しづらい状況が継続している。

一人当たり名目労働生産性・名目賃金の推移と労働経済白書（労働白書）での記述等

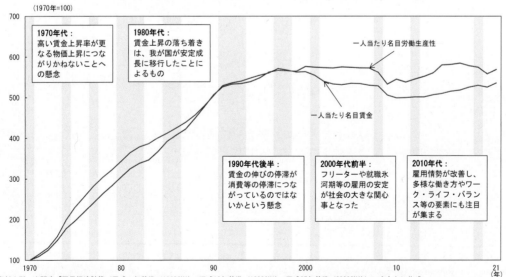

資料出所　内閣府「国民経済計算（平成２年基準（1968SNA）、平成12年基準（1993SNA）、平成27年基準（2008SNA））」をもとに作成。
（注）　一人当たり名目労働生産性は、国内総生産（ＧＤＰ）を就業者数で除して算出。一人当たり名目賃金は、雇用者報酬（平成２年基準では雇用者所得）を雇用者数で除して算出。

> 一人当たり名目労働生産性・名目賃金は、我が国では25年間ほぼ横ばいで推移している。
> 物価の影響も考慮した実質でみると、一人当たり実質労働生産性は他国並みに上昇しているものの、一人当たり実質賃金は伸び悩んでいる。
> 我が国においては、労働時間の減少や労働分配率の低下等が一人当たり賃金を押し下げている。

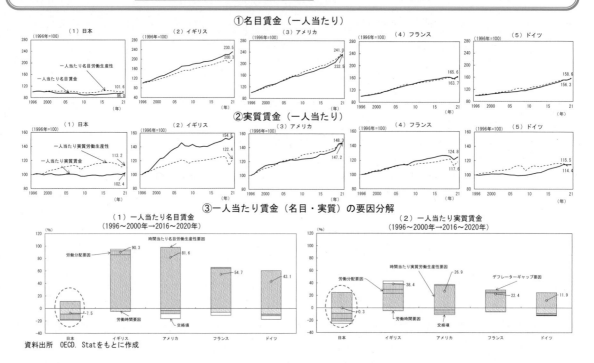

①名目賃金（一人当たり）

（1）日本　（2）イギリス　（3）アメリカ　（4）フランス　（5）ドイツ

②実質賃金（一人当たり）

（1）日本　（2）イギリス　（3）アメリカ　（4）フランス　（5）ドイツ

③一人当たり賃金（名目・実質）の要因分解

（1）一人当たり名目賃金（1996～2000年→2016～2020年）

（2）一人当たり実質賃金（1996～2000年→2016～2020年）

資料出所　OECD. Statをもとに作成

> 我が国の労働時間は、他国と比べても大きく減少している。この背景には、フルタイム・パートタイム労働者それぞれの労働時間の減少だけではなく、パートタイム労働者比率の上昇が大きく寄与している。
> また、労働分配率は一貫して低下傾向であり、1996～2000年から2016～2020年までの労働分配率の低下幅はOECD諸国の中でも大きい。

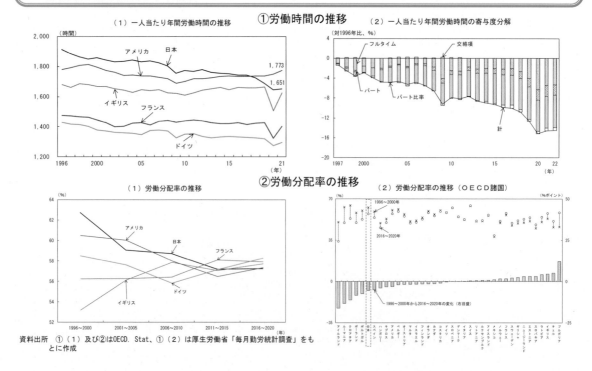

①労働時間の推移

（1）一人当たり年間労働時間の推移　（2）一人当たり年間労働時間の寄与度分解

②労働分配率の推移

（1）労働分配率の推移　（2）労働分配率の推移（OECD諸国）

資料出所　①（1）及び②はOECD. Stat、①（2）は厚生労働省「毎月勤労統計調査」をもとに作成

（１）**企業の利益処分の変化**：企業の内部留保は付加価値額の増加等を背景に増加している。先行きの不透明感等、将来見通しの低さが企業をリスク回避的にさせ、企業が賃上げに踏み切れなかった可能性。

（２）**労使間の交渉力の変化**：企業の市場集中度が高く、また、労働組合加入率が低いほど、賃金水準が低い傾向がある。労働組合組織率の低下等、労使間の交渉力の変化が賃金を下押しした可能性。

（３）**雇用者の構成変化**：雇用者の構成（産業構成・勤続年数・パート比率等）割合を1996年で固定した試算値や、賃金の寄与度分解をみると、雇用者の構成変化が賃金に影響している可能性。

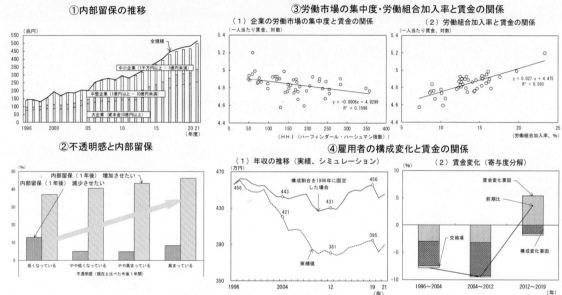

①内部留保の推移

③労働市場の集中度・労働組合加入率と賃金の関係

②不透明感と内部留保

④雇用者の構成変化と賃金の関係

資料出所　①は財務省「法人企業統計（年報）」、②は（独）労働政策研究・研修機構「企業の賃金決定に係る調査」（2022年）、③は厚生労働省「労働組合基礎調査」（2016年）、総務省・経済産業省「経済センサス‐活動調査」（2016年）、④は厚生労働省「賃金構造基本統計調査」をもとに作成

（４）**日本型雇用慣行の変容**：同一企業に勤め続ける「生え抜き正社員」割合は低下傾向で推移している。大企業では、「生え抜き正社員」の昇進の遅れも賃金を下押しした可能性がある。

（５）**労働者のニーズの多様化**：ここ25年で就業者に占める女性や高年齢層の男女の割合が上昇している。女性や高年齢層では、希望賃金が低い傾向があり、また、相対的に求人賃金の低い事務的職業や運搬・清掃等の職業を希望する割合が高い。

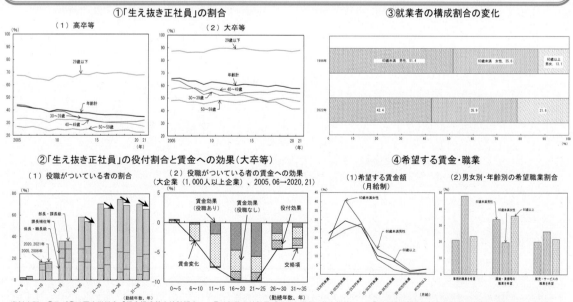

①「生え抜き正社員」の割合

③就業者の構成割合の変化

②「生え抜き正社員」の役付割合と賃金への効果（大卒等）

④希望する賃金・職業

資料出所　①及び②は厚生労働省「賃金構造基本統計調査」、③は総務省統計局「労働力調査（基本集計）」、④は厚生労働省行政記録情報（職業紹介）をもとに作成
（注）　「生え抜き正社員」とは、大学・大学院卒では22〜25歳、高卒・短大卒では18〜21歳の期間で、正規雇用・無期契約として就職し、その企業に勤め続けている59歳までの者を指す。

> 近年、企業の人手不足は企業規模にかかわらず深刻化しているが、高い求人賃金や完全週休２日、ボーナスあり、時間外労働なし等の条件が加わると、求人の被紹介確率が上昇する。
> 賃上げは、企業にとっては、既存の社員のやる気向上や離職率の低下等の効果があり、増加額が高いほど、仕事への満足度の向上や、生き生きと働けるようになる等の効果がある可能性がある。

①企業規模別の欠員率

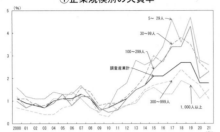

②求人条件による被紹介状況への影響（フルタイム）

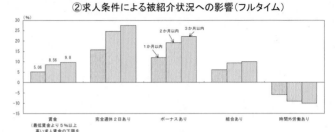

③賃上げの効果（企業）

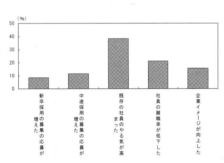

④賃上げの効果（労働者）

（１）仕事への満足度が高まった労働者の割合

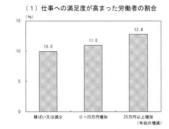

（２）生き生きと働けるようになった労働者の割合

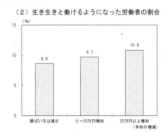

資料出所　①は厚生労働省「雇用動向調査」、②は厚生労働省行政記録情報（職業紹介）、
③は（独）労働政策研究・研修機構「企業の賃金決定に係る調査」（2022年）、
④はリクルートワークス研究所「全国就業実態パネル調査」をもとに作成

> フルタイム労働者の定期・特別給与が１％増加すると、各々0.2％、0.1％消費を増加させる効果がある。
> 全労働者の賃金が１％増加すると、生産額が約2.2兆円、雇用者報酬が約0.5兆円増加すると見込まれる。
> 相対的に年収が高い層ほど、結婚確率が高くなる効果がみられる（正規雇用も結婚確率を引き上げる効果がある）。若年層の賃上げや雇用の安定は、希望する人の結婚を後押しする観点からも重要。

①消費への効果（各要素が1％増加した場合）

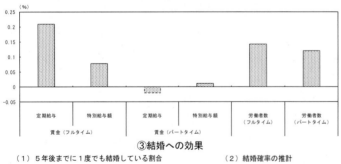

②経済全体への効果（賃金が1％増加した場合）

（１）増加生産額

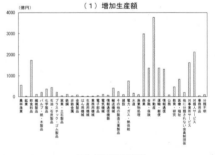

③結婚への効果

（１）５年後までに１度でも結婚している割合

（２）結婚確率の推計

（２）増加雇用者報酬

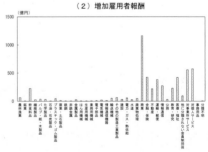

資料出所　①は厚生労働省「賃金構造基本統計調査」、内閣府「県民経済計算（平成12年基準（1993SNA）、平成17年
基準（1993SNA）、平成23年基準（2008SNA）、平成27年基準（2008SNA））」、総務省統計局「人口推計」、総
務省統計局「国勢調査」、総務省統計局「労働力調査」、②は総務省「産業連関表」「家計調査」、内閣府
「国民経済計算」、③は厚生労働省「21世紀成年者縦断調査（平成24年成年者）」をもとに作成

企業と賃上げの状況について（アンケート調査による分析）

➢ 売上総額等が３年前と比べて「増加」した企業ほど、賃上げを実施している傾向がある。また、売上総額等が「増加」すると見込む企業において、賃上げを実施した企業の割合が高い。

➢ 価格転嫁は、８割以上転嫁できている企業は１割強にとどまる一方、全く転嫁出来ていない企業が３割にのぼる。価格転嫁ができている企業ほど賃上げできている傾向。価格転嫁できない理由は、「価格を引き上げると販売量が減少する可能性がある」が約34％と最多。

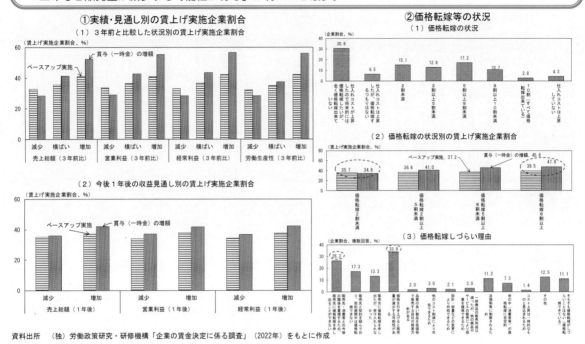

資料出所　（独）労働政策研究・研修機構「企業の賃金決定に係る調査」（2022年）をもとに作成

スタートアップ企業等の新規開業と賃金の関係

➢ ＯＥＣＤ諸国についてみると、開業率と労働生産性・賃金には正の相関がみられる。

➢ スタートアップ企業等は、創業15年以上の企業よりも賃上げ率や成長見通しが高い。
　※定期給与増加率の比較は、企業業績が何らかの形で改善している企業に限っている。

➢ 収益増を見通すスタートアップ企業等は、ベースアップにも積極的な傾向がある。

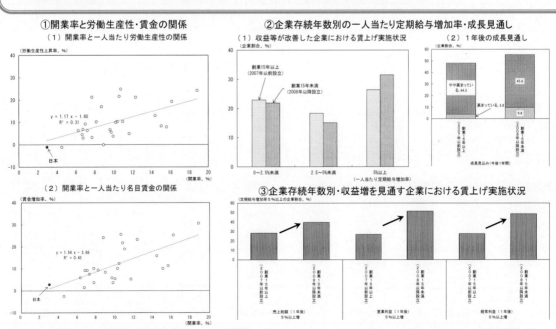

資料出所　①はOECD．Stat、総務省・経済産業省「経済センサス－活動調査」、United States Census Bureau「Business Dynamics Statistics」、②及び③は（独）
　　　　　労働政策研究・研修機構「企業の賃金決定に係る調査」（2022年）をもとに作成

Ⅱ	転職によるキャリアアップや正規雇用転換と賃金の関係

> 転職等希望者に占める転職者の割合は2020年以降低下しており、感染拡大期において、転職へのニーズが実現出来ていなかった可能性がある。一方で、転職を経ると２年後に転職前と比べて年収が大きく増加する確率は高まる。
> 非正規雇用労働者が正規雇用転換すると、年収が大きく増加するだけではなく、安定した雇用に移ることで、キャリア見通し、成長実感が改善し、自己啓発を行う者の割合も高まる傾向がある。

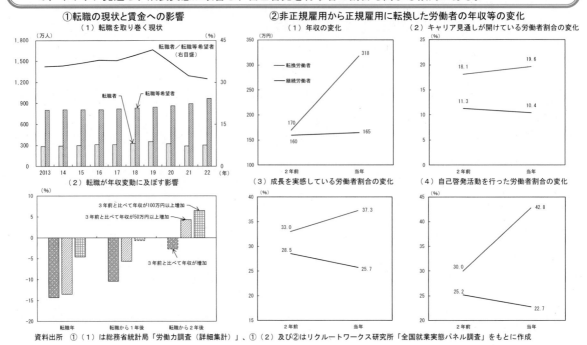

資料出所　①（１）は総務省統計局「労働力調査（詳細集計）」、①（２）及び②はリクルートワークス研究所「全国就業実態パネル調査」をもとに作成

Ⅱ	政策による賃金への影響①　最低賃金引上げ

> 最低賃金が近年大きく上昇している中で、最低賃金近傍のパートタイム労働者割合は高まっている。
> 最低賃金引上げは、最低賃金＋75円以内のパートタイム労働者の割合を大きく上昇させる可能性がある。
> 最低賃金引上げは、パートタイム労働者下位10％の賃金を0.8％程度、中位層においても0.7％程度引き上げる可能性がある。

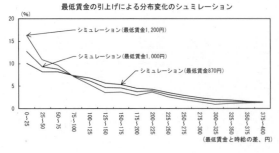

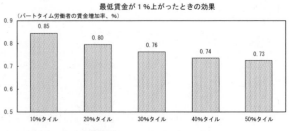

資料出所　①は厚生労働省ホームページ、②～④は厚生労働省「賃金構造基本統計調査」をもとに作成

政策による賃金への影響②　同一労働同一賃金～雇用形態間の賃金差～

➤ 正規雇用労働者と非正規雇用労働者の時給比は、勤続年数が長くなると拡大する傾向がある。
➤ 同一労働同一賃金の施行は、正規・非正規雇用労働者の時給差を約10％縮小させ、非正規雇用労働者への賞与支給事業所割合を約５％上昇させた可能性がある。

①同一職業・勤続年数における正規・非正規雇用労働者間の時給比

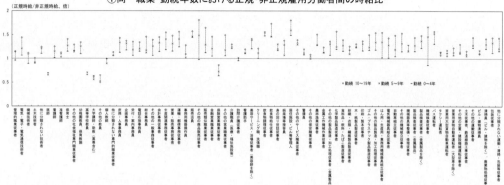

②正規・非正規雇用労働者の時給比の推移

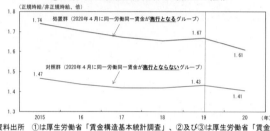

③非正規雇用労働者への賞与支給事業所割合

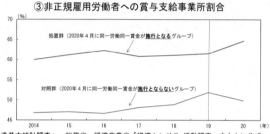

資料出所　①は厚生労働省「賃金構造基本統計調査」、②及び③は厚生労働省「賃金構造基本統計調査」、総務省・経済産業省「経済センサス-活動調査」をもとに作成

企業の取組事例を紹介するコラム

（１）商品やサービスの高付加価値化の取組について
・株式会社ワークマン（データ活用による商品づくり）
・有限会社ゑびや・株式会社EBILAB（データ活用による売上アップ）

（２）スタートアップ企業等における人材活用の取組について
・株式会社メルカリ（人事評価制度の刷新、福利厚生制度の充実）

（３）ジョブ型人事制度導入の取組について
・株式会社日立製作所（ジョブ型への転換に当たっての労使対話、学習支援）

（４）正規雇用転換の取組について
・明治安田生命保険相互会社（契約社員の正規雇用転換）
・株式会社イトーヨーカ堂（パートタイム労働者の正社員への登用制度）

①株式会社ワークマン、データ活用研修の様子

③株式会社日立製作所、「人財マネジメント基盤」確立の経緯

②有限会社ゑびや・株式会社EBILAB
メニュー・材料の予測をもとに仕込みの準備をしているスタッフ

令和5年版

労働経済の分析

―持続的な賃上げに向けて―

厚 生 労 働 省

目次

令和5年版 労働経済の分析
―持続的な賃上げに向けて―

コラム索引

はじめに

　2022年の我が国の経済は、引き続き新型コロナウイルス感染症（以下「感染症」という。）の影響がみられたものの、感染防止策と経済社会活動の両立が図られ、経済活動は徐々に正常化に向かった。一方、年後半においては、ロシアのウクライナ侵攻や円安の進行等を受けた輸入原材料・エネルギーなどの価格の高騰に伴う物価上昇が続く中、供給制約や外需の弱さもあり、ＧＤＰは伸び悩んだ。

　雇用情勢は、2021年以降、感染拡大前と比べて求人数の回復に遅れがみられる産業もあるものの、経済社会活動が徐々に活発化する中で持ち直している。

　賃金については、名目でみると12月における前年同月比の伸び率が25年11か月ぶりの水準となる等、年間を通して感染拡大前の2019年の水準を大きく上回った。こうした中で、2022年の春季労使交渉については、妥結額、賃上げ率ともに４年ぶりに前年の水準を上回った。一方、円安の進行や輸入原材料の価格の高騰に伴う物価上昇がみられ、実質賃金は減少している。

　「令和５年版　労働経済の分析」では、第Ⅰ部「労働経済の推移と特徴」において、2022年の労働経済をめぐる動向を分析するとともに、第Ⅱ部「持続的な賃上げに向けて」において、我が国の賃金の動向やその背景を分析するとともに、賃上げによる企業・労働者・経済への効果や、持続的な賃上げに向けた今後の方向性等を確認している。

　第Ⅰ部では、第1章「一般経済の動向」において、ＧＤＰや企業の利益、投資、倒産の状況等を確認するとともに、第2章「雇用・失業情勢の動向」では、雇用者数の推移や、障害者や外国人等多様な労働者を取り巻く状況に加え、有効求人倍率等の求人や失業の動向等を分析している。第3章「労働時間・賃金等の動向」においては、我が国における労働時間、有給休暇、賃金、春季労使交渉等の動向を紹介し、第4章「物価・消費の動向」では、消費者物価の動向や、年齢別の消費性向等を示している。

　第Ⅱ部では、第1章において、25年間、我が国の賃金が必ずしも生産性の伸びほど増加していない状況について、主要国との比較を通じて確認するとともに、生産性と賃金の増加に乖離がみられた背景について5つの仮説を挙げ、これらの検証を行っている。第2章においては、賃金が増加していくことによりもたらされる好影響をテーマに、個々の企業や労働者への効果（ミクロの視点）と、消費や生産、結婚等の経済全体への効果（マクロの視点）に分けてそれぞれ分析を行った。最後に第3章において、（独）労働政策研究・研修機構が実施した企業調査を用いて、業績や経済見通し、価格転嫁、賃金制度等と賃上げの関係について分析を行うとともに、今後、持続的に賃金を増加させていくための方向性として、スタートアップ企業等の新規開業、転職によるキャリアアップに加え、非正規雇用労働者の正規雇用転換を取り上げ、これらが賃金に及ぼす影響を確認した。これらに加え、最低賃金制度と同一労働同一賃金の2つの政策が賃金に及ぼした影響についても分析している。

凡例

○本分析は、原則として2023年5月までに入手した2022年12月分までのデータに基づいている。

○年（年度）の表記は、原則として西暦を使用している。

○産業（業種）、職業の表記について

引用元の調査等における用語をそのまま用いているため、類似の産業（業種）、職種（職業）について表記が異なることがある。

○雇用形態の表記について

本文においては、「非正規雇用のビジョンに関する懇談会」とりまとめ（望ましい働き方ビジョン）（2012年3月厚生労働省職業安定局）を参考に、以下の整理に従って、雇用形態の異なる労働者について言及している。（図表においては、各種統計調査で用いられている表記（正社員、正社員以外など）を原則として使用している。）

なお、これらは一定の価値観をもって整理しているわけではないことに留意する必要がある。

（正規雇用労働者）

①労働契約の期間の定めがない（無期雇用）、②フルタイム労働、③直接雇用の3つを満たす者や、勤め先での呼称が「正規の職員・従業員」あるいは「正社員」等である者。

（非正規雇用労働者）

上記①～③のいずれかを満たさない者や、統計上の「非正規の職員・従業員」（勤め先での呼称が、「パート」「アルバイト」「労働者派遣事業所の派遣社員」「契約社員」「嘱託」等である者）。

第I部

労働経済の推移と特徴

第 I 部　労働経済の推移と特徴

　2022年の我が国の経済について概観すると、引き続き感染症の影響がみられたものの、感染防止策と経済社会活動の両立が図られ、個人消費の回復や企業収益が引き続き高水準であったことなどにより、経済活動は徐々に正常化に向かった。

　雇用情勢は、2021年以降、感染拡大前と比べて求人数の回復に遅れがみられる産業もあるものの、経済社会活動が徐々に活発化する中で持ち直している。また、求人の回復基調が続く中で、女性や高齢者等の労働参加が着実に進展している。ただし、少子高齢化に起因する我が国の労働供給制約や経済社会活動の回復などに伴う人手不足の問題も再び顕在化している。

　労働時間・賃金の動向をみると、経済活動が正常化に向かっていることなどに伴い、労働時間は2020年の大幅減から2年連続で増加の動きがみられ、名目賃金は大きく増加し2019年の水準を上回った。ただし、労働時間については、働き方改革の取組の進展等を背景に長期的には減少傾向で推移しているほか、賃金については、名目賃金が大きく増加する中でも、実質賃金が前年比でマイナスとなるなど、物価上昇の影響もみられた。

　第I部では、感染防止策と経済社会活動の両立が図られ、経済活動が徐々に正常化に向かう中で、持ち直しの動きがみられた2022年の一般経済、雇用・失業情勢、労働時間・賃金等、物価・消費の動向について概観する。

第1章　一般経済の動向

2022年の我が国の経済についてみると、感染防止策と経済活動の両立が図られる中で、個人消費の持ち直しや堅調な設備投資に牽引され、実質GDPは小幅ながらも前年より増加した。企業の業況は非製造業を中心に持ち直し、経常利益が高水準で推移する中で、設備投資は活発化した。一方で企業の倒産は3年ぶりに前年を上回っている。

本章では、GDPや企業の利益や投資、倒産状況等についての各種経済指標を通じて、一般経済の動向を概観する。

第1節　一般経済の動向

●GDPは小幅ながらも前年より増加した

第1-（1）-1図により名目・実質GDPの推移をみると、2020年第Ⅱ四半期（4-6月期）の感染拡大を受けた緊急事態宣言等により、GDPは名目・実質ともに大幅に落ち込んだものの、解除後の経済活動の再開で、名目・実質ともに反転し、2020年第Ⅳ四半期（10-12月期）には、大幅な落ち込みはおおむね解消したことが分かる。2021年以降は、GDPは名目・実質ともに緩やかな回復傾向となり、2022年においては、名目GDPはいずれの期においても、実質GDPは第Ⅰ四半期（1-3月期）を除き、感染拡大前の2019年第Ⅳ四半期（10-12月期）の水準を上回って推移した。

第1-（1）-2図により実質GDPの成長率について需要項目別の寄与度をみてみよう。2022年の動きを四半期ごとにみると、第Ⅰ四半期（1-3月期）は、感染拡大によって一部の地域[1]にまん延防止等重点措置が発出され、飲食店等に営業時間短縮等が要請されていたこともあり、民間消費が抑制された結果、マイナス成長となった。第Ⅱ四半期（4-6月期）は、3月下旬にまん延防止等重点措置が解除され、3年ぶりに行動制限のない大型連休を迎えたことで、個人消費の回復がみられた。これにより、民間最終消費支出がプラスに寄与し、実質GDPは前年同期比でプラス成長となった。第Ⅲ四半期（7-9月期）、第Ⅳ四半期（10-12月期）は、前年のような全国的な行動制限が求められなかったことで、消費の大幅な落ち込みには至らず、おおむね横ばいとなった。

2022年を通じてみると、感染防止策と経済活動の両立に取り組んだ結果、個人消費が大幅に落ち込むことが避けられ、先延ばしされてきた企業の設備投資も通期でみると堅調であったことから、民間最終消費支出や民間総資本形成がプラスに寄与し、実質GDPは小幅ながらもプラスとなった。

1　北海道、青森県、山形県、福島県、茨城県、栃木県、群馬県、埼玉県、千葉県、東京都、神奈川県、新潟県、石川県、長野県、岐阜県、静岡県、愛知県、三重県、京都府、大阪府、兵庫県、和歌山県、島根県、岡山県、広島県、山口県、香川県、高知県、福岡県、佐賀県、長崎県、熊本県、大分県、宮崎県、鹿児島県及び沖縄県。

第
1
章

第1-(1)-1図　名目・実質GDPの推移

○　2022年のGDPは、全国的な行動制限が行われなかったことなどを背景に緩やかな回復傾向となった。

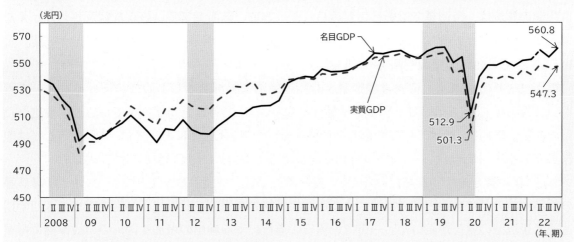

資料出所　内閣府「国民経済計算」(2023年第Ⅰ四半期(1-3月期)2次速報)をもとに厚生労働省政策統括官付政策統括室にて作成
（注）　1）名目GDP、実質GDPはともに季節調整値。
　　　　2）グラフのシャドー部分は景気後退期を表す。

第1-(1)-2図　実質GDP成長率の寄与度分解

○　2022年の実質GDP成長率について需要項目別の寄与度をみると、個人消費や設備投資の回復により小幅なプラス成長となった。

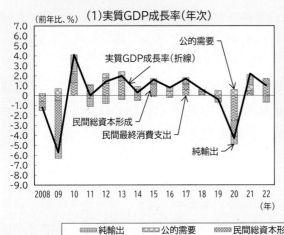 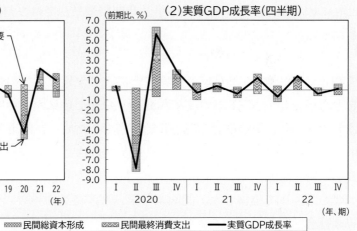

資料出所　内閣府「国民経済計算」(2023年第Ⅰ四半期(1-3月期)2次速報)をもとに厚生労働省政策統括官付政策統括室にて作成
（注）　1）純輸出＝輸出－輸入
　　　　2）民間総資本形成＝民間住宅＋民間企業設備＋民間在庫変動
　　　　3）需要項目別の分解については、各項目の寄与度の合計と国内総生産（支出側）の伸び率は必ずしも一致しない。

第2節　企業の動向

●企業の業況は、製造業では厳しさがみられた一方で、非製造業では好調な状況がうかがえた

　次に、企業活動の動向について、日本銀行「全国企業短期経済観測調査」（以下「短観」という。）から、企業の業況判断をみていく。

　第1-（1）-3図（1）により製造業・非製造業別に業況判断D.I.の推移をみると、いずれも2017年末～2018年をピークに低下傾向となり、2020年の感染拡大下では急速に悪化したものの、2021年にかけては持ち直しの傾向が続いた。2022年においては、「製造業」では前年よりも悪化した一方で、「非製造業」では景況感が改善し、「良い」超幅が拡大した。

　2022年の動きをより詳細にみると、「製造業」では、中国のロックダウン[2]に伴う半導体等の部品供給の停滞や、円安の加速による原材料価格の高騰等を背景に、9月調査まで3四半期連続で景況感の悪化が続いた。一方で、円安の進行による輸出の増加や国内での設備投資需要の回復を背景に、12月調査では僅かに改善した。「非製造業」では、3月下旬に、まん延防止等重点措置が解除されたことに加え、10月には外国人個人観光客の受入れ等の水際対策の緩和や全国旅行支援[3]等の需要喚起策が打ち出されたことなどにより、高い伸びとなった。

　同図（2）により企業規模別に2022年の業況判断D.I.をみると、「大企業製造業」は年間を通じて「良い」超で推移したものの、3月調査から4四半期連続で悪化した。「中小企業製造業」でも3月調査で悪化し、その後は横ばいが続いた後、12月調査では改善となったが、年間を通じて「悪い」超で推移した。非製造業では「大企業非製造業」「中小企業非製造業」ともに改善がみられ、特に「中小企業非製造業」では9月調査で11四半期ぶりの「良い」超となった。

　次に、第1-（1）-4図により鉱工業生産指数及び第3次産業活動指数の動きをみていく。鉱工業生産指数は、2020年の感染拡大による大幅な水準の低下後、2020年半ば以降は回復傾向となったが、2021年には持ち直しの動きに足踏みがみられた。2022年は、4～5月にかけて中国からの半導体等の部品供給が滞ったため、自動車工業等を中心に低下したが、その後は供給の改善によって上昇し、10～12月は横ばいで推移している。総じてみると、2022年の鉱工業生産指数は、一時的な上昇がみられたものの、いずれの月も感染拡大前の2019年の水準を下回って推移した。同図より第3次産業活動指数の動きをみていくと、2021年は引き続き社会活動の抑制から低水準で推移していたが、2022年は3月に国内全ての地域でまん延防止等重点措置が解除され、外出機会等が増加したことを背景に、年間を通じて緩やかな上昇傾向となった。

2　2022年3～5月にかけて中国上海市において感染拡大に伴うロックダウンが行われ、中国国内の多くの工場が稼働を停止した。
3　2022年10月より観光庁が実施している旅行代金の割引を中心とした需要喚起策。

第1-(1)-3図　**製造業、非製造業別・企業規模別にみた業況判断D.I.の推移**

○　業況判断D.I.をみると、「製造業」では前年の2021年と比較して悪化した一方で、「非製造業」では景況感が改善し、「良い」超幅が拡大した。

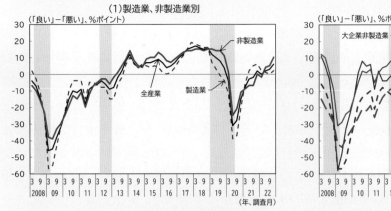
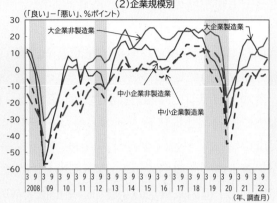

資料出所　日本銀行「全国企業短期経済観測調査」をもとに厚生労働省政策統括官付政策統括室にて作成
　（注）　グラフのシャドー部分は景気後退期を表す。

第1-(1)-4図　**鉱工業生産指数・第3次産業活動指数の推移**

○　鉱工業生産指数は、一時的な上昇がみられたものの、いずれの月も感染拡大前の2019年の水準を下回って推移した。
○　第3次産業活動指数は、緩やかな上昇傾向となった。

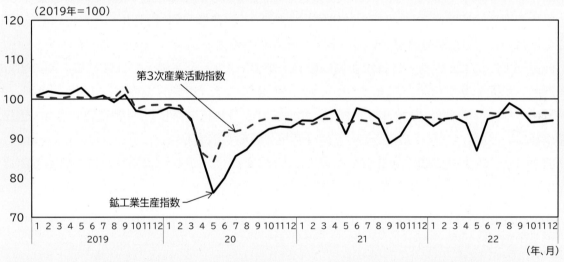

資料出所　経済産業省「鉱工業指数」「第3次産業活動指数」をもとに厚生労働省政策統括官付政策統括室にて作成
　（注）　データは季節調整値。

●経常利益が高水準で推移する中、設備投資は活発化した

　続いて第1-（1）-5図[4]により企業の経常利益の推移をみていく。2022年は、製造業・非製造業ともに「全規模」では増加傾向となった。特に製造業では部品等の供給制約の緩和や、円安による輸出拡大の影響等から収益が増大し、比較可能な1954年以降で過去最高額を上回った。他方で非製造業では、2021年を上回って推移したものの、第Ⅲ四半期（7-9月期）～第Ⅳ四半期（10-12月期）は原油高や円安による原材料価格の高まりが収益を下押しした結果、伸びが鈍化した。

　資本金規模別にみると、製造業の資本金「10億円以上」の企業では、感染拡大前の水準を大きく上回って推移し、全体の伸びを牽引した。一方、製造業のうち、資本金「1億円以上10億円未満」及び「1千万円以上1億円未満」の企業では、いずれも横ばいの動きとなったが、資本金「1億円以上10億円未満」の企業では感染拡大前の水準を上回り、資本金「1千万円以上1億円未満」の企業では感染拡大前の水準を僅かに下回った。非製造業についてみると、資本金「10億円以上」及び「1億円以上10億円未満」の企業では前年に引き続き増加傾向で推移し、資本金「1億円以上10億円未満」の企業では感染拡大前の水準を上回った。一方、資本金「1千万円以上1億円未満」の企業では減少傾向となった。

　次に、企業の設備投資の変化をみていく。第1-（1）-6図（1）により設備投資額の推移をみると、「製造業」「非製造業」ともに2019～2020年にかけて減少傾向で推移したが、2021年は企業収益の回復に支えられ、増加傾向となった。2022年は「製造業」において、第Ⅲ四半期（7-9月期）に減少がみられたものの、年間でみると高水準が続いた。「非製造業」においては、第Ⅲ四半期（7-9月期）に増加しており、「製造業」「非製造業」ともに感染拡大期に先送りされていた設備投資が再開されたことがうかがえる。

　同図（2）により生産・営業用設備判断D.I.をみると、「全産業」では感染拡大期の2020年において過剰感が急激に高まったものの、2021年には「過剰」超幅が縮小し、「過剰」と「不足」が均衡した後、2022年9月調査において「不足」超に転じた。「製造業」では、2022年は横ばいとなったが、「非製造業」では「不足」超幅が拡大した。

　同図（3）により設備投資計画をみると、2022年度はいずれの調査時点においても2021年度から上振れしており、設備投資に対する企業の積極的な姿勢がうかがえる。

　4　本図は原数値の後方4四半期移動平均を算出したものである。

第1-(1)-5図　企業の経常利益の推移

○　製造業・非製造業ともに経常利益の高い伸びが続き、特に製造業では1954年以降で過去最高額を上回った。

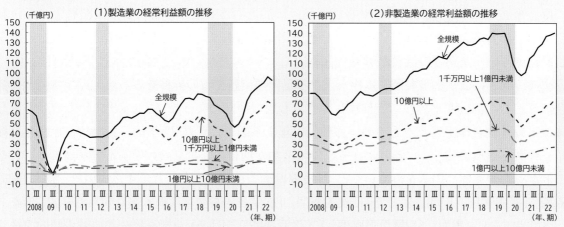

資料出所　財務省「法人企業統計調査」（季報）をもとに厚生労働省政策統括官付政策統括室にて作成
（注）　1）図は原数値の後方4四半期移動平均を算出したもの。
　　　　2）金融業、保険業は含まれていない。
　　　　3）グラフのシャドー部分は景気後退期を表す。

第1-(1)-6図　設備投資額の推移等

○　設備投資額の推移をみると、2022年は「製造業」で急速に上昇して感染拡大前の水準を上回り、生産・営業用設備判断D.I.をみると、「非製造業」で不足感が強まった。
○　設備投資計画の前年度比は、2022年度は例年を上回る水準で推移した。

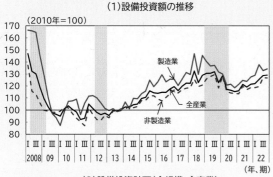

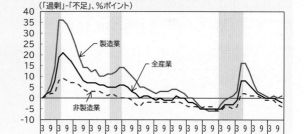

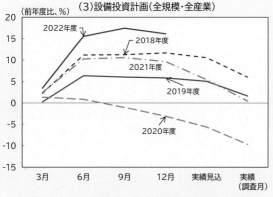

資料出所　（1）は財務省「法人企業統計調査」（季報）、（2）、（3）は日本銀行「全国企業短期経済観測調査」をもとに厚生労働省政策統括官付政策統括室にて作成
（注）　1）（1）、（2）のシャドー部分は景気後退期を表す。
　　　　2）（1）の設備投資額は、ソフトウェア投資額を除き、金融業、保険業を除く名目の季節調整値を使用した。
　　　　3）（3）の設備投資は、ソフトウェア投資額を含み、土地投資額、研究開発投資額を含まない。

●企業の倒産件数は３年ぶりに前年を上回った

第1-（1）-7図（1）によると、企業の倒産件数は2009年以降、減少傾向で推移していたが、2022年は、引き続き低水準ながらも、３年ぶりに前年の件数を上回った。この背景としては、後述の人手不足関連倒産や物価高倒産に加え、感染症の影響により業績悪化した企業や、感染拡大時の支援策である「実質無利子・無担保融資（ゼロ・ゼロ融資）」の元金返済期限が迫っている企業等の倒産が考えられる。

次に、同図（2）より要因別にみた人手不足関連倒産件数の推移をみると、近年は倒産件数全体に占める割合が上昇傾向で推移し、件数も増加傾向となっている。2021年も倒産件数全体に占める割合は上昇したものの、件数は前年を下回った。2022年は、割合は引き続き上昇し、件数も増加に転じていることから、経済活動が回復し、企業の人手不足感が高まっていることがうかがえる。内訳をみていくと、「後継者難型」の件数が最も多く、次いで、「従業員退職型」「求人難型」が多い。また、「求人難型」「従業員退職型」は低水準ながらも2021年を上回ったが、「求人難型」「従業員退職型」「人件費高騰型」は2019年をピークに減少傾向で推移しており、全体に占める割合も低下傾向となっている。このことから、経営者の高齢化を背景として、事業の継承がままならなかった企業が倒産に至るケースが増加している可能性が示唆される。

第1-（1）-8図（1）により物価高倒産件数の推移をみると、原油や燃料、原材料などの「仕入れ価格上昇」や、取引先からの値下げ圧力等で価格転嫁できなかった「値上げ難」などにより収益が維持できずに倒産した企業は、2022年に急増し、前年比２倍超となった。同図（2）により業種別にみると、建設資材の価格高騰や、ガソリン等エネルギー価格の上昇の影響により、「建設業」が最も多く、次いで「運輸・通信業」が多くなっている。

第1-（1）-7図	企業倒産の状況①

○　企業の倒産件数は、2009年以降減少傾向で推移していたが、2022年は３年ぶりに前年を上回った。

○　人手不足関連倒産件数は増加に転じた。

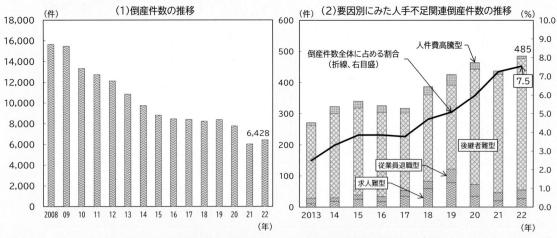

資料出所　（株）東京商工リサーチ「全国企業倒産状況」をもとに厚生労働省政策統括官付政策統括室にて作成
（注）　1）負債額1,000万円以上を集計したもの。
　　　　2）（2）は倒産件数の総計に占める人手不足関連倒産件数の割合を表したもの。

第1－(1)－8図　**企業倒産の状況②**

○　物価高倒産件数はエネルギーや原材料価格の高騰によって急速に増加し、業種別では「建設業」が最も多かった。

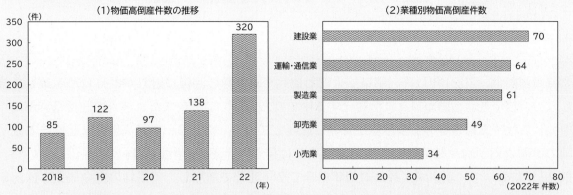

（1）物価高倒産件数の推移

（2）業種別物価高倒産件数

資料出所　（株）帝国データバンク「『物価高倒産』動向調査（2022年）」をもとに厚生労働省政策統括官付政策統括室にて作成
（注）　1）「物価高倒産」は法的整理（倒産）企業のうち、原油や燃料、原材料などの「仕入れ価格上昇」、取引先からの値下げ圧力等で価格転嫁できなかった「値上げ難」などにより、収益が維持できずに倒産した企業を集計している。
　　　　2）（2）の業種は（株）帝国データバンク独自の分類による。

第2章　雇用・失業情勢の動向

雇用情勢は、2021年以降、感染拡大前と比べて求人数の回復に遅れがみられる産業もあるものの、経済社会活動が徐々に活発化する中で持ち直している。また、求人の回復基調が続く中で、女性や高齢者等の労働参加が着実に進展している。ただし、少子高齢化に起因する我が国の労働供給制約や経済社会活動の回復などに伴う人手不足の問題も再び顕在化している。2022年において、新規求人数は対前年でみて2年連続で増加し、年平均の完全失業率は前年差0.2%ポイント低下の2.6%、有効求人倍率は同0.15ポイント上昇の1.28倍となった。

本章では、こうした2020年から続く感染症の影響からの改善状況を含め、2022年の雇用・失業情勢の動向について概観する。

第1節　雇用・失業の動向

●雇用情勢は、2021年以降、経済社会活動が徐々に活発化する中で持ち直し

求人倍率と完全失業率の動向について概観する。

第1-(2)-1図は、新規求人倍率、有効求人倍率、正社員の有効求人倍率及び完全失業率の推移である。リーマンショック後の2009年以降、新規求人倍率、有効求人倍率、正社員の有効求人倍率は長期的に上昇傾向、完全失業率は低下傾向が続いていた。2020年4月に感染拡大による最初の緊急事態宣言が発出されて行動制限等が要請されると、景気の減退に伴い、いずれの数値も悪化した。このため、2020年平均では有効求人倍率は前年差0.42ポイント低下の1.18倍、完全失業率は同0.4%ポイント上昇の2.8%となった。

緊急事態宣言は2021年9月末まで、まん延防止等重点措置は2022年3月まで断続的に発出されたが、雇用情勢は、2021年以降、感染症の影響から経済社会活動が徐々に活発化する中で持ち直した。2022年は、2021年に引き続き新規求人が増加傾向で推移した結果、2022年平均の新規求人倍率は前年差0.24ポイント上昇の2.26倍、有効求人倍率は同0.15ポイント上昇の1.28倍となった。完全失業率についても引き続き低下傾向で推移し、同0.2%ポイント低下の2.6%となったが、いずれも感染拡大前の2019年の水準には回復していない。

第1-(2)-1図　求人倍率と完全失業率の推移

○　雇用情勢は、2021年以降、経済社会活動が徐々に活発化する中で持ち直し。
○　新規求人倍率、有効求人倍率は上昇、完全失業率は低下。

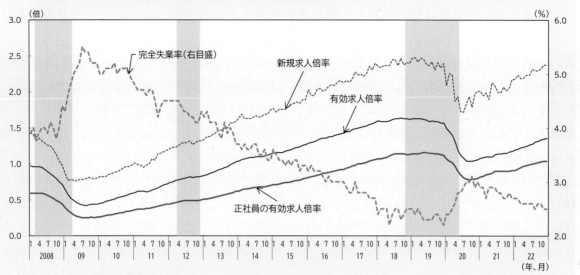

資料出所　厚生労働省「職業安定業務統計」、総務省統計局「労働力調査（基本集計）」をもとに厚生労働省政策統括官付
　　　　政策統括室にて作成
（注）　1）データは季節調整値。
　　　　2）完全失業率は、2011年3～8月の期間は、東日本大震災の影響により全国集計結果が存在しないため、
　　　　　補完推計値（2015年国勢調査基準）を用いている。
　　　　3）グラフのシャドー部分は景気後退期を表す。

●就業率は約6割、就業者のうち正規雇用労働者は約5割、非正規雇用労働者は約3割

　第1-(2)-2図により、我が国の労働力の概況をみていく。

　2022年の我が国の労働力の概況をみると、就業者は約6,700万人であり、就業率は約6割となっている。失業者は約200万人、働く希望はあるが求職活動はしていない就業希望者は約240万人であり、合計すると約440万人は働く希望はありつつも仕事に就けていない。これらの者の就業意欲がある者（就業者＋失業者＋就業希望者）約7,100万人に占める割合は6％程度であることから、我が国においては、就業意欲がある者の94％程度が実際に仕事に就いている状況にある[1]ことが分かる。就業者の内訳をみると、雇用者が約6,000万人と、就業者の大半を占めており、雇用者の中では、正規雇用労働者が約3,600万人と約6割、非正規雇用労働者が2,100万人と約3割を占めている。

　男女別に就業率をみると、男性は約7割、女性は約5割となっており、女性においては非労働力人口が男性に比べて1,000万人ほど多い状況である。女性の非労働力人口のうち、働く希望はあるが求職活動はしていない就業希望者は失業者の2倍の約160万人となっており、女性においては、就業を希望している者のうち、多くが求職活動まで至っていないことが示唆される。

1　厚生労働省（2022）でも指摘されているように、失業については、労働力需要が不足することに起因する「需要不足失業」と、求人・求職者間のミスマッチや情報の非対称性により生ずる「構造的・摩擦的失業」があり、失業者等の全てが、仕事がないために仕事に就けない者というわけではない。

第1-(2)-2図　我が国の労働力の概況（2022年）

○　我が国の15歳以上人口に占める就業者の割合（就業率）は約6割であり、就業者のうち、正規雇用労働者は約5割、非正規雇用労働者は約3割となっている。
○　男女別に就業率をみると、男性は約7割、女性は約5割となっている。

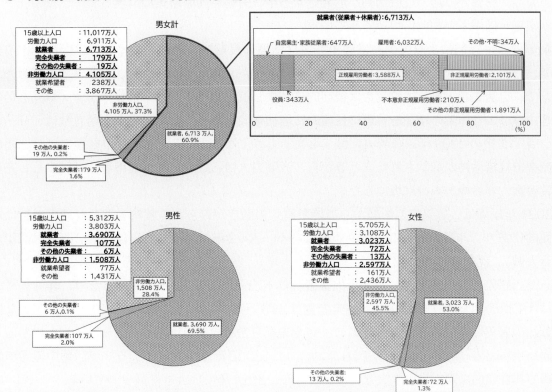

資料出所　総務省統計局「労働力調査（詳細集計）」をもとに厚生労働省政策統括官付政策統括室にて作成
（注）　1）「労働力人口」は、15歳以上人口のうち「就業者」と「失業者」を合わせたもの。
　　　　2）「就業者」は「従業者」と「休業者」を合わせたもの。
　　　　3）「失業者」は、「就業しておらず、調査期間を含む1か月間に仕事を探す活動や事業を始める準備を行っており（過去の求職活動の結果待ちを含む。）、すぐに就業できる者」、「完全失業者」は、「失業者」のうち「毎月の末日に終わる1週間（12月は20〜26日の1週間）に仕事を探す活動や事業を始める準備を行った者（過去の求職活動の結果待ちを含む。）」。
　　　　4）「非労働力人口」は15歳以上人口のうち、「就業者」と「失業者」以外のもの。
　　　　5）「就業希望者」は、「非労働力人口」のうち就業を希望しているもの。
　　　　6）「不本意非正規雇用労働者」とは、現職の雇用形態（非正規雇用労働者）についた主な理由について「正規の職員・従業員の仕事がないから」と回答したものとしている。

第2節　就業者・雇用者の動向

●**感染症の影響から経済社会活動が活発化する中、労働参加は着実に進展**

　就業者・雇用者の動向についてみていく。

　第1-（2）-3図により労働力に関する主な指標の長期的な推移をみると、2012～2019年まで、労働力人口[2]、就業者数、雇用者数は増加した一方で、非労働力人口[3]は減少を続けた。他方で、自営業者・家族従業者数は長期的に減少し続けている。休業者数は出産・育児といった理由等による休業の増加を背景に長期的に増加傾向にある。また、完全失業者数は、リーマンショック後の2009年以降着実に減少した。しかし、2020年の感染症の影響により、幅広い産業で経済活動が抑制されたこと等から、労働力人口、就業者数、雇用者数は減少し、完全失業者数、非労働力人口は増加した。

　2021年以降は、感染症の影響からの持ち直しの動きがみられ、就業者数及び雇用者数は増加傾向にあり、非労働力人口は減少傾向にある。2022年の労働力人口は6,902万人（前年差5万人減）、就業者数は6,723万人（同10万人増）、雇用者数は6,041万人（同25万人増）となった。感染拡大以降増加した完全失業者数は179万人（同16万人減）となり、非労働力人口は4,128万人（同43万人減）、休業者数は213万人（同5万人増）となった。長期的な労働参加の着実な進展がみられるものの、完全失業者数は感染拡大前の2019年よりも依然として高い水準となっている。休業者数については、2020年は感染症による経済活動の停滞等の影響で非自発的な理由により大きく増加したが、2021年には大きく減少している。

2　15歳以上人口のうち、「就業者」と「完全失業者」を合わせたもの。
3　15歳以上人口のうち、「就業者」と「完全失業者」以外。

第1-（2）-3図　**労働力に関する主な指標の推移①**

○　2012年以降、人々の労働参加が進み、労働力人口、就業者数、雇用者数は増加した一方、非労働力人口は減少した。また、完全失業者は2009年以降、減少傾向で推移している。

○　2021年以降、感染症の影響から経済社会活動が活発化する中、労働参加は着実に進展。

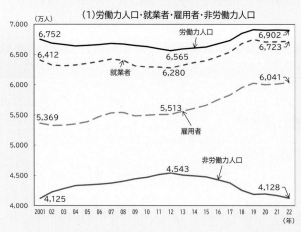

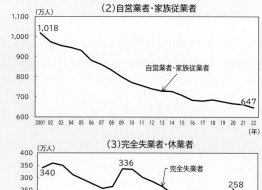

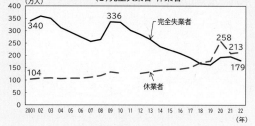

資料出所　総務省統計局「労働力調査（基本集計）」をもとに厚生労働省政策統括官付政策統括室にて作成
（注）　1）休業者以外の2011年の値は、東日本大震災の影響により全国集計結果が存在しないため、補完推計値（2015年国勢調査基準）を使用している。
　　　　2）休業者については、2011年の値が存在しない。
　　　　3）（3）の2013～2016年の休業者数は、2015年国勢調査基準のベンチマーク人口に基づいた数値。2018～2021年の休業者数は、2020年国勢調査基準のベンチマーク人口に基づいた数値。

第2章

●労働力率、就業率は2年連続で上昇し、完全失業率は低下

　次に、労働力率[4]、就業率及び完全失業率の推移についてみていく。

　第1-(2)-4図(1)によると、労働力率、就業率は、2012年以降、上昇傾向で推移しており、長期的な労働参加の進展がみられる。2020年には感染症の影響により低下したものの、その後は2年連続で上昇している。一方、同図(2)により完全失業率の推移をみると2009年以降、低下傾向で推移し、2020年には感染症の影響により上昇したものの、2022年は低下に転じた。

第1-(2)-4図	労働力に関する主な指標の推移②

　○　労働力率、就業率は2年連続で上昇し、完全失業率は低下。

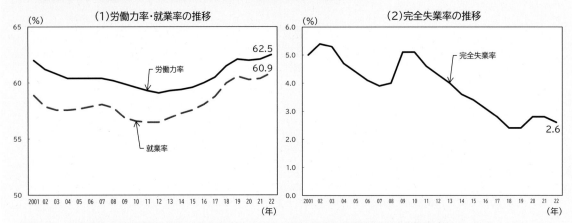

資料出所　総務省統計局「労働力調査（基本集計）」をもとに厚生労働省政策統括官付政策統括室にて作成
　（注）　2011年の値は、東日本大震災の影響により全国集計結果が存在しないため、補完推計値（2015年国勢調査基準）を使用している。

　4　労働力人口が15歳以上人口に占める割合。

●**労働力率は女性や高齢者を中心に上昇**

　第1-（2）-5図により、男女別・年齢階級別の労働力率の推移をみると、女性や高齢者を中心に労働参加が進み、女性は全ての年齢階級、男性は55歳以上の年齢層において上昇傾向となっている。2020年には感染症の影響により、女性に労働力率の停滞の動きがみられたが、2021年以降回復し、2022年には、男性が同0.1％ポイント上昇の71.4％、女性が同0.7％ポイント上昇の54.2％となり、男女計では前年差0.4％ポイント上昇の62.5％となった。

第1-（2）-5図 | **男女別・年齢階級別にみた労働力率の推移**

○　女性や高齢者を中心に労働参加が進んだ結果、労働力率は上昇傾向で推移しており、女性は全ての年齢階級において、男性は55歳以上の年齢層において上昇傾向で推移している。

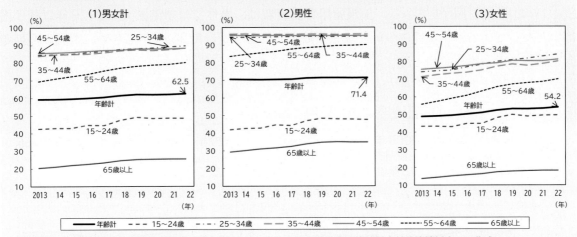

資料出所　総務省統計局「労働力調査（基本集計）」をもとに厚生労働省政策統括官付政策統括室にて作成

●非正規雇用労働者は感染拡大の影響による減少がみられたが長期的には増加傾向、正規雇用
　労働者は女性を中心に2015年以降堅調に増加

　続いて、雇用者の動向について雇用形態別にみていく。

　第1-（2）-6図は、役員を除く雇用者数の推移を、雇用形態別にみたものである。景気変動
の影響を受けやすい非正規雇用労働者数は、2009年にはリーマンショック、2020年には感
染症の拡大による景気減退の影響から減少がみられたものの、女性や高齢者を中心に労働参加
が進む中、長期的には増加傾向にある。正規雇用労働者数についても、2015年以降は増加傾
向で推移している。

　感染が拡大した2020年以降についてみると、非正規雇用労働者数は男女ともに経済社会活
動の抑制の影響を受け2年連続で減少した後、2022年は若干の増加となったが感染拡大前の
2019年の水準を下回っている。正規雇用労働者数は、男性では感染拡大の2020年以降は横
ばいとなっているが、女性については感染拡大の影響を受けた2020年も含め、堅調に増加傾
向を維持している。

第1-（2）-6図　雇用形態別にみた雇用者数の推移

○　非正規雇用労働者は、2009年にはリーマンショック、2020年には感染症の拡大による景気減退
　から一時減少したものの、長期的には増加傾向にある。
○　正規雇用労働者は、2015年以降、女性を中心に堅調に増加している。

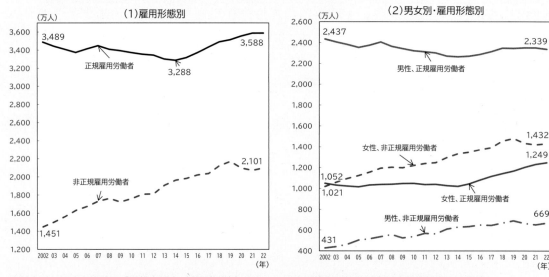

資料出所　総務省統計局「労働力調査（詳細集計）」をもとに厚生労働省政策統括官付政策統括室にて作成
　（注）　1）「非正規雇用労働者」は、労働力調査において「非正規の職員・従業員」と表記されているものであり、
　　　　　　2008年以前の数値は「パート・アルバイト」「労働者派遣事業所の派遣社員」「契約社員・嘱託」「その他」の
　　　　　　合計、2009年以降は、新たにこの項目を設けて集計した値である点に留意が必要。
　　　　　2）正規雇用労働者、非正規雇用労働者の2011年の値は、東日本大震災の影響により全国集計結果が存在し
　　　　　　ないため、補完推計値（2015年国勢調査基準）を使用している。
　　　　　3）雇用労働者数の数値には、役員の数は含まれていない。

●**15歳以上人口に占める正規雇用労働者の割合は上昇傾向で推移しており、男性は「60～64歳」、女性は「25～34歳」「35～44歳」で顕著**

さらに、第1-（2）-7図により年齢階級別・雇用形態別に人口に占める雇用者の割合の推移をみてみる。

長期的には、男女計では、15歳以上人口に占める正規雇用労働者の割合は「25～34歳」「55～59歳」「60～64歳」の階級を中心に幅広い年齢層で上昇している一方で、非正規雇用労働者の割合は60歳以上の年齢層で上昇しているものの、「25～34歳」では低下している。また、男女別にみると、正規雇用労働者の割合は、男性では定年年齢の引上げなどに伴い「60～64歳」、女性では「25～34歳」「35～44歳」で顕著に上昇している。非正規雇用労働者の割合は、男性では65歳以上、女性では55歳以上の年齢層において、上昇傾向で推移している。

感染拡大の影響により、2020年は非正規雇用労働者の割合は、「15～24歳」「60～64歳」を中心に幅広い階級で低下したが、2022年には上昇に転じている。

第1-（2）-7図　年齢階級別・雇用形態別にみた雇用者割合の推移

○　15歳以上人口に占める正規雇用労働者の割合は上昇傾向で推移しており、男性は「60～64歳」、女性は「25～34歳」「35～44歳」で顕著。
○　非正規雇用労働者の割合は、男性は65歳以上の年齢層、女性は55歳以上の年齢層で上昇傾向で推移。

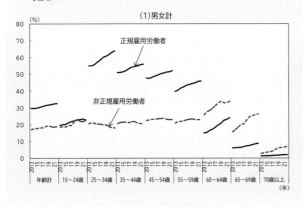
(1)男女計

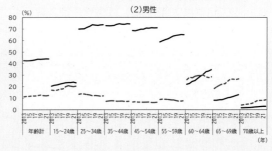
(2)男性

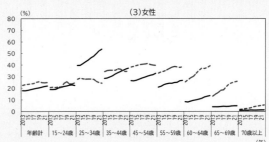
(3)女性

資料出所　総務省統計局「労働力調査（基本集計）」をもとに厚生労働省政策統括官付政策統括室にて作成
　（注）　1）「雇用者割合」とは、各年齢階級の人口に占める雇用者の割合をいう。
　　　　　2）2013～2016年までの割合は、2015年国勢調査基準のベンチマーク人口に基づいた数値。2018～2021
　　　　　　年までの割合は、2020年国勢調査基準のベンチマーク人口に基づいた割合。

●**雇用者数は、「宿泊業，飲食サービス業」「生活関連サービス業，娯楽業」では増加に転じたほか、「医療，福祉」「情報通信業」は引き続き増加**

第1-(2)-8図により、産業別の雇用者数の動向を前年同月差でみてみる。

2020年は、最初の緊急事態宣言が発出された4月以降、「宿泊業，飲食サービス業」「生活関連サービス業，娯楽業」「卸売業，小売業」といった対人サービス業を中心に雇用者数は減少傾向で推移した。

2021年は、緊急事態宣言下において、飲食店への営業自粛要請や外出自粛要請が断続的に続いていたことから、「宿泊業，飲食サービス業」「生活関連サービス業，娯楽業」では弱いものの、経済社会活動が徐々に活発化する中で、4月以降、雇用者総数は増加傾向で推移し、10～11月に一時的に減少したが、12月には再び増加へ転じた。

2022年は、年間を通して全国的な行動制限がなかったことや、海外からの観光客の受入れ再開などにより、「宿泊業，飲食サービス業」「生活関連サービス業，娯楽業」の雇用者数は増加に転じたほか、「医療，福祉」「情報通信業」では引き続き増加した。「卸売業，小売業」では減少幅が縮小するなど、業種によって状況は異なるものの全体では増加傾向にある。

第1-(2)-8図　産業別にみた雇用者数の動向

○　2020年4月以降、「宿泊業，飲食サービス業」「生活関連サービス業，娯楽業」「卸売業，小売業」といった対人サービス業を中心に減少傾向で推移したが、2021年4月以降、経済社会活動の活発化を背景に雇用者総数は増加傾向。

○　2022年は、「宿泊業，飲食サービス業」「生活関連サービス業，娯楽業」は増加に転じたほか、「医療，福祉」「情報通信業」は引き続き増加。

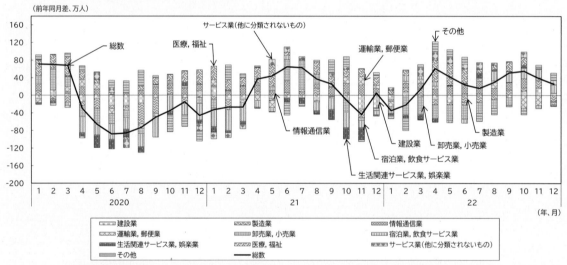

資料出所　総務省統計局「労働力調査（基本集計）」をもとに厚生労働省政策統括官付政策統括室にて作成
（注）　1）数値は原数値。
　　　　2）「その他」は、「農，林，漁業」「鉱業，採石業，砂利採取業」「電気・ガス・熱供給・水道業」「金融業，保険業」「不動産業，物品賃貸業」「学術研究，専門・技術サービス業」「複合サービス事業」「教育，学習支援業」「公務」「分類不能の産業」の合計。

●**非正規雇用労働者から正規雇用労働者への転換は増加傾向で推移**

　ここまで、非正規雇用労働者と正規雇用労働者の動向をみてきたが、第1-（2）-9図により、非正規雇用から正規雇用への転換の状況についてみてみる。同図は、15～54歳の年齢層で過去3年間に離職した者について「非正規雇用から正規雇用へ転換した者」の人数から「正規雇用から非正規雇用へ転換した者」の人数を差し引いた人数の動向をみたものである。

　これによれば、「非正規雇用から正規雇用へ転換した者」と「正規雇用から非正規雇用へ転換した者」の差は、2013年以降は年平均では増加傾向で推移しており、労働市場において正規雇用労働者への需要が底堅いことがうかがえるが、2022年の年平均は0となっている。

第1-（2）-9図　非正規雇用から正規雇用への転換

○　15～54歳の「非正規雇用から正規雇用へ転換した者」と「正規雇用から非正規雇用へ転換した者」の差をみると、2013年以降は年平均で増加傾向で推移しているが、2022年は0となっている。

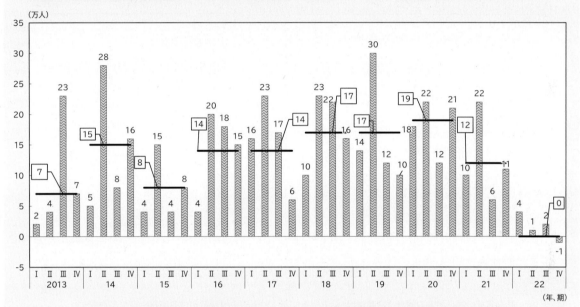

資料出所　総務省統計局「労働力調査（詳細集計）」をもとに厚生労働省政策統括官付政策統括室にて作成
　（注）　1）図における棒グラフは、労働力調査において「非正規の職員・従業員から正規の職員・従業員へ転換した者」から「正規の職員・従業員から非正規の職員・従業員へ転換した者」の人数を差し引いた値を指す。「非正規の職員・従業員から正規の職員・従業員へ転換した者」は、雇用形態が正規の職員・従業員のうち、過去3年間に離職を行い、前職が非正規の職員・従業員であった者を指し、「正規の職員・従業員から非正規の職員・従業員へ転換した者」は、雇用形態が非正規の職員・従業員のうち、過去3年間に離職を行い、前職が正規の職員・従業員であった者を指す。
　　　　　2）図における対象は、15～54歳としている。
　　　　　3）四角囲みは年平均。
　　　　　4）端数処理の関係で第Ⅰ～第Ⅳ四半期の値の平均と年平均の値は一致しない場合がある。
　　　　　5）2013～2016年までは、2015年国勢調査基準のベンチマーク人口に基づいた数値。2018～2021年までは、2020年国勢調査基準のベンチマーク人口に基づいた数値。

●**不本意非正規雇用労働者割合は引き続き低下傾向**

　続いて、非正規雇用労働者の動向について詳細にみていく。第1-(2)-10図は、不本意非正規雇用労働者（現職に就いた主な理由について「正規の職員・従業員の仕事がないから」と回答した非正規雇用労働者をいう。以下同じ。）の人数とその数が非正規雇用労働者に占める割合（以下「不本意非正規雇用労働者比率」という。）の推移である。2013年以降、男女ともに不本意非正規雇用労働者数は減少傾向、不本意非正規雇用労働者比率は低下傾向で推移しており、2022年第Ⅳ四半期（10-12月期）には男女計10.5%、男性16.8%、女性7.7%となった。

第1-(2)-10図　**不本意非正規雇用労働者の人数・割合の推移**

○　2013年以降、「不本意非正規雇用労働者数」「不本意非正規雇用労働者比率」ともに減少傾向で推移している。

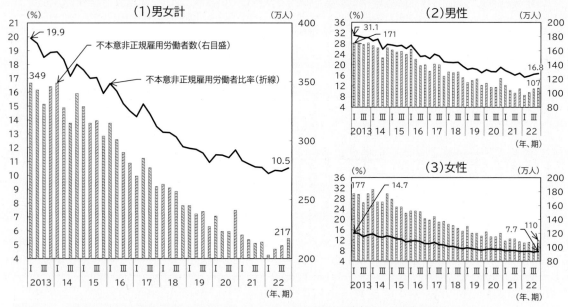

資料出所　総務省統計局「労働力調査（詳細集計）」をもとに厚生労働省政策統括官付政策統括室にて作成
　（注）　1）2013～2016年までは、2015年国勢調査基準のベンチマーク人口に基づいた数値。2018～2021年までは、2020年国勢調査基準のベンチマーク人口に基づいた数値。
　　　　　2）「不本意非正規雇用労働者」とは、現職の雇用形態（非正規雇用労働者）についた主な理由について「正規の職員・従業員の仕事がないから」と回答した者としている。また、「不本意非正規雇用労働者比率」は、現職の雇用形態についた主な理由別内訳の合計に占める「正規の職員・従業員の仕事がないから」と回答した者の割合を示す。

●**個人や家庭の都合により非正規雇用を選択する労働者が増加傾向**

　不本意非正規雇用労働者が近年おおむね減少傾向にあるが、非正規雇用労働者として働いている理由はその他に何があるだろうか。

　第1-（2）-11図は、2018年以降の非正規雇用を選択している理由別に非正規雇用労働者数の動向をみたものである。「正規の職員・従業員の仕事がないから」とする不本意非正規雇用労働者は一貫して減少する一方で、「自分の都合のよい時間に働きたいから」「家事・育児・介護等と両立しやすいから」等の個人や家庭の都合による理由で非正規雇用を選択する者が増加傾向にあることが分かる。2020年には感染症の影響により小中学校の一斉休校が行われるなど、感染症の拡大により個人の働き方に影響が生じたことから、「家事・育児・介護等と両立しやすいから」という理由で非正規雇用を選択していた労働者は女性を中心に大幅に減少したが、2022年には3年ぶりに増加に転じている。

| 第1-（2）-11図 | 現職を選択した理由別にみた非正規雇用労働者数の動向 |

○　「正規の職員・従業員の仕事がないから」という理由で選択する不本意非正規雇用労働者は男女とも一貫して減少している一方で、「自分の都合のよい時間に働きたいから」「家事・育児・介護等と両立しやすいから」という理由で非正規雇用を選択する者は増加傾向。

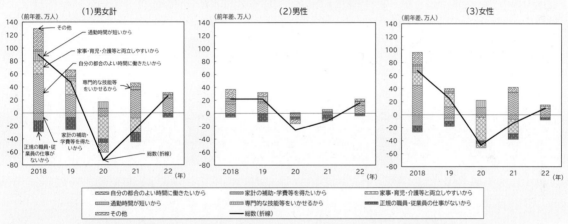

資料出所　総務省統計局「労働力調査（詳細集計）」をもとに厚生労働省政策統括官付政策統括室にて作成
（注）　1）非正規雇用労働者のうち、現職の雇用形態についている主な理由の内訳を示したもの。
　　　　2）2018～2021年までは、2020年国勢調査基準のベンチマーク人口に基づいた数値。
　　　　3）「総数」は転職者の総数であり、転職理由ごとの転職者の合算値とは一致しない。
　　　　4）「不本意非正規雇用労働者」とは、現職の雇用形態（非正規雇用労働者）についた主な理由が「正規の職員・従業員の仕事がないから」と回答した者としている。

●障害者の雇用者数・実雇用率は過去最高を更新

　障害者の雇用状況について、第1-(2)-12図によりみてみる。2022年の雇用障害者数は、前年比2.7%増の61.4万人と19年連続で過去最高となり、実雇用率は、前年差0.05%ポイント上昇の2.25%と11年連続で過去最高となった。

　障害種別でみると、身体障害者は前年比0.4%減の35.8万人、知的障害者は同4.1%増の14.6万人、精神障害者は同11.9%増の11.0万人となっており、精神障害者の伸び率が近年大きくなっている。

第1-(2)-12図　障害者雇用の概観

○　2022年の民間企業における雇用障害者数は61.4万人となっており、19年連続で過去最高。実雇用率は2.25％となった。
○　障害種別にみると、2022年は、身体障害者は前年比0.4％減、知的障害者は同4.1％増、精神障害者は同11.9％増と、特に精神障害者の伸び率が大きい。

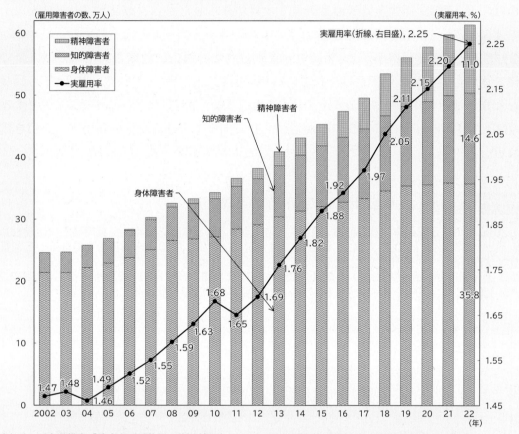

資料出所　厚生労働省「障害者雇用状況の集計結果」をもとに厚生労働省政策統括官付政策統括室にて作成
（注）　1）雇用義務のある企業（2012年までは56人以上規模、2013〜2017年は50人以上規模、2018〜2020年は45.5人以上規模、2021年以降は43.5人以上規模の企業）における毎年6月1日時点の障害者の雇用状況を集計したものである。
　　　　2）「障害者の数」とは、次に掲げる者の合計数である。
　　　　〜2005年　身体障害者（重度身体障害者はダブルカウント）
　　　　知的障害者（重度知的障害者はダブルカウント）
　　　　重度身体障害者である短時間労働者
　　　　重度知的障害者である短時間労働者
　　　　2006年　身体障害者（重度身体障害者はダブルカウント）
　　　　〜2010年　知的障害者（重度知的障害者はダブルカウント）
　　　　重度身体障害者である短時間労働者
　　　　重度知的障害者である短時間労働者
　　　　精神障害者
　　　　精神障害者である短時間労働者（精神障害者である短時間労働者は0.5人でカウント）
　　　　2011年〜　身体障害者（重度身体障害者はダブルカウント）
　　　　知的障害者（重度知的障害者はダブルカウント）
　　　　重度身体障害者である短時間労働者
　　　　重度知的障害者である短時間労働者
　　　　精神障害者
　　　　身体障害者である短時間労働者（身体障害者である短時間労働者は0.5人でカウント）
　　　　知的障害者である短時間労働者（知的障害者である短時間労働者は0.5人でカウント）
　　　　精神障害者である短時間労働者（精神障害者である短時間労働者は0.5人でカウント）
　　　　（※）2018年以降は、精神障害者である短時間労働者であっても、次のいずれかに該当する者については1人とカウントしている。
　　　　①通報年の3年前の年に属する6月2日以降に採用された者であること
　　　　②通報年の3年前の年に属する6月2日より前に採用された者であって、同日以後に精神障害者保健福祉手帳を取得した者であること
　　　　3）法定雇用率は、2012年までは1.8％、2013〜2017年は2.0％、2018〜2020年は2.2％、2021年以降は2.3％となっている。

●**障害者の法定雇用率の達成割合は、従業員数「1,000人以上」の企業で6割、1,000人未満の企業で4〜5割程度**

　一方、第1-（2）-13図により、障害者の法定雇用率の達成状況についてみると、2022年6月1日現在で、2021年から1.3%ポイント上昇の48.3%となっている。企業規模別に達成状況をみると、2022年は全ての企業規模で上昇がみられたが、従業員数「1,000人以上」の企業では62.1%、1,000人未満の企業ではいずれも4〜5割程度となっている。

　2021年3月に法定雇用率が2.3%に引き上げられた。過去に改定された年では、全ての企業規模で達成企業割合の低下がみられているが、翌年には上昇している。2022年も同様の動きとなった。法定雇用率は、2024年4月からは2.5%、2026年7月からは2.7%とする改定が予定されており、インクルーシブな職場づくりに向けて未達成企業の雇用努力が引き続き求められる。

第1-（2）-13図　**障害者雇用の法定雇用率の達成状況**

○　2022年の法定雇用率の達成割合は企業規模計で48.3%となっている。企業規模別に達成割合をみると、従業員数「1,000人以上」の企業では6割、従業員1,000人未満の企業では4〜5割程度となっている。

○　法定雇用率が改定された2013年（1.8%→2.0%）、2018年（2.0→2.2%）、2021年（2.2%→2.3%）には、達成企業割合が低下しているが、翌年には上昇となった。

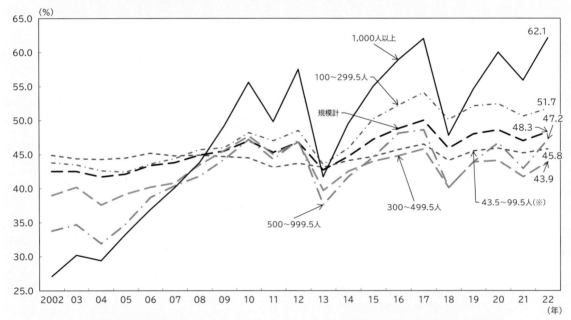

資料出所　厚生労働省「障害者雇用状況の集計結果」をもとに厚生労働省政策統括官付政策統括室にて作成
　（注）（※）は、2012年までは56〜100人未満、2013〜2017年までは50〜100人未満、2018〜2020年までは45.5〜100人未満、2021年からは43.5〜100人未満。

●**外国人労働者数は過去最高を更新するも、増加率は低下**

　最後に、第1-（2）-14図により、外国人労働者の状況についてみる。2022年10月末の外国人労働者数は約182.3万人となり、2007年に外国人雇用状況の届出が義務化されて以降の過去最高を10年連続で更新した。感染症の拡大による入国制限等の影響から、2020年以降は伸びが鈍化したが、2022年は前年比5.5％増で2020年の伸びを上回った。在留資格別にみると「身分に基づく在留資格」が最も多く、次いで「専門的・技術的分野の在留資格」「技能実習」が多い。前年比でみると、「専門的・技術的分野の在留資格」「特定活動」の増加率が大きく、「技能実習」「資格外活動」は引き続き減少した。国籍別にみると、3年連続でベトナムが最も多く、次いで中国、フィリピンが多い。

第1-（2）-14図	**外国人労働者数等の概観**

○　2022年10月末の外国人労働者数は約182.3万人となり、2007年に外国人雇用状況の届出が義務化されて以降の過去最高を10年連続で更新した。
○　在留資格別にみると「身分に基づく在留資格」が最も多い。前年比でみると、「専門的・技術的分野の在留資格」「特定活動」は増加率が大きかった一方で、「技能実習」「資格外活動」では減少した。
○　国籍別にみると、ベトナムが最も多い。

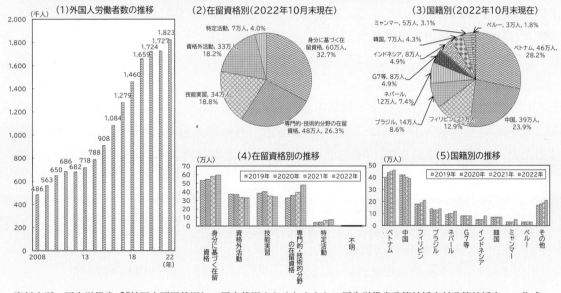

資料出所　厚生労働省「『外国人雇用状況』の届出状況まとめ」をもとに厚生労働省政策統括官付政策統括室にて作成
　（注）　G7等とは、フランス、アメリカ、イギリス、ドイツ、イタリア、カナダ、オーストラリア、ニュージーランド、ロシアをいう。

第3節　求人・求職の動向

●**新規求職申込件数、有効求職者数とも横ばい、求人が回復基調にあり新規求人倍率及び有効求人倍率は増加傾向で推移**

本節では求人や求職者の動向についてみていく。

第1-（2）-15図により、労働力需給の状況を示す指標である新規求人数、新規求職申込件数、新規求人倍率、有効求人数、有効求職者数及び有効求人倍率の動向について概観する。

まず、労働力需要の状況を示す新規求人数、有効求人数については、2009年以降長期的に増加傾向にあったが、感染症の拡大による景気減退の影響から、最初の緊急事態宣言が発出された2020年4～5月を中心に急激かつ大幅に減少した。2020年7月以降は経済社会活動が徐々に活発化し、長期的に続く人手不足の状況も背景に、新規求人数に緩やかな回復傾向が続き、有効求人数にも持ち直しの動きが続いた。その結果、2022年平均では、新規求人数は前年比10.8％増、有効求人数は同12.7％増となった。

次に、労働力供給の状況を示す新規求職申込件数、有効求職者数については、2009年以降長期的には減少傾向で推移している。感染が拡大した2020年以降についてみると、新規求職申込件数は横ばい、有効求職者数は2020年後半に大幅に増加した後横ばいとなっている。その結果、2022年平均では、新規求職申込件数は前年比1.0％減、有効求職者数は同0.7％減となった。

さらに、求職者一人に対する求人件数を表す求人倍率の状況をみると、2022年の新規求人倍率は年平均で前年差0.24ポイント上昇の2.26倍、有効求人倍率は有効求人数が増加傾向で推移したため、年平均で同0.15ポイント上昇の1.28倍となった。

第1-（2）-15図　**求人・求職に関する主な指標の推移**

○　新規求職申込件数、有効求職者数ともに横ばいであるものの、求人が回復基調にあり新規求人倍率及び有効求人倍率は増加傾向で推移。

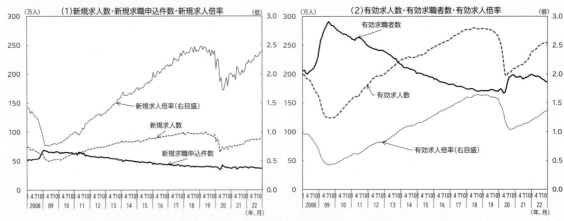

資料出所　厚生労働省「職業安定業務統計」をもとに厚生労働省政策統括官付政策統括室にて作成
　（注）　データは季節調整値。

●**新規求人数は正社員、パートタイム労働者ともに増加、新規求職申込件数は、正社員では減少傾向、パートタイム労働者ではおおむね横ばいで推移**

　次に、第1-(2)-16図により、雇用形態別に求人・求職の動向をみていく。

　求人数をみると、正社員、パートタイム労働者ともに、2009年以降増加傾向で推移していたが、感染拡大による景気減退の影響から、最初の緊急事態宣言が発出された2020年4月に新規求人数が大きく減少し、有効求人数も減少した。その後、新規求人数、有効求人数は持ち直しの動きが続いている。2022年は、正社員では、年平均の新規求人数は前年比8.8％増、有効求人数は同10.1％増となり、パートタイム労働者では、年平均の新規求人数は同12.7％増、有効求人数は同14.9％増と、いずれも大幅な増加となったが、2019年平均と比較するといずれも下回る水準となった。

　一方、求職者数をみると、2009年以降長期的に減少傾向で推移していた。正社員では、新規求職申込件数は、最初の緊急事態宣言の解除後の2020年6～7月、有効求職者数は同年後半を中心に増加したが、その後は、いずれもやや減少傾向で推移している。パートタイム労働者では、新規求職申込件数、有効求職者数ともに、2020年4月に大幅に減少した。新規求職申込件数は2020年6～7月にかけて増加、有効求職者数は2020年6～12月まで増加し続けた後、いずれもおおむね横ばいで推移している。

　2022年は、年平均で正社員の新規求職申込件数は前年比1.8％減、有効求職者数は同2.2％減となり、パートタイム労働者の新規求職申込件数は同0.6％増、有効求職者数は同2.0％増となった。2022年平均を2019年と比較すると、正社員では、新規求職申込件数は下回っているが、有効求職者数は依然として上回っている。パートタイム労働者では、新規求職申込件数、有効求職者数ともに2019年平均を上回り、特に有効求職者数が高水準となっている。

　その結果、2022年平均の正社員の新規求人倍率は、前年差0.16ポイント上昇の1.68倍、有効求人倍率は同0.11ポイント上昇の0.99倍、パートタイム労働者の新規求人倍率は、同0.26ポイント上昇の2.42倍、有効求人倍率は同0.14ポイント上昇の1.28倍となった。

第2章

第1-(2)-16図　**雇用形態別にみた求人・求職に関する指標の動き**

○　新規求人数は、正社員、パートタイム労働者ともに増加。
○　新規求職申込件数は、正社員では減少傾向、パートタイム労働者ではおおむね横ばいで推移。

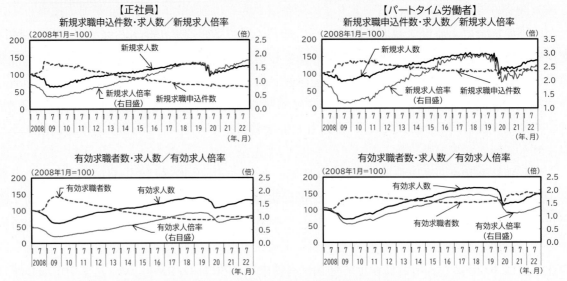

資料出所　厚生労働省「職業安定業務統計」をもとに厚生労働省政策統括官付政策統括室にて作成
　（注）　1）「パートタイム労働者」とは、1週間の所定労働時間が同一の事業所に雇用されている通常の労働者の1週間の所定労働時間に比し短い者を指す。
　　　　　2）グラフは季節調整値。正社員の有効求職者数・新規求職申込件数はパートタイムを除く常用労働者数の値を指す。

●**経済社会活動の活発化により、一般労働者、パートタイム労働者ともに全ての産業で新規求人数が増加**

　次に、求人の動向について、産業別、雇用形態別にみていく。

　第1-(2)-17図は、産業別、雇用形態別に新規求人数の前年差の推移をみたものであるが、パートタイム労働者を除く一般労働者[5]（以下この章において「一般労働者」という。）、パートタイム労働者ともに2020年は、感染症の拡大による景気減退の影響により、全ての産業において新規求人数が減少した。雇用形態別でみると、一般労働者の新規求人数は、「サービス業（他に分類されないもの）」「製造業」「卸売業，小売業」「医療，福祉」等で、パートタイム労働者の新規求人数は、「卸売業，小売業」「宿泊業，飲食サービス業」「医療，福祉」「サービス業（他に分類されないもの）」等で大幅な減少がみられた。この結果、総計（パートタイムを含む一般労働者）では「卸売業，小売業」「サービス業（他に分類されないもの）」「宿泊業，飲食サービス業」「医療，福祉」「製造業」等で大幅な減少となった。

　2021年は、2020年に大きく減少した一般労働者の「製造業」「サービス業（他に分類されないもの）」等を中心におおむね全ての産業で増加となったが、「宿泊業，飲食サービス業」「卸売業，小売業」等では緊急事態宣言の発出等に伴う行動制限が続いた影響から新規求人数の回復が弱く2年連続で減少となり、産業ごとに差がみられた。

5　常用及び臨時・季節を合わせた労働者をいう。常用労働者は雇用契約において雇用期間の定めがないか又は4か月以上の雇用期間が定められている労働者（季節労働を除く。）をいう。また、臨時労働者は、雇用契約において1か月以上4か月未満の雇用契約期間が定められている労働者をいい、季節労働者とは、季節的な労働需要に対し、又は季節的な余暇を利用して一定の期間（4か月未満、4か月以上の別を問わない。）を定めて就労する労働者をいう。

　2022年は、経済社会活動の活発化により一般労働者、パートタイム労働者ともに新規求人数は全ての産業で増加したが、感染拡大前の2019年と比較すると、「卸売業，小売業」「生活関連サービス業，娯楽業」「宿泊業，飲食サービス業」ではそれぞれ2割程度減少しており、求人の回復に遅れがみられる産業もある。

第1-（2）-17図　産業別・雇用形態別にみた新規求人数の動向

○　経済社会活動の活発化により、一般労働者、パートタイム労働者ともに全ての産業で新規求人数が増加。

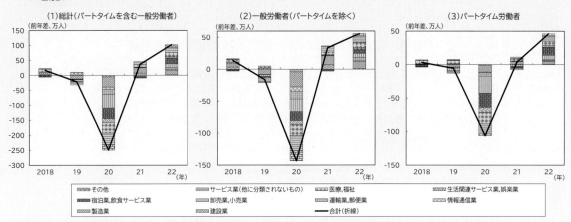

資料出所　厚生労働省「職業安定業務統計」をもとに厚生労働省政策統括官付政策統括室にて作成
　（注）　1）2013年改定「日本標準産業分類」に基づく区分。
　　　　　2）「その他」は、「農，林，漁業」「鉱業，採石業，砂利採取業」「電気・ガス・熱供給・水道業」「金融業，保険業」「不動産業，物品賃貸業」「学術研究，専門・技術サービス業」「教育，学習支援業」「複合サービス事業」「公務（他に分類されるものを除く）・その他」の合計。
　　　　　3）本図中で使用している「一般労働者」は、厚生労働省「職業安定業務統計」における「一般」を指す。また、「パートタイム労働者」「パートタイム」は「パートタイム」を指す。

●人手不足感は感染拡大前の水準まで戻りつつある

　第1-（2）-18図により、短観を用いて、産業別及び企業規模別に雇用の過不足の状況をみていく。同図（1）により産業別の雇用人員判断D.I.の推移をみると、感染拡大前から続く人手不足感は、感染拡大の影響により2020年前半は全ての産業で弱まり、特に「宿泊・飲食サービス」「製造業」では「過剰」超に転じた。その後は、「宿泊・飲食サービス」以外の産業でおおむね一貫して人手不足感が強まった。2021年12月に「宿泊・飲食サービス」が「不足」超に転じて以降、全ての産業が「不足」超で推移している。また、同図（2）により企業規模別にみると、中小企業の人手不足感がより強い傾向がみられる。

第1-（2）-18図	産業別・企業規模別にみた雇用人員判断D.I.の推移

○　産業別にみると、感染症の拡大前から続く人手不足感は、感染拡大の影響により2020年前半には全ての産業で弱まり、特に「宿泊・飲食サービス」「製造業」では「過剰」超となったが、その後は再び人手不足感が強まり、2021年12月以降、全ての産業は「不足」超で推移している。
○　人手不足感は企業規模にかかわらず感染拡大前の水準まで戻りつつある。

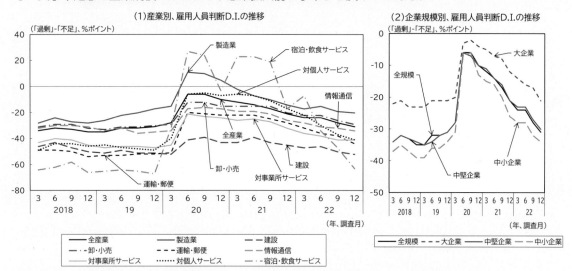

資料出所　日本銀行「全国企業短期経済観測調査」をもとに厚生労働省政策統括官付政策統括室にて作成

●**新規求人数は、正社員、パートタイム労働者ともに製造業、非製造業のいずれも増加傾向**

　さらに、第1-(2)-19図により、製造業、非製造業別の新規求人数及び充足率[6]の動向をみていくと、新規求人数は、感染症の影響により2020年前半に大幅に減少したが、同年後半以降、正社員、パートタイム労働者ともに製造業、非製造業のいずれも増加傾向にある。充足率は、正社員、パートタイム労働者ともに製造業では約2割、非製造業では約1割と低い水準になっており、企業が求人を出しても人員が確保できていない状況がみられる。特に正社員の充足率は低下傾向で推移している。

| 第1-(2)-19図 | 製造業、非製造業別にみた新規求人数及び充足率の推移 |

○　新規求人数は、2020年後半以降、正社員、パートタイム労働者ともに製造業、非製造業のいずれも増加傾向。
○　業種別の充足率は、正社員、パートタイム労働者ともに製造業では約2割、非製造業では約1割であり、特に正社員の充足率は低下傾向で推移。

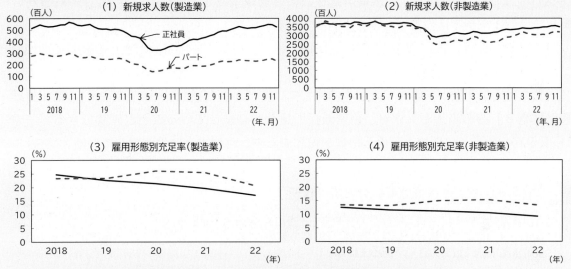

資料出所　厚生労働省「職業安定業務統計」をもとに厚生労働省政策統括官付政策統括室にて作成
　(注)　1)(1)(2)図は、独自に作成した季節調整値（後方3か月移動平均）を使用している。
　　　　2)(3)(4)図の数値は、年ごとに月次データの平均を使用している。※2022年は9月までの平均値
　　　　3)「パートタイム労働者」とは、1週間の所定労働時間が同一の事業所に雇用されている通常の労働者の1週間の所定労働時間に比し短い者を指す。

6　求人数に対する充足された求人の割合をいい、「就職件数」を「新規求人数」で除したもの。

●民間職業紹介の常用求人数も大幅な増加傾向。新規求職申込件数、就職件数は常用求人数よりも小幅な増加

　ここまで、公共職業紹介事業における求人や求職の状況をみてきたが、民間職業紹介事業の動向はどのようになっているのだろうか。第1-（2）-20図により、2017年度以降の状況をみていく。同一求職者の複数事業者への求職申込や企業の同一求人の複数事業者への登録による重複計上もありうることに留意は必要であるが、同図（1）をみると、常用求人数は2017年度以降大幅な増加傾向にあることが分かる。新規求職申込件数及び常用就職件数は2017年度と比較すると大きくは増加してはおらず、2021年度は感染症の影響から持ち直しプラスに転じているが、常用求人数よりも小幅な増加となっている。同図（3）（4）により、常用求人数の多い職業別に新規求職申込件数、常用求人数の推移をみると、ほぼ全ての職業で2017年度の水準を上回っていることが分かる。また、同図（2）により、2021年度の職業別の新規求職申込件数、常用求人数をみると、「介護サービスの職業」「歯科医師、獣医師、薬剤師」「医師」では常用求人数が新規求職申込件数の2倍以上となっている。一方、「一般事務の職業」では新規求職申込件数を大きく下回っている。

　第1-（2）-8図では、「情報通信業」「医療，福祉」分野の雇用者数が近年継続して増加傾向にあることを確認したが、第1-（2）-20図（3）（4）おいても、2017年度と比較して「保育士」の常用求人数が一貫して大きく増加しているほか、「介護サービスの職業」「情報処理・通信技術者」等の増加も大きく、企業の採用意欲が高まっていることが確認できる。一方、「一般事務の職業」は新規求職申込件数が増加する中、常用求人数は減少している。

第1-（2）-20図　民間職業紹介事業の状況

○　民間職業紹介の常用求人件数も人手不足を背景に大幅な増加傾向。
○　常用求人数は「介護サービスの職業」「営業の職業」「看護師」等が多い。「一般事務の職業」は、新規求職申込件数を大きく下回っている。

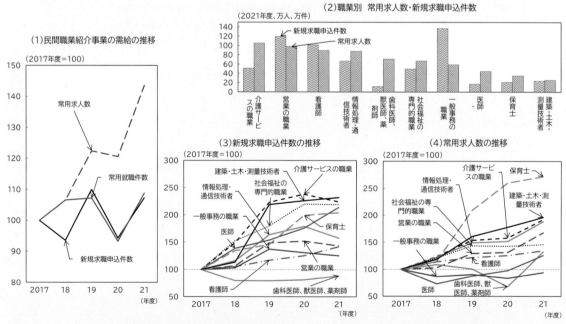

資料出所　厚生労働省「職業紹介事業報告書の集計結果（速報）」をもとに厚生労働省政策統括官付政策統括室にて作成
　（注）　1）民間の職業紹介事業について集計したものであり、同一求職者の複数事業者への求職登録や企業の同一求人の複数事業者への登録による重複計上もありうる。
　　　　　2）「常用求人」「常用就職」とは、雇用期間が4か月以上又は期間の定めのない求人、就職をいう。
　　　　　3）（2）～（4）は2021年度の常用求人数が上位10位までの職業について集計したもの。

●**新規学卒者の就職率は、2023年3月卒においてはいずれの卒業区分においても上昇した**

　第1-（2）-21図により、新規学卒者の就職（内定）率の推移を卒業区分別にみてみる。感染症の影響により、2021年卒の新規学卒者の就職率が低下した後、2022年卒では、高校新卒者では横ばい、短大新卒者及び専修学校（専門課程）では上昇、大学新卒者では低下となった。

　2023年卒の新規学卒者の就職率をみると、高校新卒者、短大新卒者、専修学校（専門課程）新卒者及び大学新卒者の全てにおいて、前年度より上昇した。また、時点別の内定率をみると、長期的には10月末時点を中心に上昇傾向にあり、企業が早い段階から積極的に採用活動を行ってきている状況が確認できる。

第2章

第1-（2）-21図　**高校・大学等の新規学卒者の就職（内定）率の推移**

○　2023年卒の新規学卒者の就職率は、高校新卒者、短大新卒者、専修学校（専門課程）新卒者及び大学新卒者の全てにおいて、前年度より上昇した。

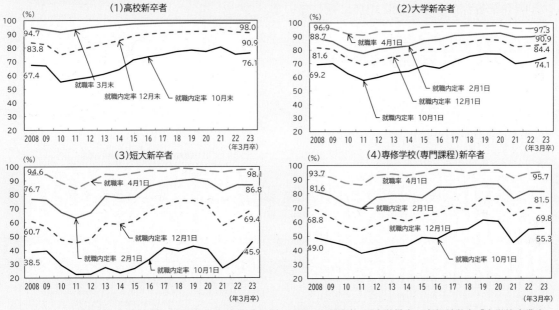

資料出所　文部科学省「高校卒業（予定）者の就職（内定）に関する調査」、厚生労働省・文部科学省「大学等卒業者の就職状況調査」をもとに厚生労働省政策統括官付政策統括室にて作成
（注）　1）高校新卒者の2021年3月卒については、新型コロナウイルス感染症の影響により、選考開始時期を1か月後ろ倒ししたため、11月末現在と1月末現在の数値となっている。
　　　　2）短大新卒者の数値は、女子学生のみを抽出したものとなっている。

●**転職者数は感染症の影響により2020年から２年連続で大幅に減少したが、2022年は３年ぶりの増加となった**

　これまでにみた労働力需給の動向も踏まえ、労働移動の状況について、転職者（過去１年以内に離職経験のある就業者）の動向をみていく。第１-（２）-22図（１）により、転職者数の推移をみると、リーマンショック期の2009～2010年にかけて大幅に落ち込んだ後、2011年以降増加を続け、2019年は過去最高の353万人となった。感染症の影響で2020年、2021年と減少が続き、290万人まで減少したが、2022年には３年ぶりに増加し303万人となった。

　転職者数の変動の背景をみるため、同図（２）で前職の離職理由別の転職者数の推移（前年差）をみると、「より良い条件の仕事を探すため」は、雇用情勢が改善している時期に増加している。他方、「会社倒産・事業所閉鎖のため」「人員整理・勧奨退職のため」「事業不振や先行き不安のため」は、リーマンショックの影響を受けた2009年のように、雇用情勢が厳しい時期に増加する傾向がある。

　2022年についてみると、感染症の影響により減少していた「より良い条件の仕事を探すため」という転職者が３年ぶりに増加に転じている。

第１-（２）-22図　転職者数の推移等

○　転職者数は、2011年以降、増加傾向で推移した後、感染症の影響により2020年から２年連続で大幅に減少したが、2022年は３年ぶりの増加となった。

○　前職を離職した理由別に転職者数の前年差をみると、2022年は「より良い条件の仕事を探すため」に離職した者の数が増加に転じている。

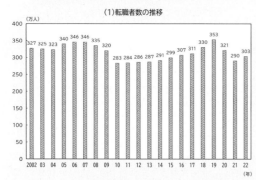
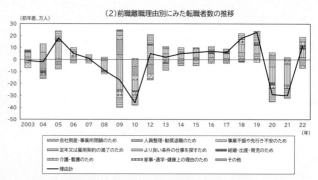

資料出所　総務省統計局「労働力調査（詳細集計）」をもとに厚生労働省政策統括官付政策統括室にて作成
　（注）　１）転職者とは、就業者のうち前職のある者で、過去１年間に離職を経験した者をいう。
　　　　　２）転職者数の推移については、時系列接続用数値による。2011年の数値は東日本大震災の影響により全国集計結果が存在しないため、補完推計値（2015年国勢調査基準）を使用している。
　　　　　３）前職離職理由別転職者数の推移については、前職が非農林業雇用者で過去１年間の離職者数。
　　　　　４）前職離職理由別転職者数の推移については、2011年は全国集計結果が存在しないため、2012年については2010年との差である。
　　　　　５）（２）について、2013～2016年までの前職離職理由別にみた転職者数は、2015年国勢調査基準のベンチマーク人口に基づいた数値。2018～2021年までの前職離職理由別にみた転職者数は、2020年国勢調査基準のベンチマーク人口に基づいた数値。

第4節 | 失業等の動向

● **完全失業率は、感染症の影響から持ち直し、男女計と男性は全ての年齢階級で低下、女性は「35～44歳」と「65歳以上」で横ばいとなったほかは全ての年齢階級において低下**

最後に、失業の動向についてみていく。

第1-(2)-23図は、完全失業率の推移を男女別・年齢階級別にみたものであるが、「15～24歳」「25～34歳」といった若年層で高く、「65歳以上」の高年齢層で低い傾向がある。2018年までは男女ともにおおむね低下傾向にあり、「15～24歳」で特に大きく低下していたが、2020年の感染症の影響により、男女ともに全ての年齢階級で上昇がみられた。

2021年は、感染症の影響が依然として残る中で、男女計と女性では横ばい、男性はやや上昇した。2022年の完全失業率は、感染症の影響から持ち直し、男女計と男性は全ての年齢階級で低下、女性は「35～44歳」と「65歳以上」で横ばいとなったほかは、全ての年齢階級において低下している。

第1-(2)-23図 | **男女別・年齢階級別にみた完全失業率の推移**

○　2022年の完全失業率は、感染症の影響から持ち直し、男女計と男性は全ての年齢階級で低下した。女性は「35～44歳」と「65歳以上」で横ばいとなったほかは全ての年齢階級において低下した。

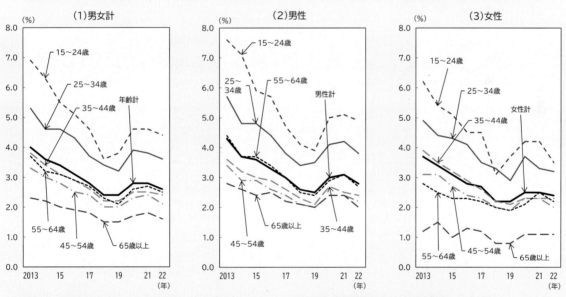

資料出所　総務省統計局「労働力調査（基本集計）」をもとに厚生労働省政策統括官付政策統括室にて作成

●2022年は「非自発的理由」及び「自発的理由」のいずれも完全失業者数が減少

　続いて、第1-（2）-24図により、求職理由別・年齢階級別の完全失業者数の推移をみると、2013～2019年にかけて、「非自発的」「自発的」「新たに求職」理由の完全失業者数のいずれも減少傾向で推移していた。2020年、2021年には「非自発的」理由を中心に全ての理由で増加した後、2022年には全ての理由で減少に転じた。

　「非自発的」「自発的」理由による完全失業者数を年齢別にみると、2019年まではいずれの理由についても、全ての年齢階級でおおむね減少傾向で推移してきた。2020年には感染拡大による経済社会活動の停滞から、「非自発的理由」による完全失業者数は全ての年齢階級において大幅に増加し、2021年も45歳以上の年齢層を中心に引き続き増加したが、「自発的理由」の完全失業者数は2020年以降もおおむねどの年齢階級でも横ばいであった。

　2022年は、「非自発的」及び「自発的」な理由による完全失業者は、いずれもおおむね全ての年齢階級で減少している。

第1-（2）-24図　求職理由別・年齢階級別にみた完全失業者数の推移

○　「非自発的」な理由による完全失業者は、2020年は全ての年齢階級で大幅に増加し、2021年は45歳以上の年齢層を中心に引き続き増加した。
○　2022年においては、「非自発的」及び「自発的」な理由のいずれも、おおむね全ての年齢階級で減少した。

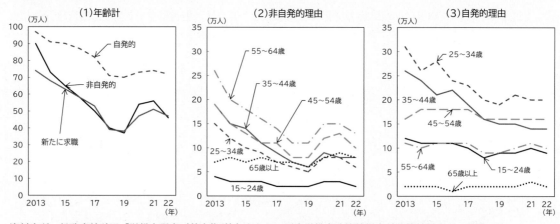

資料出所　総務省統計局「労働力調査（基本集計）」をもとに厚生労働省政策統括官付政策統括室にて作成
　（注）　求職理由について、「非自発的」は、「定年又は雇用契約の満了による離職」と「勤め先や事業の都合による離職」を合わせたもの。「自発的」は、「自分又は家族の都合による離職失業者」。「新たに求職」は、「学卒未就職」「収入を得る必要が生じたから」及び「その他」を合わせたもの。

●「1年未満失業者」「長期失業者」ともに減少

　最後に、第1-（2）-25図により、失業期間別の完全失業者数の推移をみると、失業期間が「1年以上」の完全失業者（以下「長期失業者」という。）、失業期間が「1年未満」の完全失業者（以下「1年未満失業者」という。）は、ともに2019年まで幅広い年齢層で減少傾向が続いたが、2020年の感染症の拡大による景気減退の影響から1年未満失業者が全ての年齢階級で増加した。2021年は、完全失業率が2％台後半で推移する中、1年未満失業者は幅広い年齢層で減少したものの、感染症の影響が長引く中で、失業が長期化する傾向がみられ、長期失業者は全ての年齢階級で増加した。

　2022年は、雇用情勢の持ち直しにより、全ての年齢階級で1年未満失業者は減少、長期失業者は横ばい又は減少し、特に1年未満失業者は感染拡大前の2019年とおおむね同水準まで減少している[7]。

第1-（2）-25図　失業期間別・年齢階級別にみた完全失業者数の推移

○　2020年は失業期間「1年未満」の完全失業者が増加、2021年は、長引く感染症の影響により失業期間「1年以上」の長期失業者が増加した。
○　2022年は全ての年齢階級で1年未満失業者は減少、長期失業者は横ばい又は減少した。

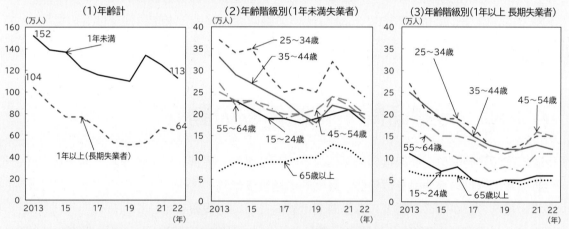

資料出所　総務省統計局「労働力調査（詳細集計）」をもとに厚生労働省政策統括官付政策統括室にて作成
　（注）　2013〜2016年までの失業者数は、2015年国勢調査基準のベンチマーク人口に基づいた数値。2018〜2021年までの失業者数は、2020年国勢調査基準のベンチマーク人口に基づいた数値。

7　長期失業者及び1年未満失業者の労働力人口に占める割合は付1-（2）-1図を参照。

第3章　労働時間・賃金等の動向

　2022年の雇用者の労働時間の動向をみると、感染拡大等による2020年の大幅な落込みから回復し、月間総実労働時間は前年と比べて増加した。一方で、働き方改革の取組の進展等を背景に、感染拡大前の2019年と比較して低い水準となった。また、年次有給休暇の取得率の上昇や長時間労働者の割合の低下などもみられた。

　賃金の動向をみると感染防止策と経済社会活動の両立が図られ、経済活動が正常化に向かっていることなどから、所定内給与、所定外給与、特別給与はいずれも前年と比べて増加し、現金給与総額は感染拡大前の2019年を上回った。また、最低賃金の引上げや同一労働同一賃金の取組の進展、人手不足などに伴うパートタイム労働者の所定内給与の増加などもみられ、春季労使交渉においては賃上げに向けた動きもみられた。一方で、名目賃金が大きく増加する中でも、実質賃金が前年比でマイナスとなるなど、物価上昇の影響もみられた。

　本章では、こうした状況の中で、2022年の労働時間・賃金・春季労使交渉等の動向について概観する。

第1節　労働時間・有給休暇の動向

●**月間総実労働時間は、感染症の影響による2020年の大幅減から2年連続で増加したが、働き方改革の取組の進展等を背景に、長期的には減少傾向**

　まず、近年の我が国の労働者の労働時間の動向について概観していく。

　第1-（3）-1図は、2013年以降の従業員5人以上規模の事業所における労働者一人当たりの月間総実労働時間（以下「月間総実労働時間」という。）の推移をみたものである[1]。これによると、月間総実労働時間は減少傾向で推移しており、働き方改革の取組の進展等を背景に、近年は減少幅が大きくなっていることが分かる。2020年は緊急事態宣言の発出等による行動制限や世界的な感染拡大による景気減退の影響から経済活動が停滞し、月間総実労働時間も大幅な減少となった。

　2022年は、感染症の感染者数の増減はあったものの、感染防止策と経済活動の両立が図られ、経済活動は徐々に正常化に向かったこともあり、月間総実労働時間は前年に比べて増加した。

　労働時間は、あらかじめ定められた労働時間である「所定内労働時間」[2]と、それを超える労

1　第1節の「毎月勤労統計調査」の労働時間の図表の数値は、指数（総実労働時間指数、所定内労働時間指数、所定外労働時間指数）にそれぞれの基準数値（2020年）を乗じ、100で除し、時系列比較が可能となるように修正した実数値であり、公表値とは異なる。
2　「所定内労働時間」とは、労働基準法（昭和22年法律第49号）により、原則週40時間以内、かつ、1日8時間以内とされている就業規則等により定められている労働時間を指す。

働時間を指す「所定外労働時間」[3]に分けることができ、それぞれの動きをみていくこととする。

　2013年以降の推移をみると、所定内労働時間は2018年以降、やや大きな減少幅となっている。一般労働者[4]の所定内労働時間が減少に寄与するとともに、パートタイム労働者比率の上昇やパートタイム労働者の所定内労働時間の減少も関係している。一方、所定外労働時間は2013～2017年まではおおむね横ばいで推移していたが、この間の働き方改革の取組の進展等から、2018年以降減少傾向がみられる。2020年には、感染症の影響による経済活動の停滞により所定内労働時間、所定外労働時間ともに大幅な減少となった。特に、所定外労働時間は前年比13.2％減とリーマンショック期の2009年（前年比15.0％減）に迫る減少幅となった。2021年も影響は続いたが、2020年と比較すると影響は限定的となり、所定内労働時間、所定外労働時間はいずれも増加した。2022年は、経済活動の正常化に向けた動きが進む中、2年連続で所定外労働時間が増加し、所定内労働時間は微減となった。

　感染拡大前の2019年の労働時間と比較すると、2022年の「所定内労働時間」と「所定外労働時間」はいずれも減少している。2020年、2021年は感染症の影響により、労働時間は特異な動きを示したが、働き方改革の取組もあり、労働時間は減少傾向で推移してきている。2022年は前半に一部地域に行動制限はあったものの、年後半は行動制限がなかったことから、正常化に向けた動きが進む経済社会状況を反映した形となっている。

第3章

第1-(3)-1図　月間総実労働時間の内訳の推移

○　2022年は、経済社会活動の平常化により、2021年に引き続き増加傾向となっているが、長期的には、所定内労働時間の減少を中心に、減少傾向で推移している。

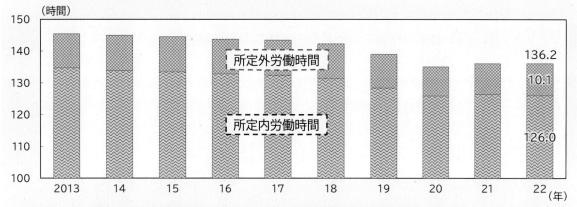

資料出所　厚生労働省「毎月勤労統計調査」をもとに厚生労働省政策統括官付政策統括室にて作成
（注）　1）調査産業計、就業形態計、事業所規模5人以上の値を示している。また、2013年以降において東京都の「500人以上規模の事業所」についても再集計した値を示している。
　　　　2）指数（総実労働時間指数、所定内労働時間指数、所定外労働時間指数）にそれぞれの基準数値（2020年）を乗じ、100で除し、時系列接続が可能となるように修正した実数値である。

3　「所定外労働時間」は、早出、残業、臨時の呼出、休日出勤等の実労働時間数。企業の経済活動の状況を反映して変動する傾向があり、働き方改革を推進するための関係法律の整備に関する法律（平成30年法律第71号。以下「働き方改革関連法」という。）による労働基準法の改正により、上限規制が設けられた。

4　一般労働者とは、常用労働者のうち、パートタイム労働者でない者をいう。常用労働者とは、①期間を定めずに雇われている者、②1か月以上の期間を定めて雇われている者、のいずれかに該当する者をいう。また、パートタイム労働者とは、常用労働者のうち、①1日の所定労働時間が一般の労働者よりも短い者、②1日の所定労働時間が一般の労働者と同じで1週の所定労働日数が一般の労働者よりも少ない者、のいずれかに該当する者をいう。

● 2022年の月間総実労働時間は、2021年と比較すると、一般労働者、パートタイム労働者ともに増加しているものの、感染拡大前の2019年以前の水準と比較すると低い水準

第1-（3）-2図により、一般労働者・パートタイム労働者の労働時間の動向をみていく。同図（1）により一般労働者の月間総実労働時間の推移をみると、2013～2019年まで所定外労働時間がほぼ横ばいで推移する一方で、所定内労働時間は減少傾向がみられ、一般労働者の月間総実労働時間は2018年以降減少傾向で推移している。

また、同図（2）によりパートタイム労働者の月間総実労働時間の推移をみると、2013年以降、女性や高齢者を中心に労働参加が進んだことも背景に、所定内労働時間が減少傾向で推移し、月間総実労働時間は一貫して減少していることが分かる。

2020年は感染症の影響による経済活動の停滞から、一般労働者・パートタイム労働者の所定内労働時間、所定外労働時間はいずれも減少したことにより、総実労働時間は大幅に減少した。

2022年は、2021年と比較して、一般労働者の所定内労働時間は減少し、所定外労働時間は増加した結果、月間総実労働時間は若干増加し、2020年の大幅減から2年連続の増加となった。また、パートタイム労働者の月間総実労働時間は、2020年に大きく減少した後、ほぼ横ばい傾向で推移しており、2021年と比較して、所定内労働時間、所定外労働時間とも若干増加した。

2022年の月間総実労働時間を2021年と比較すると、一般労働者、パートタイム労働者ともに増加しているものの、感染拡大前の2019年以前の水準と比較すると低い水準である。この要因としては、感染症による影響もあるものの、働き方改革の進展等も考えられる。

第1-（3）-2図　**就業形態別にみた月間総実労働時間の推移**

○　2022年の月間総実労働時間は、2021年と比較すると、一般労働者、パートタイム労働者ともに増加しているものの、感染拡大前の2019年以前の水準と比較すると低い水準となっている。

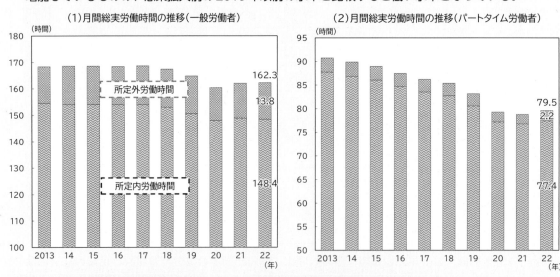

資料出所　厚生労働省「毎月勤労統計調査」をもとに厚生労働省政策統括官付政策統括室にて作成
（注）　1）調査産業計、事業所規模5人以上の値を示している。また、2013年以降において東京都の「500人以上規模の事業所」についても再集計した値を示している。
　　　　2）指数（総実労働時間指数、所定内労働時間指数、所定外労働時間指数）にそれぞれの基準数値（2020年）を乗じ、100で除し、時系列接続が可能となるように修正した実数値である。

　次に、第1-(3)-3図により、月間総実労働時間の増減要因の推移をみていく。同図（1）は2013年以降の月間総実労働時間の前年差を要因別に分解したものである。これをみると、2020年には感染症による影響から、一般労働者、パートタイム労働者の労働時間は、ともに大幅にマイナスに寄与した一方、対人サービス部門を中心とした経済活動の抑制、停滞等の影響を受けたと考えられるパートタイム労働者比率の低下はプラスに寄与した。その後、2021年は一般労働者の所定内労働時間、所定外労働時間のプラスの寄与、2022年は一般労働者の所定外労働時間、パートタイム労働者の総実労働時間のプラスの寄与により、総実労働時間は2年連続で増加した。

　同図（2）をみると、2019年まで一貫して上昇していたパートタイム労働者比率は、2020年には感染症の影響を受けて低下したが、2021年には上昇に転じ、2022年も引き続き上昇して31.60％と、2019年の31.53％を上回って過去最高水準を更新している。

第1-(3)-3図　月間総実労働時間の増減要因

○　月間総実労働時間の前年差の増減を要因分解すると、2022年は、一般労働者の所定外労働時間、パートタイム労働者の総実労働時間が、ともにプラスに寄与し、パートタイム労働者比率が2021年に引き続き増加したことから、パートタイム労働者の構成比による要因はマイナスに寄与した。

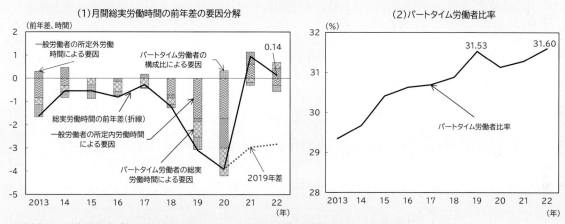

（1）月間総実労働時間の前年差の要因分解　（2）パートタイム労働者比率

資料出所　厚生労働省「毎月勤労統計調査」をもとに厚生労働省政策統括官付政策統括室にて作成
　（注）　1）調査産業計、事業所規模5人以上の値を示している。また、2013年以降において東京都の「500人以上規模の事業所」についても再集計した値を示している。
　　　　　2）指数（総実労働時間指数、所定内労働時間指数、所定外労働時間指数）にそれぞれの基準値（2020年）を乗じ、100で除し、時系列接続が可能になるように修正した実数値をもとに算出。
　　　　　3）要因分解の計算式は以下のとおり。
　　　　　　　$\Delta P = (1 - \bar{r}) \Delta Q + (1 - \bar{r}) \Delta R + \bar{r} \Delta S + \Delta r (\bar{S} - \bar{Q} - \bar{R})$
　　　　　　　P：就業形態計の総実労働時間　　　　S：パートタイム労働者の総実労働時間
　　　　　　　Q：一般労働者の所定内労働時間　　　r：パートタイム労働者比率
　　　　　　　R：一般労働者の所定外労働時間　　　Δ：当年と前年の増減差
　　　　　　　　‾：当年と前年の平均
　　　　　4）パートタイム労働者比率は、パートタイム労働者数を就業形態計の常用労働者数で除した数値である。

第3章

● **週60時間以上就労の雇用者の割合は近年低下傾向にあり、感染拡大後の2020年以降は低水準ながらも横ばい傾向で推移**

続いて、長時間労働の状況を確認するため、第1-(3)-4図（1）により、週60時間以上就労している雇用者（以下「週60時間以上就労雇用者」という。）の割合の推移をみると、近年、低下傾向で推移している。男性の方が高い水準で推移しているものの、働き方改革関連法が施行[5]された2018年以降は、低下傾向が顕著にみられる。2020年以降は、感染症対策としての経済活動の抑制の影響により低下幅が大きくなっている可能性に留意する必要はあるが、2020年に大きく低下した後、2022年までほぼ横ばいとなっている。

同図（2）により、年齢階級別の週60時間以上就労雇用者の割合をみると、おおむね全ての年齢階級で近年低下傾向がみられる。特に、比較的高い水準で推移している20歳台後半～50歳台前半までの年齢階級において顕著に低下傾向がみられる。感染症の拡大に伴う経済活動の停滞の影響から、2020年は水準が低下していたが、2021年以降も年齢階級により若干の違いはあるものの、全ての年齢階級でほぼ横ばい傾向で推移している。

第1-(3)-4図	週間就業時間60時間以上の雇用者の状況

○　週60時間以上就労雇用者の割合は近年低下傾向にあり、感染拡大後の2020年以降は低水準のまま横ばい傾向で推移している。
○　年齢階級別の週60時間以上就労雇用者の割合をみると、おおむね全ての年齢階級で近年低下傾向がみられ、2021年、2022年とも、年齢階級により若干の違いはあるものの、全ての年齢階級でほぼ横ばい傾向で推移している。

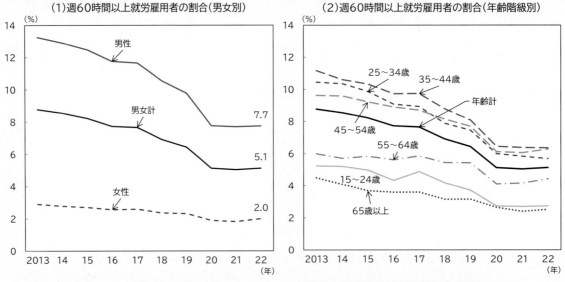

資料出所　総務省統計局「労働力調査（基本集計）」をもとに厚生労働省政策統括官付政策統括室にて作成
（注）　1）非農林業雇用者（休業者を除く）総数に占める週間就業時間が60時間以上の者の割合を表したもの。
　　　　2）2013～2016年までの割合は、2015年国勢調査基準のベンチマーク人口に基づいた割合。2018～2021年までの割合は、2020年国勢調査基準のベンチマーク人口に基づいた割合。

5　働き方改革関連法による労働基準法の改正により、時間外労働の上限規制（大企業は2019年4月施行、中小企業は2020年4月施行）、年5日の年次有給休暇の確実な取得（2019年4月施行）等が定められ、順次施行された。

●**年次有給休暇の取得率は働き方改革の取組を背景に上昇傾向であり、2022年調査（2021年の状況）では過去最高を更新**

ここからは、年次有給休暇の取得状況について確認する。

第1-（3）-5図（1）により、年次有給休暇の取得率の状況をみると、2016年調査（2015年の状況）以降、7年連続で上昇している。特に、働き方改革関連法の施行による2019年4月からの年5日の年次有給休暇取得の義務付けを背景に、2020年調査（2019年の状況）では大幅な上昇がみられるなど、近年の働き方改革の取組の進展により、取得率は上昇し続けている。

2022年調査（2021年の状況）では、年次有給休暇取得率58.3%となり、過去最高を更新した。男女別にみると、男性より女性の取得率が高い傾向にある。2016年調査（2015年の状況）以降、2021年調査（2020年の状況）では女性に低下がみられたが、2022年調査（2021年の状況）においては、男女ともに上昇傾向となっている。

また、同図（2）により、企業規模別に年次有給休暇の取得率の状況をみると、企業規模が大きいほど高く、2016年調査（2015年の状況）以降全ての企業規模で上昇傾向となっている。2022年調査（2021年の状況）は、全ての企業規模で取得率が上昇している。

第1章　第3章

第1-（3）-5図	年次有給休暇の取得率の推移

○　年次有給休暇の取得率は働き方改革の取組を背景に上昇傾向であり、2022年調査（2021年の状況）では過去最高を更新した。
○　企業規模別に年次有給休暇の取得率の状況をみると、2016年調査（2015年の状況）以降全ての企業規模で上昇傾向となっている。

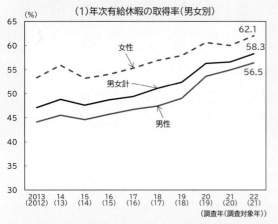

（1）年次有給休暇の取得率（男女別）

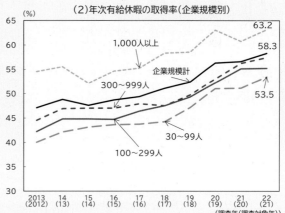

（2）年次有給休暇の取得率（企業規模別）

資料出所　厚生労働省「就労条件総合調査」をもとに厚生労働省政策統括官付政策統括室にて作成
（注）　1）常用労働者30人以上の民営企業における常用労働者の値を示している。
　　　　2）2014年以前は、調査対象を「常用労働者が30人以上の会社組織の民営企業」としており、また、「複合サービス事業」を含まなかったが、2015年より「常用労働者が30人以上の民営法人」とし、さらに「複合サービス事業」を含めることにした。
　　　　3）表示は調査年。各年の前年1年間の状況について調査している。（　）は調査対象年。
　　　　4）「取得率」は、取得日数計／付与日数計×100（%）である。「付与日数」は繰り越し日数を除き、「取得日数」は実際に取得した日数である。

●**年次有給休暇の取得率は、男性、中小企業、「建設業」「卸売業，小売業」「宿泊業，飲食サービス業」において大きく上昇**

　続いて、第1-(3)-6図により、2013年と2022年における年次有給休暇の取得率の状況をみてみる。近年の働き方改革の取組の進展から、2013年と比較し、2022年は取得率が上昇していることが分かる。2022年における取得率をみると「情報通信業」「製造業」などでは高い水準、「教育，学習支援業」「卸売業，小売業」「宿泊業，飲食サービス業」などでは低い水準となっている。2013年と2022年を比較すると、男女別では男性、企業規模別では「30〜99人」「100〜299人」といった中小企業、産業別では「建設業」「卸売業，小売業」「宿泊業，飲食サービス業」における取得率が大きく上昇している。

第1-(3)-6図　年次有給休暇の取得率の状況

○　2013年と比較して2022年は、年次有給休暇の取得率が上昇している。
○　特に、産業別では「建設業」「卸売業，小売業」「宿泊業，飲食サービス業」、男女別では男性、企業規模別では「30〜99人」「100〜299人」といった中小企業における取得率が上昇している。

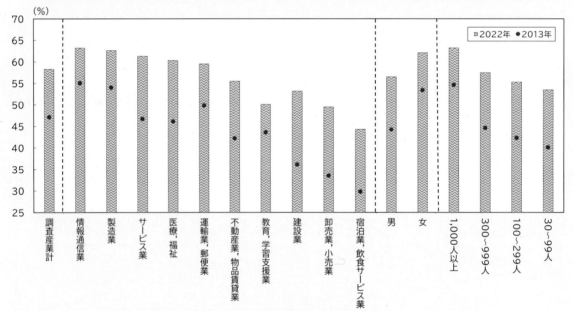

資料出所　厚生労働省「就労条件総合調査」をもとに厚生労働省政策統括官付政策統括室にて作成
（注）　1）常用労働者30人以上の民営企業における常用労働者の値を示している。
　　　　2）2014年以前は、調査対象を「常用労働者が30人以上の会社組織の民営企業」としており、また、「複合サービス事業」を含まなかったが、2015年より「常用労働者が30人以上の民営法人」とし、さらに「複合サービス事業」を含めることとした。

第2節　賃金の動向

● **2022年の現金給与総額は所定内給与の増加などにより、2年連続で増加し、感染拡大前の水準を上回った**

本節では、前節で確認した労働時間の動きを踏まえつつ、雇用者の賃金[6]の動向をみていく。

まず、我が国の現金給与総額[7]の状況について確認する。第1-(3)-7図は、2013年以降の労働者一人当たりの現金給与総額の推移とその増減の要因を就業形態別にみたものである。2022年の現金給与総額は、就業形態計、一般労働者、パートタイム労働者のいずれも、感染拡大前の2019年を上回った。

一般労働者の現金給与総額の状況をみると、2013～2019年までは一貫して増加傾向で推移していたが、2020年は、感染拡大による経済活動の停滞の影響から、所定外給与と特別給与に大幅な減少、所定内給与にも小幅な減少がみられ、現金給与総額は大きく減少した。2021年は、所定内給与、所定外給与ともに増加したことから現金給与総額は増加した。2022年は、経済活動の正常化に向けた動きが進む中、所定内給与、所定外給与及び特別給与のいずれも前年より増加しており、特に、所定内給与と特別給与の増加が大きかったことから、感染拡大前の2019年を大きく上回った。

次に、パートタイム労働者の現金給与総額の状況をみると、2013～2019年までの間、長期的に緩やかな増加傾向で推移している。パートタイム労働者の労働時間は、所定内労働時間を中心に減少傾向がみられた[8]ものの、要因別にみると、最低賃金の引上げなどにより増加した所定内給与[9]が、現金給与総額の増加を牽引した。このように、労働時間が減少傾向で推移している中でも、所定内給与を中心に賃金の増加がみられたことから、パートタイム労働者の待遇改善が進んでいる状況がうかがえる[10]。2020年は、感染拡大による経済活動の停滞の影響から、所定内給与、所定外給与が大幅減となったが、特別給与は増加となった。特別給与については、働き方改革関連法のうち、いわゆる「同一労働同一賃金」（同一企業内における正規

6　第2節の「毎月勤労統計調査」の賃金の数値は、指数（現金給与総額指数、定期給与指数、所定内給与指数）にそれぞれの基準数値（2020年）を乗じ、100で除し、時系列比較が可能となるように修正した実数値であり、実際の公表値とは異なる。

7　「現金給与総額」とは、税や社会保険料等を差し引く前の金額であり、「きまって支給する給与（定期給与。以下「定期給与」という。）」と「特別に支払われた給与（特別給与。以下「特別給与」という。）」に分けられる。「定期給与」とは、労働協約、就業規則等によってあらかじめ定められている支給条件、算定方法によって支給される給与を指し、「所定内給与」と、所定の労働時間を超える労働に対して支給される給与、休日労働、深夜労働に対して支給される給与である「所定外給与」の合計額である。一般的に、「所定内給与」は、一般労働者において短期間で大幅な増減がみられることはあまりないが、「所定外給与」は所定外労働時間の変動に従って増減することから、企業の経済活動の状況等を反映して増減する。「特別給与」とは、賞与、期末手当等の一時金等や諸手当、あらかじめ就業規則等による定めのない突発的な理由等に基づき支払われた給与等の合計額を指し、企業の業績に従って大きく変動することから、経済の動向を反映して水準が変動する傾向にある。

8　この間、女性や高齢者のパートが増加しているが、第2-(1)-32図によると、60歳未満の女性や60歳以上の男女の希望する賃金形態は、時給制の割合が高く、希望する賃金額も60歳未満の男性よりも低い傾向がある。これらの背景については、第2部第1節、コラム2-11を参照。

9　最低賃金のパートタイム労働者への影響については、第2-(3)-30図、コラム2-10及びコラム2-11を参照。

10　パートタイム労働者の時給の推移については、付1-(3)-1図を参照。

雇用労働者と非正規雇用労働者の不合理な待遇差の解消）に関する規定[11]が施行され、パートタイム労働者に賞与等を新設・拡充した事業所が増加したことが背景にあると考えられる[12]。2021年は、所定外給与は引き続き減少したが、所定内給与は増加となり、現金給与総額は小幅な増加となった。2022年は、パートタイム労働者の所定内給与が大きく増加したことから、現金給与総額は、感染拡大前の2019年を上回った。

第1-(3)-7図　就業形態別にみた現金給与総額（月額）の推移等

○　2022年は、一般労働者及びパートタイム労働者の、所定内給与、所定外給与、特別給与のいずれも増加したため、現金給与総額は32.6万円となり、感染拡大前の2019年を上回った。

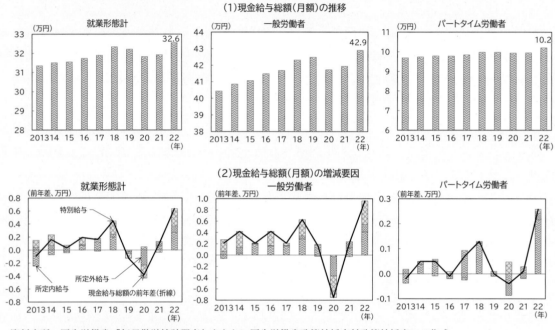

資料出所　厚生労働省「毎月勤労統計調査」をもとに厚生労働省政策統括官付政策統括室にて作成
（注）　1）調査産業計、事業所規模5人以上の値を示している。
　　　　2）就業形態計、一般労働者、パートタイム労働者のそれぞれについて、指数（現金給与総額指数、定期給与指数、所定内給与指数）のそれぞれの基準数値（2020年）を乗じ、100で除し、現金給与総額の時系列接続が可能となるように修正した実数値を用いている。
　　　　3）所定外給与＝定期給与（修正実数値）－所定内給与（修正実数値）、特別給与＝現金給与総額（修正実数値）－定期給与（修正実数値）として算出している。
　　　　このため、毎月勤労統計調査の公表値の増減とは一致しない場合がある。

11　「同一労働同一賃金」の導入は、同一企業における正規雇用労働者と非正規雇用労働者（パートタイム労働者、有期雇用労働者、派遣労働者）の間の不合理な待遇差の解消を目指している。また、パートタイム・有期雇用労働法等においては、正規雇用労働者と非正規雇用労働者との間の不合理な待遇差の禁止、待遇に関する説明義務の強化、それらに関する労働者と事業主の間の紛争に対して裁判によらない無料・非公開の紛争解決手続きを利用できること等が定められている。
12　詳しくは、第Ⅱ部第3章第3節を参照。

● **2022年の現金給与総額は全ての月において前年と比べて増加し、12月は25年11か月ぶりの増加率**

続いて、第1−(3)−8図により、2022年の賃金の動きを月別に詳細にみていく。2022年においては、経済活動の正常化などに伴う所定内給与の増加により、雇用形態を問わず、全ての月で前年よりも賃金が増加した。

就業形態計を月別にみると、12月に前年同月比4.1％と、1997年1月に6.6％増となって以来、25年11か月ぶりの大きな伸び率となった。これには、賞与を含む特別給与の対前年同月比が、感染症の影響の反動等もあり、大きく増加したことが寄与している。

第1−(3)−8図　就業形態別にみた現金給与総額の変動要因の推移（月次）

○　2022年の現金給与総額は全ての月において前年と比べて増加し、12月は25年11か月ぶりの増加率となっている。

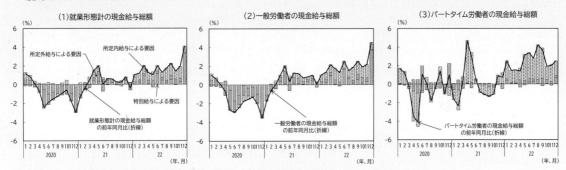

資料出所　厚生労働省「毎月勤労統計調査」をもとに厚生労働省政策統括官付政策統括室にて作成
　（注）　1）調査産業計、事業所規模5人以上の値を示している。
　　　　　2）就業形態計、一般労働者、パートタイム労働者のそれぞれについて、指数（現金給与総額指数、定期給与指数、所定内給与指数）のそれぞれの基準数値（2020年）を乗じ、100で除し、現金給与総額の時系列接続が可能となるように修正した実数値を用いている。
　　　　　3）所定外給与＝定期給与（修正実数値）−所定内給与（修正実数値）、特別給与＝現金給与総額（修正実数値）−定期給与（修正実数値）として算出している。
　　　　　このため、毎月勤労統計調査の公表値の増減とは一致しない場合がある。

第3章

●**名目賃金は2022年に上昇したものの、物価も上昇し、実質賃金は減少した**

　第1-（3）-9図により、名目賃金指数（現金給与総額に対応した指数）及び実質賃金指数（名目賃金指数を消費者物価指数で除して算出した指数）をみる。名目賃金は2022年には増加したものの、それ以上に、物価が上昇したことから、実質賃金は減少した。

第1-（3）-9図　名目賃金指数と実質賃金指数の推移

○　2022年は物価の上昇を反映し、実質賃金が名目賃金を下回った。

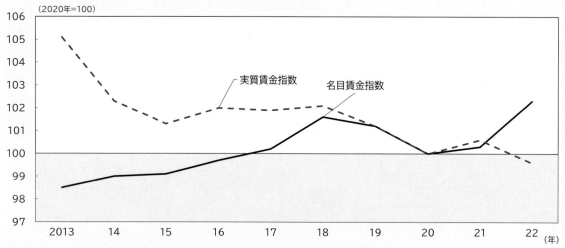

資料出所　厚生労働省「毎月勤労統計調査」をもとに厚生労働省政策統括官付政策統括室にて作成
　（注）　1）調査産業計、就業形態計、事業所規模5人以上の値を示している。
　　　　　2）名目賃金指数は、就業形態計の現金給与総額に対応した指数である。2020年を100とする。
　　　　　3）実質賃金指数は、名目賃金指数を消費者物価指数（持家の帰属家賃を除く総合）で除して算出している。

●**現金給与総額は2021年、2022年に上昇したものの、2022年は物価要因がマイナスに寄与し、実質賃金は減少**

　続いて、第1-（3）-10図（1）により、現金給与総額の変動について要因をみる。賃金の変動は、就業形態ごとの賃金の変化と、就業形態の構成割合の変化に要因を分けることができる。就業形態の構成割合の変化が賃金の変動の要因となるのは、労働時間の短いパートタイム労働者の賃金水準が一般労働者の賃金水準よりも低いからであり、パートタイム労働者の割合が高くなると、就業形態計の賃金の減少につながる。

　近年は、女性や高齢者を中心とした労働参加の進展により、パートタイム労働者比率が上昇し、現金給与総額の変動に対してマイナスに寄与していた。その一方で、一般労働者の所定内給与及び特別給与がプラスに寄与したため、2018年まで現金給与総額は増加していた。感染症の影響から、2020年にはこれまでの傾向から逆転し、パートタイム労働者比率が低下した結果、これが現金給与総額の変動にプラスに寄与したものの、一般労働者の所定外給与及び特別給与の大幅減がマイナスに寄与したことで、現金給与総額は減少した。2022年は、経済活動の正常化に向けた動きが進む中、パートタイム労働者の比率が上昇し、現金給与総額の変動にマイナスに寄与した一方で、一般労働者の所定内給与、所定外給与、特別給与がいずれもプラスに寄与し、現金給与総額は増加した。

　次に、実質賃金の状況をみていく。同図（2）は、実質賃金の変動を名目賃金の寄与と物価の変動による要因に分けてみたものである。2020年は物価要因による変動はみられなかったが、名目賃金が減少し実質賃金も減少した。2022年は、名目賃金がプラスに寄与したものの、

それ以上に物価の上昇[13]によるマイナスの効果が大きく、実質賃金は減少した。物価上昇を上回る賃上げに向けて、賃金の増加だけではなく、価格転嫁など物価の推移についても注視していく必要がある。

第1-（3）-10図　現金給与総額の変動要因の推移

○　現金給与総額は2021年、2022年に上昇したものの、2022年は物価要因がマイナスに寄与し、2022年の実質賃金は減少した。

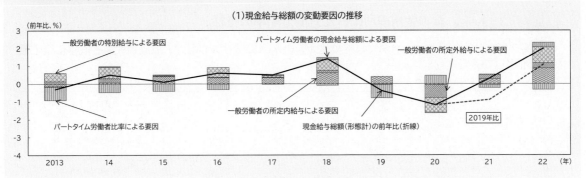

(1)現金給与総額の変動要因の推移

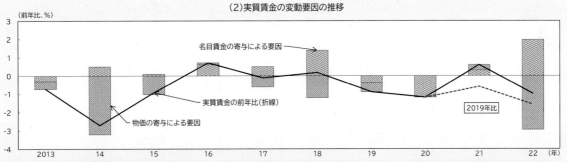

(2)実質賃金の変動要因の推移

資料出所　厚生労働省「毎月勤労統計調査」、総務省統計局「消費者物価指数」をもとに厚生労働省政策統括官付政策統括室にて作成
（注）　1）調査産業計、事業所規模5人以上の値を示している。
　　　　2）就業形態計、一般労働者、パートタイム労働者のそれぞれについて、指数（現金給与総額指数、定期給与指数、所定内給与指数）のそれぞれの基準数値（2020年）を乗じ、100で除し、現金給与総額の時系列接続が可能となるように修正した実数値を算出し、これらの数値を基にパートタイム労働者比率を推計している。
　　　　3）所定外給与＝定期給与（修正実数値）－所定内給与（修正実数値）、特別給与＝現金給与総額（修正実数値）－定期給与（修正実数値）として算出している。
　　　　　このため、毎月勤労統計調査の公表値の増減とは一致しない場合がある。
　　　　4）「毎月勤労統計調査」「消費者物価指数」は、いずれも2020年基準の数値を使っている。

13　詳しくは、第Ⅰ部第4章を参照。

第3章

●労働分配率はおおむね感染拡大前と同程度の水準で推移

　第1-(3)-11図により、企業の資本金規模別に労働分配率[14]を確認していく。2013年以降の景気拡大局面では、企業収益が増加傾向であったことから、全ての資本金規模において労働分配率は低下傾向にあった。2020年の感染拡大による景気減退の影響から企業収益が悪化し、全ての資本金規模で労働分配率は大幅に上昇した。2022年は人件費、付加価値ともおおむね感染拡大前の水準に戻りつつあり、感染拡大前と同様に低下傾向で推移している。

第1-(3)-11図　資本金規模別にみた労働分配率の推移

○　2022年の労働分配率は、おおむね感染拡大前の水準に戻りつつあり、感染拡大前と同様に低下傾向で推移している。

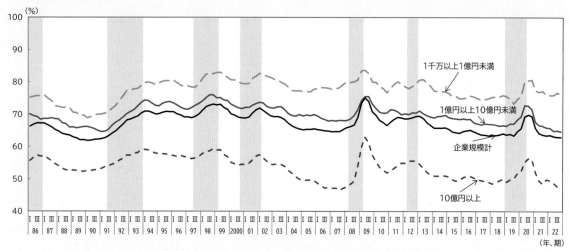

資料出所　財務省「法人企業統計調査」をもとに厚生労働省政策統括官付政策統括室にて作成
　（注）　1)「金融業，保険業」は含まれていない。データは厚生労働省において独自で作成した季節調整値（後方３四半期移動平均）を使用。
　　　　　2) 労働分配率＝人件費÷付加価値額、人件費＝役員給与＋役員賞与＋従業員給与＋従業員賞与＋福利厚生費。付加価値額（四半期）＝営業利益＋人件費＋減価償却額。
　　　　　3) グラフのシャドー部分は景気後退期を表す。

14　労働分配率とは、企業の経済活動によって生み出された付加価値のうち、労働者がどれだけ受け取ったのかを示す指標であり、分母となる付加価値、特に営業利益は景気に応じて変化の度合いが大きいことから、景気拡大局面においては低下し、景気後退局面には上昇する特徴がある。内閣府「国民経済計算」又は財務省「法人企業統計」から算出する方法が一般的であるが、統計により付加価値の水準やトレンドが異なることから、労働分配率は一定の幅を持ってみる必要がある。また、労働分配率は産業による水準の差異が大きく、長期的には産業構造の変化が労働分配率に影響することにも留意する必要があり、第３次産業のうち、「保健衛生・社会事業」「飲食・宿泊サービス業」などは労働生産性の水準が低く、かつ低下傾向がみられる。なお、ここでは、企業規模別の動向及び景気局面の動向について着目して分析を進めていくため、財務省「法人企業統計調査」の四半期別調査により算出した労働分配率（分母の付加価値は粗付加価値）を用いる。なお、数値の動きは厚生労働省で独自に作成した季節調整値でみている（後方３四半期移動平均）。労働分配率の定義等の詳細については、コラム２-１を参照。

●**資本金規模が大きいほど、労働生産性の伸びと賃金の伸びにギャップがみられる**

　続いて、労働生産性について確認する。第1-(3)-12図は、1997年第Ⅰ四半期（1月-3月期）を100として、1985年からの一人当たり労働生産性の伸びと賃金の伸びの推移を表した図である。2022年における一人当たり労働生産性と一人当たり賃金は、どの資本金規模においても上昇しているが、労働生産性の伸びと比較すると、賃金の伸びが鈍くなっている[15]。

　さらに、同図をみると、資本金規模が大きいほど、労働生産性の伸びと賃金の伸びにはギャップがみられることが分かる。同図（2）の資本金規模が「1億円以上10億円未満」と、同図（3）の「1千万円以上1億円未満」では、労働生産性と賃金は、おおむね連動して推移している。一方、同図（1）の資本金規模「10億円以上」では、労働生産性が上昇している2003～2008年、2013～2019年においても、労働生産性が低下した2020～2021年においても、賃金は横ばい傾向で推移している。2022年は、2021年より労働生産性は大きく上昇しているものの、賃金に大きな伸びがみられなかった。

第1-(3)-12図　資本金規模別にみた労働生産性と賃金

○資本金規模が大きいほど、労働生産性の伸びと賃金の伸びにギャップがみられる。

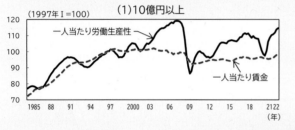

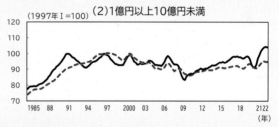

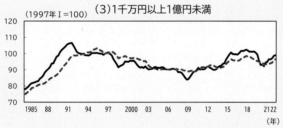

　資料出所　財務省「法人企業統計調査」（季報）をもとに厚生労働省政策統括官付政策統括室にて作成
　（注）　1）一人当たり労働生産性は減価償却費、営業利益、人件費の合計を人員計で除して算出。一人当たり賃金は
　　　　　　人件費を人員計で除して算出。
　　　　　2）原数値を後方4四半期移動平均し、1997年第Ⅰ四半期（1-3月期）を100として指数化。

15　労働生産性の伸びと比較して賃金の伸びが低いことに係る分析や、その背景については、第Ⅱ部第
　　1章を参照。

第3節　春季労使交渉等の動向

● **2022年春季労使交渉では、4年ぶりに前年の水準を上回る**

2022年の春季労使交渉の概況についてみる。

第1-(3)-13図により、賃上げ集計結果をみると、2022年は、妥結額は6,898円、賃上げ率は2.20％となり、妥結額、賃上げ率ともに4年ぶりに前年の水準を上回った。また、（一社）日本経済団体連合会（以下「経団連」という。）の調査[16]では2.27％、日本労働組合総連合会（以下「連合」という。）の調査では2.07％となり、いずれも2021年を上回った。

なお、2023年については、春季労使交渉における妥結額は11,245円、賃上げ率は3.60％と、集計対象が異なるため厳密な比較はできないものの、1993年の3.89％に次ぐ30年ぶりの高水準となっている。

第1-(3)-13図　賃上げ集計結果の推移

○　2022年の民間主要企業の賃上げは、妥結額は6,898円、賃上げ率は2.20％となっており、4年ぶりに前年の水準を上回った。

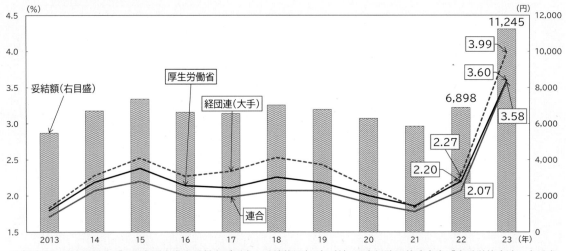

資料出所　厚生労働省「民間主要企業春季賃上げ要求・妥結状況」、（一社）日本経済団体連合会「春季労使交渉・大手企業業種別回答状況（加重平均）」、日本労働組合総連合会「春季生活闘争（最終）回答集計結果」をもとに厚生労働省政策統括官付政策統括室にて作成

(注)　1）厚生労働省の集計対象は、妥結額（定期昇給込みの賃上げ額）などが把握できた資本金10億円以上かつ従業員1,000人以上の労働組合がある企業である（加重平均）。
　　　2）経団連（大手）の集計対象は、原則として従業員500人以上の企業である。
　　　3）連合の集計組合は99人以下の中小組合を含み、集計組合員数による規模計の加重平均である。
　　　4）なお、2023年については、春季労使交渉における妥結額は11,245円、賃上げ率は3.60％と、集計対象が異なるため厳密な比較はできないものの、1993年の3.89％に次ぐ30年ぶりの高水準となっている。

16　経団連は大手企業の妥結結果である。

● **2022年は、2021年を上回る賃金引上げ**

春季労使交渉の結果を受けて、2022年の平均賃金がどのように変化したかをみる[17]。

第1-（3）-14図により、2022年の一人当たりの平均賃金の改定額及び改定率をみると、企業規模計では、2021年に比べ改定額、改定率ともに増加・上昇した。同図（1）により、2022年の改定額をみると、2021年と比べて全ての企業規模において増加した。また、同図（2）により、2022年の改定率をみると、2021年と比べて全ての企業規模で上昇した。

| 第1-（3）-14図 | 一人当たり平均賃金の改定額及び改定率の推移 |

○　2022年の一人当たり平均賃金の改定額（予定を含む）は5,534円、改定率は1.9%となり、改定額、改定率ともに2021年を上回った。

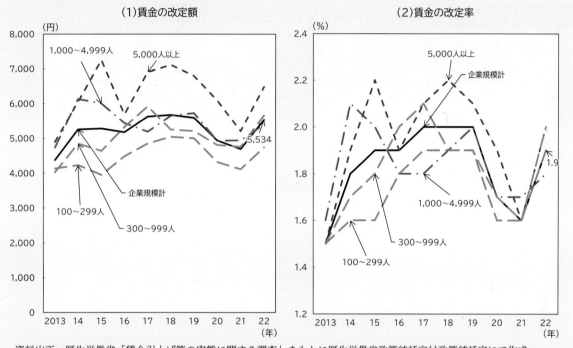

資料出所　厚生労働省「賃金引上げ等の実態に関する調査」をもとに厚生労働省政策統括官付政策統括室にて作成
（注）　賃金の改定を実施し又は予定していて額も決定している企業及び賃金の改定を実施しない企業を対象に集計した。

17　「賃金引上げ等の実態に関する調査」は、中小企業も含む民間企業（「製造業」「卸売業，小売業」は常用労働者30人以上、それ以外の産業は常用労働者100人以上。労働組合のない企業を含む。）について調査しており、第1-（3）-13図の春季労使交渉の調査より調査範囲が広い。

●賃上げやベースアップを実施する企業の割合は、2022年は大きく上昇

次に、平均賃金の引上げを行った企業の割合及びベースアップの実施状況について確認する。

2022年の状況については、第1-（3）-15図（1）により、賃上げ実施企業割合をみると[18]、企業規模計では85.7％となり、3年ぶりに上昇した。企業規模別にみると、全ての企業規模において2021年より上昇した。

同図（2）により、ベースアップを実施した企業の割合をみると[19]、2022年は、企業規模計では29.9％となり、3年ぶりに上昇した。また、企業規模別にみると、全ての企業規模において2021年より上昇し、特に企業規模5,000人以上の企業において大きく上昇した。

第1-（3）-15図　**一人当たり平均賃金を引き上げる企業の割合の推移**

○　賃上げを実施する企業の割合は、2022年は85.7％となり、3年ぶりに上昇した。
○　ベースアップを行う企業の割合は、2022年には29.9％となり、3年ぶりに上昇した。

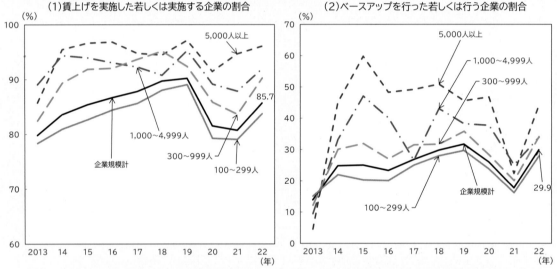

（1）賃上げを実施した若しくは実施する企業の割合
（2）ベースアップを行った若しくは行う企業の割合

資料出所　厚生労働省「賃金引上げ等の実態に関する調査」をもとに厚生労働省政策統括官付政策統括室にて作成
（注）　1）（1）は、調査時点（各年8月）において、年内に「1人平均賃金を引き上げた・引き上げる」と回答した企業の割合を示している。
　　　　2）（2）は、定期昇給制度がある企業のうちベースアップを行った、又は行う予定と回答した企業の割合を示している。本調査では、「管理職」「一般職」に分けて調査しており、ここでは、「一般職」の結果を掲載している。

18　「1人平均賃金を引き上げた・引き上げる」企業の割合。
19　賃金の改定を実施し又は予定している企業及び賃金の改定を実施しない企業のうち定期昇給制度がある企業について集計したもの（一般職については、定期昇給制度がある企業割合は、企業規模計で2022年78.0％）。

●2022年の夏季一時金及び年末一時金は、増加

　次に、第1-（3）-16図により、夏季・年末一時金妥結状況の推移をみると、夏季一時金の妥結額は、前年比7.59％増の83.2万円となり、4年ぶりに増加した。また、年末一時金の妥結額は、前年比7.77％増の84.3万円となり、3年ぶりに増加した。

第1-（3）-16図　夏季・年末一時金妥結状況の推移

○　夏季一時金の妥結額は、前年比7.59％増の83.2万円となり、4年ぶりに増加した。
○　年末一時金の妥結額は、前年比7.77％増の84.3万円となり、3年ぶりに増加した。

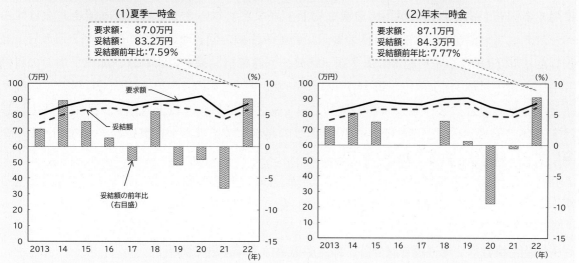

（1）夏季一時金

要求額：　　 87.0万円
妥結額：　　 83.2万円
妥結額前年比：7.59％

（2）年末一時金

要求額：　　 87.1万円
妥結額：　　 84.3万円
妥結額前年比：7.77％

資料出所　厚生労働省「民間主要企業（夏季・年末）一時金妥結状況」をもとに厚生労働省政策統括官付政策統括室にて作成
　（注）　1）集計対象は、資本金10億円以上かつ従業員1,000人以上の労働組合がある企業（加重平均）。
　　　　　2）要求額は、月数要求・ポイント要求など要求額が不明な企業を除き、要求額が把握できた企業の平均額である。

●2023年の春季労使交渉の動き

　ここでは、2023年の春季労使交渉の動きについて、労働者側、使用者側の双方からみていく。

　まず、労働者側の動きをみていく。連合は、「2023春季生活闘争方針」を公表し、「くらしをまもり、未来をつくる。」というスローガンのもとに、「国・地方・産業・企業の各レベルで、日本の経済・社会が直面する問題に対する意識の共有化に努め、ステージを変える転換点とする」、「規模間、雇用形態間、男女間の格差是正を強力に進める」、「企業内での格差是正の取り組みに加え、サプライチェーン全体で、生み出した付加価値とともにコスト負担も適正に分かち合うことを通じ、企業を超えて労働条件の改善に結びつけていく」ことに取り組み、「賃上げ要求」については、「各産業の『底上げ』『底支え』『格差是正』の取り組み強化を促す観点とすべての働く人の生活を持続的に維持・向上させる転換点とするマクロの観点から、賃上げ分を3％程度、定昇相当分（賃金カーブ維持相当分）を含む賃上げを5％程度とする。」としている。

　これに対する使用者側の動きとして、経団連は、2023年1月に公表した「2023年版経営労働政策特別委員会報告-『人への投資』促進を通じたイノベーション創出と生産性向上の実現」において、「2023年春季労使交渉・協議においても、各企業が自社の実情に適した対応を行う『賃金決定の大原則』に則って検討する方針に変わりはない。その上で、経団連は、

第3章

様々な考慮要素のうち、『物価動向』を特に重視しながら、企業の社会的な責務として、賃金引上げのモメンタムの維持・強化に向けた積極的な対応を様々な機会を捉えて呼びかけていく」「近年に経験のない物価上昇を考慮した基本給の引上げにあたっては、制度昇給（定期昇給、賃金体系・カーブ維持分の昇給）に加え、ベースアップ（賃金水準自体の引上げ、賃金表の書き換え）の目的・役割を再確認しながら、前向きに検討することが望まれる」「収益状況がコロナ禍前の水準を十分回復していない企業においては、労使で真摯な議論を重ね、できる限りの対応を期待したい」としている。

　こうした中で、2023年3月15日に、多くの民間主要労働組合に対して、賃金、一時金等に関する回答が示された。足下の急激な物価上昇などに対応するため、基本給を底上げするベースアップや賞与で、労働組合側の要求に軒並み満額で回答があった。連合が7月5日に発表した「2023年春季生活闘争の第7回（最終）回答集計結果」によれば、加重平均での月例賃金は、賃上げ額10,560円、賃上げ率3.58％と、1993年の3.90％に次ぐ30年ぶりの高水準となった。組合員数300人未満の集計でみても、月例賃金は賃上げ額8,021円、賃上げ率は3.23％と1993年の3.99％に次ぐ30年ぶりの高水準であり、大企業にとどまらず、中小企業にまで、賃上げの力強い動きに広がりがみられる。企業によっては、労働組合の要求を上回る回答や人材確保の観点からパートタイム労働者の待遇改善を目的に時給引上げを回答するケースもあり、様々な産業で、賃上げの力強い動きがでてきていることがうかがえる。

● **労働組合員数は2年連続で減少し、推定組織率は2年連続で低下**

　最後に、労働組合の状況についてみてみよう。

　第1-（3）-17図により、労働組合員数及び推定組織率の推移をみると、2022年は、労働組合員数999万人と4年ぶりに1,000万人を割り、推定組織率は16.5％となり、ともに2年連続で低下した。

| 第1-（3）-17図 | **労働組合員数及び推定組織率の推移** |

○　2022年は、労働組合員数999万人、推定組織率16.5％となり、ともに2年連続で低下した。

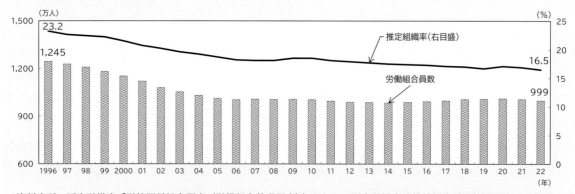

資料出所　厚生労働省「労使関係総合調査（労働組合基礎調査）」をもとに厚生労働省政策統括官付政策統括室にて作成
（注）　1）労働組合員数は、単一労働組合に関する表の数値であり、単一労働組合に関する表とは、単位組織組合及び単一組織組合の本部をそれぞれ1組合として集計した結果表である。単一組織組合とは、規約上労働者が当該組織に個人加入する形式をとり、かつ、その内部に下部組織（支部等）を有する労働組合をいう。
　　　　2）推定組織率は、労働組合員数を総務省統計局「労働力調査（基本集計）」（各年6月）の雇用者数で除して得られた数値である。
　　　　3）2011年の雇用者数は、総務省統計局による補完推計の2011年6月分の数値で、推定組織率は、総務省統計局による補完推計の2011年6月分の数値を用いて厚生労働省政策統括官付政策統括室で計算した値である。時系列比較の際は注意を要する。

　また、第1-（3）-18図により、パートタイム労働者の労働組合員数と推定組織率の推移を
みると、2022年は、パートタイム労働者の労働組合員数は過去最高の140万人、推定組織率
は8.5％となり、ともに2年ぶりに上昇した。

第1-（3）-18図　パートタイム労働者の労働組合員数及び推定組織率の推移

○　2022年は、パートタイム労働者の労働組合員数は過去最高の140万人、推定組織率は8.5％とな
　り、ともに2年ぶりに上昇した。

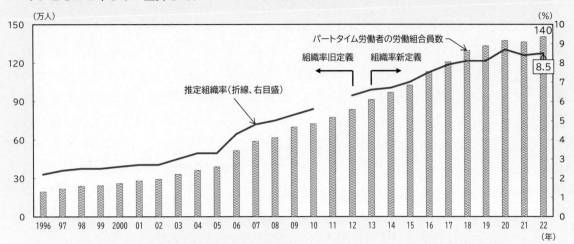

資料出所　厚生労働省「労使関係総合調査（労働組合基礎調査）」をもとに厚生労働省政策統括官付政策統括室にて作成
（注）　1）「パートタイム労働者」とは、正社員・正職員以外で、その事業所の一般労働者より1日の所定労働時間が
　　　　　短い労働者、1日の所定労働時間が同じであっても1週の所定労働日数が少ない労働者又は事業所において
　　　　　パートタイマー、パート等と呼ばれている労働者をいう。
　　　　2）「パートタイム労働者の労働組合員数」は、2000年までは10人未満で四捨五入している。
　　　　3）「雇用者数」は、いずれも総務省統計局「労働力調査（基本集計）」の各年6月分の原数値を用いている。
　　　　4）旧定義による「雇用者数」は、就業時間が週35時間未満の雇用者数であり、「推定組織率」は、これで
　　　　　「パートタイム労働者の労働組合員数」を除して得られた数値である。
　　　　5）新定義による「雇用者数」は、就業時間が週35時間未満の雇用者数から雇用形態が「正規の職員・従業
　　　　　員」を除いた雇用者数に、就業時間が週35時間以上で雇用形態（勤務先での呼称による）が「パート」（い
　　　　　わゆるフルタイムパート）の雇用者数を加えた数値であり、「推定組織率」は、これで「パートタイム労働
　　　　　者の労働組合員数」を除して得られた数値である。なお、「労働力調査（基本集計）」において2012年以前
　　　　　は、就業時間が週35時間未満のうち雇用形態が「正規の職員・従業員」である雇用者数及び就業時間が週
　　　　　35時間以上で雇用形態が「パート」の雇用者数を公表していない。
　　　　6）2011年の「雇用者数」及び「推定組織率」については、「労働力調査」（2011年6月分）が東日本大震災
　　　　　の影響により調査実施が困難となった岩手県、宮城県及び福島県を除いて雇用者数を公表しており、その後
　　　　　の補完推計（2012年4月公表）においても「雇用者数」の推計値を公表していないため表章していない。

第3章

コラム1-1　労働組合加入による非正規雇用労働者への効果について

　賃金等を含め労働条件は労使の交渉の末に決定されていくものであることを踏まえれば、企業との交渉力を高める手段の一つとして、労働組合の組織率が高まることは重要である。こうした観点から、本コラムにおいては、パートタイム労働者等を含む非正規雇用労働者の労働組合への加入により、どのような効果が生ずるかについて分析する。

　まず、労働組合への加入は、非正規雇用労働者にとって、どのようなメリットがあるだろうか。連合が非正規雇用労働者に対して行ったアンケート調査から、労働組合の加入・非加入別に賃金増加率や待遇等の違いについて確認しよう。コラム1-1-①図（1）より、1年前と比べた時間当たりの賃金（直接雇用・民間計）についてみると、組合加入者の約半数が「上がった」と回答している一方で、非加入者では約34％と、組合加入者・非加入者で大きく差がある状況である。同図（2）より、ボーナス等の一時金の支給状況についてみても、「支払われていない」割合は組合加入者では約20％である一方、非加入者では約42％と高くなっている。時給やボーナスでみると、組合加入者は非加入者よりも相対的に待遇が良い傾向にある。同図（3）（4）で、年次有給休暇制度等の諸制度の利用のしやすさや、正社員になれる制度の有無でみても、組合加入者は、非加入者と比べて、諸制度を利用しやすく、正社員転換制度も整備されていることが確認できる。

　こうした組合員の相対的な待遇の良さは、組合に加入することより、賃金やボーナス等の待遇が改善することを必ずしも意味するものではないが、賃金等を始めとした労働条件等における交渉にあたり、労働組合の加入が非正規雇用労働者にとって有利に働いた結果、こうした待遇における差異が生じている可能性が考えられる[20]。

20　先行研究では労働組合が雇用者の待遇改善だけではなく、企業の生産性向上にも資する可能性があることが指摘されている。詳細については、様々な文献をレビューしている戸田（2022）を参照。

【コラム１−１−①図　非正規雇用労働者の組織化による効果①（非正規雇用労働者への調査）】

○　非正規雇用労働者のうち、労働組合加入者は非加入者よりも賃金・ボーナス・諸制度等で待遇がよい傾向。

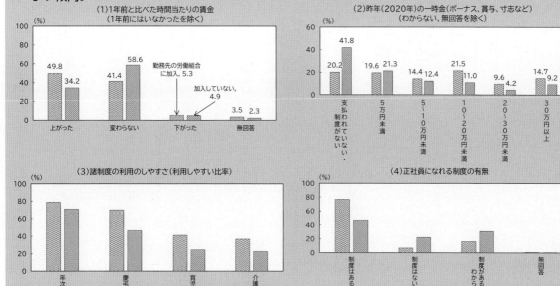

資料出所　日本労働組合総連合会「れんごう260 2021年連合パート・派遣等労働者生活アンケート調査報告書」をもとに厚生労働省政策統括官付政策統括室にて作成
（注）　１）雇用形態は、「直接雇用・民間」（パートタイマー、アルバイト、契約社員）の数値である。
　　　　２）「加入していない」は、勤務先の労働組合に「加入できる」「加入できない」「加入可否不明」「組合なし・有無不明」の合計である。

　労働組合への加入が非正規雇用労働者の待遇改善に寄与する可能性は、労働組合への調査からもうかがえる。コラム１−１−②図（１）は、（独）労働政策研究・研修機構が約3,000の労働組合に対して2016年６月30日時点の状況を調べた調査[21]から、非正規雇用労働者を組織化している労働組合における非正規雇用労働者の処遇改善が実現した割合をみたものである。これによると、非正規雇用労働者に組合加入資格があり、実際に非正規雇用労働者の組合員がいる組合では、「時給の引き上げ」や「一時金の導入や支給額の引き上げ」等の賃金だけではなく、「休日・休暇の取得促進」「正社員登用制度の導入・改善」等について、全組合と比べて非正規雇用労働者の待遇改善を実現している組合の割合が高い。すなわち、非正規雇用労働者を組織化している労働組合ほど、非正規雇用労働者の処遇改善が実現される傾向があることが確認できる。

　非正規雇用労働者の組織化は、労働者だけではなく、組合にもプラスの側面がある可能性がある。同図（２）は、労働組合に対して、非正規雇用労働者の意見を収集し、その意見に対応した結果、どのような変化（成果）があったかについて尋ねたものである。これをみると、特に非正規雇用労働者に組合加入資格があり、実際に非正規雇用労働者の組合員がいる組合では、「会社に対する組合の交渉力が高まった」や「組合活動が全体的に活発になった」と回答した労働組合の割合が、全組合に比べても高くなっている。各企業において欠かすことのできない戦力となっている非正規雇用労働者の組織化を進めることが、企業に対する交渉力を高め、組合活動そのものも活発にする効果があるものと考えられる。

―――
21　調査票を配布した21,539組合のうち、回答を得たのは3,227組合である。

【コラム１−１−②図　非正規雇用労働者の組織化による効果②（労働組合への調査）】

○　労働組合が非正規雇用労働者を組織化することによって、処遇改善実現の割合は高まる。

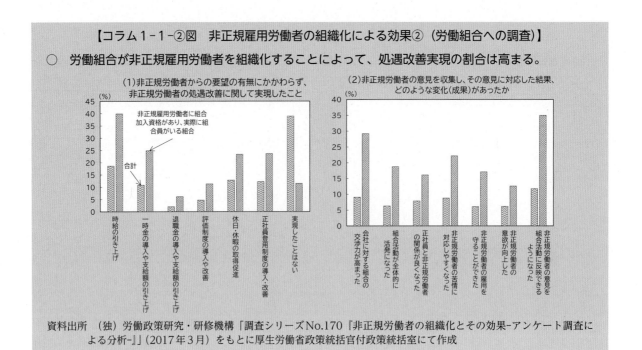

資料出所　（独）労働政策研究・研修機構「調査シリーズNo.170『非正規労働者の組織化とその効果−アンケート調査による分析−』」（2017年３月）をもとに厚生労働省政策統括官付政策統括室にて作成

第4章 物価・消費の動向

2022年の物価は、原油を含む輸入物価の高騰が徐々に国内物価に波及したことで、1年間を通じて前年同月と比べて上昇した。個人消費については、2020年の感染拡大における経済社会活動の抑制により急速に悪化したものの、2021年後半から徐々に回復し、2022年には、経済社会活動が活発化する中で、持ち直しの動きがみられた。

本章では、2022年の物価・消費の動向を概観する。

●消費者物価指数（総合）は高い伸びが続いた

まず、第1-（4）-1図により消費者物価指数（総合）（以下「消費者物価指数」という。）の推移を、財・サービス分類別寄与度とともにみていく。消費者物価指数は、2021年9月に前年同月比プラスとなり、2022年にかけて上昇率は拡大していった。2022年4月の消費者物価指数は前年同月比で2.5％増加し、同年12月には、前年同月比で4％増加した。

財・サービス分類別寄与度をみると、2021年4月～2022年3月までは、携帯電話の低料金プランの提供開始に伴い通信サービスを含む「一般サービス」がマイナスに寄与していたが、一巡した2022年4月以降はマイナス寄与が縮小した。一方で、2021年4月からは、原油高[1]を背景にガソリン等を含む「石油製品」はプラス寄与が大きくなり[2]、また、2022年においては、ロシアによるウクライナ侵攻や円安の影響によって輸入物価が高騰し、こうした輸入物価の上昇が、国内物価へ徐々に波及していった。このように、原材料価格の高騰によって「食料工業製品」や「電気・都市ガス・水道」「他の工業製品」を中心にほぼ全ての項目でプラスに寄与した結果[3]、消費者物価指数は高い伸びとなった。

1　原油価格は2020年の世界的な感染拡大に伴う経済活動の停滞を背景として下落し、その後は世界経済の再開による需要の回復から上昇傾向となった。

2　ただし、「石油製品」については、2022年3月以降、燃料油価格激変緩和対策事業によりガソリン等の価格上昇が抑制されたことで、消費者物価上昇への寄与度が縮小している。

3　（株）帝国データバンク「特別企画：『食品主要105社』価格改定動向調査―2022年動向・23年見通し」によると、2022年の再値上げ等重複を含む値上げは20,822品目に及んだ。

第1-（4）-1図　消費者物価指数（総合）に対する財・サービス分類別寄与度

○　消費者物価指数（総合）は、「食料工業製品」「電気・都市ガス・水道」等がプラスに寄与した結果、高い伸びが続いた。

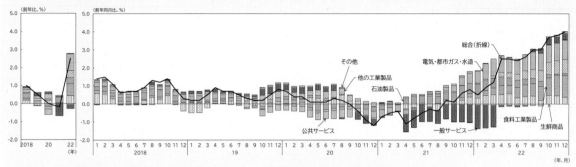

資料出所　総務省統計局「消費者物価指数」をもとに厚生労働省政策統括官付政策統括室にて作成
　（注）　「その他」は「他の農水畜産物」「繊維製品」「出版物」をまとめている。

●消費者態度指数は、物価高を背景に低下傾向で推移した

　消費者物価指数の上昇は消費者マインドにも大きく影響を及ぼしている。第1-（4）-2図により、2022年の消費者態度指数の推移をみると、物価高を受けて低下傾向で推移していることが分かる。やや長期でみると、2014年から緩やかに上昇傾向で推移していたものが、2019年10月の消費税率引上げと2020年春の感染拡大によって急速に低下し、その後、2020年半ば～2021年にかけては、感染症の動向に応じて断続的に緊急事態宣言等が発出される中で、上昇と低下を繰り返しながら回復傾向となった。ただし、2021年末には再び減少に転じ、2022年を通じて低下傾向で推移した結果、2022年12月の消費者態度指数の水準は、2019年以前の水準を回復できていない。

　消費者意識指標[4]についてみると、2022年には、「暮らし向き」「雇用環境」「収入の増え方」「耐久消費財の買い時判断」の全ての項目で落ち込みがみられた。特に「耐久消費財の買い時判断」では、現行の調査方法になった2013年4月の調査以降、最も低い水準を2022年11月に記録し、生活必需品だけでなく耐久消費財に対しても消費者マインドの冷え込みが波及した形となった。一方、「雇用環境」「収入の増え方」も低下傾向であったものの、落ち込みは比較的緩やかであった。

4　消費者態度指数を構成する「暮らし向き」「雇用環境」「収入の増え方」「耐久消費財の買い時判断」の意識指標。

第1-（4）-2図　消費者態度指数の推移

○　消費者態度指数は低下傾向で推移し、項目別では特に「耐久消費財の買い時判断」で落ち込みが大きかった。

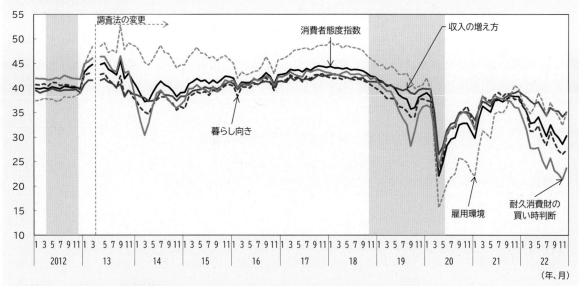

資料出所　内閣府「消費動向調査」をもとに厚生労働省政策統括官付政策統括室にて作成
　（注）　1）二人以上の世帯、季節調整値。
　　　　　2）グラフのシャドー部分は景気後退期を表す。
　　　　　3）2013年4月調査から、訪問留置調査法から郵送調査法に変更したことにより、不連続が生じている。また、毎年3月調査の公表時に、季節調整値の遡及改訂を行っているが、郵送調査法に変更した2013年4月調査以降の期間のみ季節調整替え及び遡及改訂が行われている。
　　　　　4）2018年10月調査より、郵送・オンライン併用調査法となっている。

第4章

●**実質総雇用者所得の動きが低調となった一方で、消費総合指数は上昇した**

　続いて第1-(4)-3図より、需要と供給からみた消費の動きを総合的に示す消費総合指数と実質総雇用者所得の推移をみてみよう。なお、ここでは各月のばらつきを調整するため、後方3か月移動平均を用いている。実質総雇用者所得は、感染拡大の影響から2020年初めに急速に減少した後、2021年前半にかけて回復傾向で推移したものの、2022年には物価上昇の影響により減少傾向となった。一方で、消費総合指数は、行動制限のない連休や全国旅行支援等の需要喚起策の実施等により、2022年を通じて緩やかな上昇がみられた。

第1-(4)-3図　消費総合指数と実質総雇用者所得の推移

○　2022年の実質総雇用者所得は物価高を反映して減少傾向となった一方で、2022年の消費総合指数は、物価高の影響を受けつつも、上昇傾向となった。

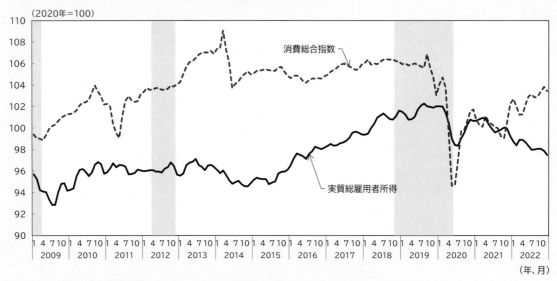

資料出所　内閣府「月例経済報告」をもとに厚生労働省政策統括官付政策統括室にて作成
　（注）　1）後方3か月移動平均の値。
　　　　　2）グラフのシャドー部分は景気後退期を表す。
　　　　　3）「総雇用者所得」とは、厚生労働省「毎月勤労統計調査」の一人当たり名目賃金（現金給与総額）に、総務省統計局「労働力調査」の非農林業雇用者数を乗じて算出したもの。
　　　　　4）実質総雇用者所得、消費総合指数はいずれも物価の動きを加味した実質指数。

●平均消費性向は「34歳以下」を除く年齢階級で上昇した

　最後に、第1-(4)-4図より世帯主の年齢階級別に平均消費性向（消費支出／可処分所得）の推移をみてみよう。近年、平均消費性向は低下傾向で推移している。2022年は、全ての年齢階級において感染拡大下で抑制されていた経済社会活動の再開により消費支出が増加した結果、「34歳以下」を除く年齢階級で平均消費性向は上昇したものの、感染拡大前の2019年の水準には戻っていない。

第1-(4)-4図　世帯主の年齢階級別一人当たり平均消費性向の推移

○　平均消費性向は「34歳以下」では低下し、それ以外の年齢階級では2021年以降上昇が続いている。

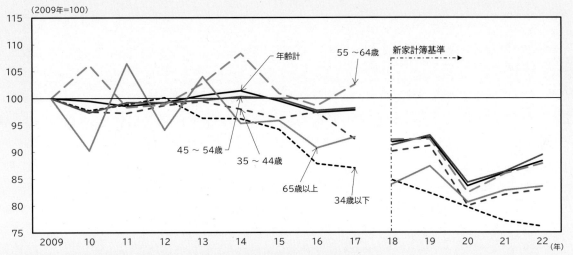

資料出所　総務省統計局「家計調査」をもとに厚生労働省政策統括官付政策統括室にて作成
（注）　1）二人以上の世帯のうち勤労者世帯が対象。
　　　　2）一人当たり平均消費性向の算出に当たっては等価尺度を用いている。
　　　　3）2018年1月に行った調査で使用する家計簿の改正の影響による変動を含むため、時系列比較をする際には注意が必要。

第II部

持続的な賃上げに向けて

第Ⅱ部 持続的な賃上げに向けて

2022年の我が国の賃金の動向については、経済活動の正常化に向けた動きが進む中で、所定内給与と特別給与の増加が牽引し、特に、12月の現金給与総額については、25年11か月ぶりの伸び幅となる等、感染拡大前の2019年の水準を大きく上回った。こうした中で、2022年の春季労使交渉については、妥結額、賃上げ率ともに4年ぶりに前年の水準を上回った。一方で、ロシアのウクライナ侵攻や円安の進行等により、輸入原材料の価格の高騰に伴った大幅な物価上昇がみられ、これにより実質賃金が減少した。

既に人口減少社会に入り、労働供給制約を抱えている我が国経済が再び成長軌道に乗るためには、将来にわたって企業が安定的な成長を続けるとともに、賃上げを通じて、企業活動による果実がしっかりと分配され、消費等を通じてそれが更なる成長につながる「成長と分配の好循環」を実現していくことが極めて重要である。

第Ⅱ部では、賃金と労働生産性（以下「生産性」という。）の伸びに乖離がみられるようになったここ25年間に着目し、我が国において賃金が伸び悩んだ背景について分析していくとともに、賃上げが企業・労働者や経済全体に及ぼす影響や、今後の持続的な賃上げに向けた方向性等について確認していく。

具体的には、第1章では、1996年以降の我が国の賃金動向について、アメリカ、イギリス、ドイツ、フランスといった主要先進国とも比較しながら確認するとともに、我が国において賃金が必ずしも生産性の伸びほど増加していない背景について、過去の労働経済白書における分析を踏まえつつ、5つの仮説の検証を行っている。

第2章では、賃金が増加することによりもたらされる好影響をテーマとして、企業や労働者へ与える効果（ミクロの視点）と、消費や生産、結婚等の経済全体への効果（マクロの視点）に分けてそれぞれ分析を行った。ミクロの視点では、求人賃金が求人の被紹介確率に与える影響や、賃金の増加が労働者の満足度に与える影響等を確認するとともに、マクロの視点として、賃金が増加することによる消費や生産への影響や、結婚確率に与える影響等を分析した。

第3章では、（独）労働政策研究・研修機構が実施した企業への調査を用いて、企業が賃金決定に当たり考慮する要素をみることで、賃上げと業績や経済見通し、企業における価格転嫁や賃金制度等の関係について分析した。また、今後持続的に賃金を増加させていくための方向性として、スタートアップ企業等の新規開業、転職によるキャリアアップに加え、非正規雇用労働者の正規化を取り上げ、これらが賃金に及ぼす影響を確認した。さらに、法律により賃金等について規定する最低賃金制度と同一労働同一賃金の2つの政策を取り上げ、これらが賃金に及ぼした影響についても分析した。

第1章　賃金の現状と課題

　本章では、我が国の賃金の長期的な推移について確認するとともに、我が国の賃金が必ずしも生産性の伸びほど増加していない背景について分析する。第1節では、1970年からの賃金や生産性の動向や当時の労働省・厚生労働省の認識を振り返りつつ、大きく生産性と賃金動向のトレンドが転換した1996年以降に焦点を当て、生産性、賃金及び労働分配率の動向等を他の先進国と比較しながら確認する。第2節では、我が国において賃金が必ずしも生産性ほど増加していない背景について、平成27年版労働経済白書で指摘された仮説を踏まえつつ、考察していく。

第1節　我が国における賃金等の動向

●我が国の一人当たり名目賃金は1990年代後半以降はおおむね減少傾向で推移

　まず、50年間にわたる我が国の生産性と賃金の動きについてみてみよう。第2-(1)-1図は、1970年を100とした場合の名目の一人当たり生産性と賃金[1]の推移を表したものである。賃金と生産性についてみると、「①1970年代～1990年代前半」では、名目生産性と名目賃金が、どちらもほぼ一貫して増加しており、両者は極めて強く連動していた。一方で、「②1990年代後半以降」では、名目賃金と名目生産性に乖離が生じるようになり[2]、生産性の上昇ほどは賃金が増加しづらい状況が継続するようになった。こうした賃金の動向について、当時はどのように認識されていただろうか。

　まず、①の1970年代～1990年代前半までの時期についてみてみよう。1970年代の労働白書では、当時みられていた高い賃金上昇率が、更なる物価上昇につながりかねないことや、経済の実態と合わないことへの懸念が示されていた。例えば、労働省（1975）においては、1974（昭和49）年の春闘について、「物価高騰の影響による大幅賃上げが物価にはねかえり、それが50年春闘に影響して再び大幅賃上げになるのではないか」「経済や労働市場の実勢とかけはなれた賃上げが行われるのではないか」ということ、また、労働省（1976）においては、第1次石油危機の中で、物価安定を重視し、高い賃金上昇により、「企業の人件費負担が急上昇」しており、「企業はコスト負担面から雇用調整をさらに強化せざるをえなかった」ことが指摘されている[3]。一方、1980年代になると、これまで強く問題とされていた物価上昇は落ち着き、賃金の伸びも一段落したことから、労働省（1984）では、賃金の推移について、「わが国の賃金上昇率が高度成長期に比べて鈍化しているのは、基本的にはわが国経済が安定成長に

1　以下、本章において、「一人当たり賃金」とは、「名目雇用者報酬を雇用者数で除したもの」として定義しており、ここでいう「一人当たり賃金」には、企業が雇用者のために負担する保険料等も含まれていることに留意が必要。

2　名目生産性と名目賃金の相関係数は、1970～1994年で0.99、1995～2021年で0.36である。

3　労働省（1981）においても、1973年の第1次石油危機のときには、「実質賃金の上昇率が高く、労働分配率は大幅に上昇し、その後企業収益の悪化、ひいては企業における急激な雇用調整がみられた」と指摘されている。

移行したことに応じたもの」と分析されている[4]。

　次に、②の1990年代後半以降、バブル崩壊後に経済活動が滞る中で、生産性と賃金の伸びに乖離がみられるようになると、賃金の伸びの停滞が消費等の停滞につながっているのではないかという懸念も示されるようになった。例えば、労働省（2000）においては、企業が業績の好転をすぐに賃金に反映させず、人件費の上昇に対して慎重な姿勢をとっていること、厚生労働省（2001）においては、「バブル崩壊以降の過剰債務の清算のほかに、高齢化に伴い労働分配率がかつてない高まりをみせていることや、会計基準の見直しにより企業が従来以上に財務体質の強化を迫られていること」等を背景に、企業収益の改善に対して、賃金の上昇に遅れがみられることを指摘している。一方、1990年代前半以降、雇用を取り巻く環境が悪化し、就職氷河期と呼ばれるような新規学卒者の就職難が生じたほか、特に1998年以降に雇用情勢が大幅に悪化する[5]中で、就業不安定な若年者である、いわゆるフリーターの問題が社会的な注目を集める[6]等、2000年代前半を通じて、雇用の安定が社会の大きな関心事となった。労働省（1999）においては、「他のヨーロッパ諸国において1990年代に失業率が上昇してきたなか、オランダでは失業率低下が顕著であることから、オランダの取組が、近年注目されている」として、オランダモデルを取り上げ、「その具体的な手法のうち、最も重要なのは賃金の調整政策である」とし、賃金調整を通じた雇用安定の政策の好事例として紹介するなど、賃金よりもむしろ雇用を重視する指摘[7]を行っている。

　2010年代に入ると、デフレ脱却に向けて政府一丸となって取組が講じられ、雇用情勢が改善する中にあって、賃金が生産性との連動性を失ったことについて、一層強い懸念がもたれるようになった。例えば、厚生労働省（2015）では、「デフレから脱却し、経済の好循環を確実なものとしていくために重要と考えられる賃金・雇用・消費といった需要面からみた成長基盤の確立に向けた検討を行う」とし、この中で賃金が伸び悩んだ背景について詳細に分析を行っている。その一方で、少子高齢化の進行や、女性・高齢者の労働参加を背景に、働き方の多様化を踏まえた就業環境の改善に注目が集まるようになった。例えば、厚生労働省（2017）は、ワーク・ライフ・バランスの実現に向けた課題をテーマとし、働きやすい環境の整備が企業の売上増加や離職率低下等にプラスの傾向があるという分析を行っているほか、厚生労働省（2018）では、働き方が多様化している中で、人材マネジメントの重要性や人材育成に向けた課題等を整理している。加えて、厚生労働省（2019）では、労働者のワーク・エンゲイジメントをテーマとして扱い、人手不足の中で、働きやすい・休みやすい環境の整備が労働者の主体性・創造性の涵養を通じて生産性の向上や人手不足の緩和に資することを指摘している。

4　労働省（1985）においては、失業の動向を分析し、「過去の景気拡大期には多少の時間的な遅れをともないながらも低下に向かっていた完全失業率が、今回の景気拡大期においては2年近くの間むしろ上昇傾向をしめしていた」とし、完全失業率に「すう勢的に上昇傾向がみられる」ことが指摘されている。
5　2001年には、完全失業率が調査開始以降初めて5％を超える水準に達している。
6　いわゆるフリーターは、15～34歳で、男性は卒業者、女性は卒業者で未婚の者のうち、①雇用者のうち「パート・アルバイト」の者、②完全失業者のうち探している仕事の形態が「パート・アルバイト」の者、③非労働力人口のうち希望する仕事の形態が「パート・アルバイト」で家事も通学も就業内定もしていない「その他」の者として定義されている。なお、2007年4月～2008年3月にかけて、年長フリーターに対する支援に重点を置いた「フリーター25万人常用雇用化プラン」が実施された。
7　2002年3月29日には、政府・日本経営者団体連盟・日本労働組合総連合会の間で、ワークシェアリングに関する政労使合意が結ばれている。当該合意の中では、ワークシェアリング推進に向けた環境作りに積極的に取り組むとされているほか、「緊急対応型ワークシェアリングの実施に際しては、経営者は、雇用の維持に努め、労働者は、所定労働時間の短縮とそれに伴う収入の取り扱いについて柔軟に対応するよう努める。」とされている。

　このように、労働白書・労働経済白書による分析等を振り返ると、その時々の経済・社会状況に応じて賃金への捉え方が変化していることがうかがえる。1970年代の物価上昇局面においては、名目賃金を抑制していくことが物価上昇を抑えるための重要な要素として考えられており、1980年代に賃金上昇が落ち着いたことについては、我が国が安定成長に移行した中での帰結として受け止められている。1990年代後半以降、賃金と生産性の伸びに乖離がみられるようになると[8]、賃金の停滞が経済全般に与える悪影響も懸念されたものの、雇用情勢が大幅に悪化する中で、賃金よりもむしろ雇用の安定そのものが重要視されるようになった。2010年代になると、賃金が生産性との連動性を失ったことについて一層強い懸念がもたれるようになった一方で、雇用情勢が改善し、高齢者や女性の労働参加が進んだ結果、こうした多様な労働者が活躍できる環境の整備が必要だという認識が高まり、賃金だけではなく、多様な働き方やワーク・ライフ・バランス等の要素にも注目が集まるようになった。

　現在、足下では物価が上昇し、感染拡大を経て消費が伸び悩む中、「新しい資本主義のグランドデザイン及び実行計画（令和４年６月７日閣議決定）」において示されたように、政府全体として賃上げが重要な課題であると強調[9]されている。こうした背景を踏まえつつ、本節では、生産性と賃金の乖離や、その要因に焦点を当てて、分析を行っていく。

8　先行研究においても、1990年代後半において、我が国の名目賃金の下方硬直性が失われ、賃金が下げられやすくなったことが指摘されている（Kimura and Ueda 2001; Yamamoto and Kuroda 2005, 2014）。

9　新しい資本主義のグランドデザイン及び実行計画（令和４年６月７日閣議決定）においては、「我が国の大きな課題として、単位時間当たりの労働生産性の伸びは決して諸外国と比べても悪くないにもかかわらず、賃金の伸びが低い。賃金が伸びなければ、消費にはつながらず、次なる成長も導き出せない。労働生産性を上昇させるとともに、それに見合った形で賃金を伸ばすために、官民で連携して取り組んでいく。」と指摘されている。加えて、新しい資本主義のグランドデザイン及び実行計画2023改訂版（令和５年６月16日閣議決定）においても、「足元の高い賃金上昇を持続的なものとするべく、コストの適切な転嫁を通じたマークアップ率の確保を図り、三位一体の労働市場改革を実行することを通じた構造的賃上げを実現することで、賃金と物価の好循環へとつなげる。」とされている。

第2-(1)-1図　一人当たり名目労働生産性・名目賃金の推移

○　名目労働生産性・名目賃金については、1990年代半ば頃から伸びは鈍化し、それ以降、名目労働生産性と名目賃金の伸びに乖離がみられる。

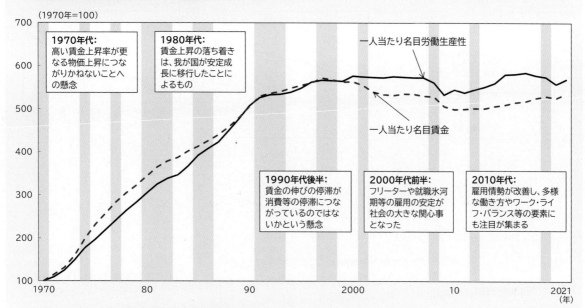

資料出所　内閣府「国民経済計算（平成2年基準（1968SNA）、平成12年基準（1993SNA）、平成27年基準（2008SNA））」をもとに厚生労働省政策統括官付政策統括室にて作成
（注）　1）　一人当たり名目労働生産性は、国内総生産（GDP）を就業者数で除して算出。
　　　　　　一人当たり名目賃金は、雇用者報酬（平成2年基準では雇用者所得）を雇用者数で除して算出。
　　　　2）　基準が異なる3種類の国民経済計算について、それぞれの前年比を結合させることで1970～2021年までの各指標の前年比を作成し、この前年比と2021年時点での各指標の水準を用いて計算している。
　　　　　　前年比については、1970～1980年までは平成2年基準、1981～1994年までは平成12年基準、1995～2021年までは平成27年基準を用いて計算したものを用いている。
　　　　3）　グラフのシャドー部分は景気後退期を表す。なお、景気基準日付は月次又は四半期別に公表されているため、各年で山から谷への期間が6か月以上続く場合に、その年を景気後退期としている。

●我が国では一人当たり生産性・賃金は25年間ほぼ横ばいで推移

　1996年以降の一人当たり名目賃金の伸びの停滞は、国際比較の中でどのように捉えられるべきだろうか。ここでは、一人当たりの生産性と賃金に着目して、他の主要先進国と比較しつつ、我が国の状況について確認しよう。

　第2-(1)-2図は、主要先進国の一人当たり名目生産性と、一人当たり名目賃金の動向をみたものである。1996年を100とすると、一人当たり名目生産性は、イギリス・アメリカでは230～240、フランス・ドイツでも160程度となるなど、日本以外の全ての国において大きく増加している一方で、日本ではほぼ横ばいで推移している。一人当たり名目賃金についても、日本以外の全ての国において、名目生産性の上昇と同程度に名目賃金も増加しているが、我が国はむしろ4％ほど減少している。一方で、第2-(1)-3図から、物価水準も加味した生産性と賃金の動向[10]をみると、我が国の一人当たりの実質生産性は他国と比べて伸びが小さいながらも、ドイツと同程度には成長している一方で、賃金についてはほぼ横ばいとなっている。我が国においては、名目・実質ともに、生産性の上昇ほどは賃金が増加していない状況が確認できる。

10　時間当たり（マンアワーベース）の実質賃金の動向については付2-(1)-1図を参照。

第2-(1)-2図　一人当たり名目労働生産性と名目賃金の国際比較

○　我が国では名目労働生産性がほぼ横ばいの中で、名目賃金も伸びていない状況。

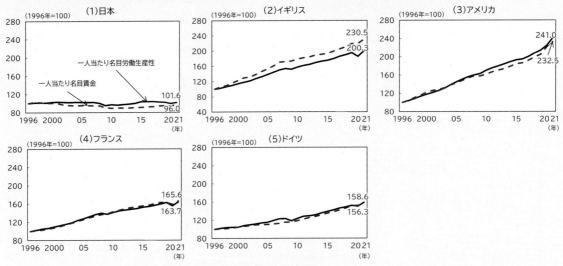

資料出所　OECD. Statをもとに厚生労働省政策統括官付政策統括室にて作成
（注）　一人当たり名目労働生産性は、名目GDPを就業者数で除して算出。一人当たり名目賃金は、雇用者報酬を雇用者数で除して算出。

第2-(1)-3図　一人当たり実質労働生産性と実質賃金の国際比較

○　我が国では一人当たり実質労働生産性は他国に準ずる程度に上昇しているものの、一人当たり実質賃金はほぼ横ばいの状況。

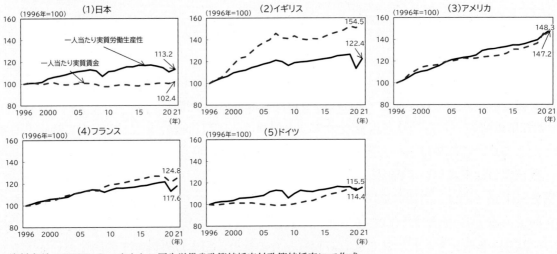

資料出所　OECD. Statをもとに厚生労働省政策統括官付政策統括室にて作成
（注）　一人当たり実質労働生産性は、GDPを就業者数とGDPデフレーターで除して算出。一人当たり実質賃金は、雇用者報酬を雇用者数と民間最終消費支出デフレーターで除して算出。

第
1
章

●日本ではどの産業でみても、他国ほど名目賃金は伸びていない

　こうした賃金の動向は産業によって差がみられるだろうか。第2-(1)-4図により、産業別に、これらの国の一人当たり名目賃金の動向を確認しよう。ここでは、国際標準産業分類（ISIC Rev.4）において比較可能な、製造業、金融・保険業、情報通信業、宿泊・飲食サービス業等、保健衛生及び社会事業等、その他の6産業について、一人当たり名目賃金の動向を確認する。なお、ＯＥＣＤ.Statにおいては、アメリカの1996～1999年のデータが取得できないため、ここでは2000年を100とした賃金の推移を示している。一人当たり名目賃金は、産業・国ごとに違いはあるものの、日本以外のどの国においても、全ての産業で、増加傾向で推移している。産業別にみると、名目賃金の増加幅については、金融・保険業では各国間のばらつきが大きい一方で情報通信業では小さく[11]、各国における産業を取り巻く状況の違いも大きく影響しているものと考えられる。我が国においては、どの産業でみても他国ほど名目賃金は増加していないが、製造業や情報通信業においては、2000年対比で名目賃金は増加している一方で、金融・保険業、宿泊・飲食サービス業等、その他産業において賃金は減少しており、特に保健衛生及び社会事業等においては20％以上も減少している[12]。我が国における名目賃金については、全産業の平均ではほぼ横ばいで推移しているものの、産業別にみると、その様相は異なっていることが確認できる。

第2-(1)-4図　産業別一人当たり名目賃金の国際比較

○　産業別にみると、一人当たり名目賃金は各国でばらつきがある。
○　日本ではどの産業でみても、他国ほど名目賃金は伸びていない。

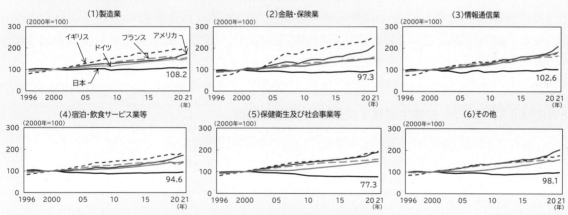

資料出所　OECD. Statをもとに厚生労働省政策統括官付政策統括室にて作成
（注）　1）一人当たり名目賃金は、各産業における雇用者報酬を雇用者数で除して算出。
　　　　2）アメリカにおける1996～1999年の雇用者数のデータが取得できないため、アメリカのみ2000～2021年の一人当たり名目賃金を示している。
　　　　3）産業分類は、国際標準産業分類（ISIC Rev.4）に基づいている。「宿泊・飲食サービス業等」は宿泊・飲食サービス業と卸売・小売業並びに自動車及びオートバイ修理業、「保健衛生及び社会事業等」は保健衛生及び社会事業と公務及び国防, 強制加入社会保険事業, 教育を指す。
　　　　4）「その他」は、産業計から、製造業、金融・保険業、情報通信業、宿泊・飲食サービス業等、保健衛生及び社会事業等の雇用者報酬、雇用者数を差し引いて算出したもの。

11　コラム2-2で考察しているとおり、ＯＥＣＤ諸国31か国でみても、情報通信業については賃金水準のばらつきが比較的小さい。
12　なお、付2-(1)-2図にあるとおり、一人当たりの実質賃金でみても、保健衛生及び社会事業等における実質賃金は減少している。

●**我が国の賃金は、生産性に対して感応度が低く、雇用情勢に対して感応度が高い**

　第2-(1)-5図により、我が国における名目生産性上昇率、失業率と名目賃金増加率の関係性をアメリカと比較しながらみてみよう。同図（1）は、一人当たり名目生産性の上昇率（前年比）を横軸に、一人当たり名目賃金増加率（前年比）を縦軸にとり、1997～2021年までの各年の状況をプロットした図である。近似線における x の係数は、名目生産性が1％上昇したときに、名目賃金が何％増加するかを表しており、この係数が大きいほど、生産性上昇に対する賃金増加の感応度が高いと考えられる。アメリカでは一人当たり名目生産性が1％上昇すると、一人当たり名目賃金もほぼ同じ1％増加している関係が確認できる一方で、我が国では、名目生産性が1％上昇しても、名目賃金は0.4％程度しか増加しておらず、生産性上昇に対する賃金増加の感応度がアメリカに比べて小さいことが確認できる。

　一方で、失業率と賃金増加率の関係についても確認しよう。同図（2）は、失業率を横軸に、一人当たり名目賃金増加率（前年比）を縦軸にとった図である。同じく x の係数をみると、失業率が1％ポイント上昇したときに、アメリカでは0.3％ポイント程度一人当たり名目賃金が減少する一方で、日本では約1.1％ポイント減少している。日本の方が失業率への賃金の感応度が高いため、雇用情勢が改善したときに賃金増加につながりやすい関係がみてとれる。しかし、失業率が4％の状態では、アメリカではおおむね4％程度の名目賃金の増加が見込まれる一方で、日本ではほぼ0％であり、失業率の水準の程度に比べて賃金増加率が高くない。日本では、景気の好転により雇用情勢が大きく改善し、失業率が低下する中にあっても賃金増加率はそれほど高まらず、結果として、賃金増加率は低い水準にとどまることが分かる[13]。

　我が国では、生産性の低下ほど賃金を減らさないことには留意が必要であるが、アメリカと比べて、生産性が上昇していく局面において生産性の上昇に賃金が追いついてこなかったこと、また、雇用情勢に対して賃金増加率の感応度は高い一方で、失業率とともに賃金増加率が低い水準に抑えられていることが確認できる。

第2-(1)-5図　**労働生産性・失業率と賃金の関係**

○　日本の賃金は労働生産性への感応度は低く、失業率への感応度は高い。

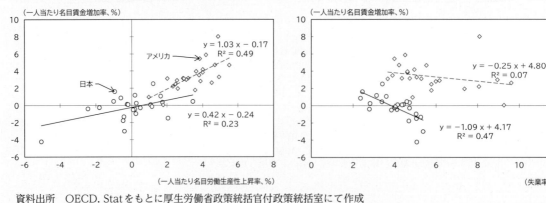

　（1）一人当たり名目労働生産性上昇率と名目賃金増加率　　　　（2）失業率と一人当たり名目賃金増加率

資料出所　OECD.Stat をもとに厚生労働省政策統括官付政策統括室にて作成

13　付2-(1)-3図にあるとおり、一人当たり実質賃金増加率で比較しても傾向としては同じである。

●**我が国では実質生産性は他国並みに上昇するものの、労働時間や労働分配の減少と交易条件の悪化が一人当たり実質賃金増加率を押し下げている**

　こうした一人当たり賃金の変動の背景について確認するため、第2-（1）-6図においては、1996～2000年と2016～2020年の二時点間における各国の一人当たり賃金の変動を、名目・実質別に「時間当たり生産性要因」「労働時間要因」「労働分配要因」の3つに分解している。

　まず、同図（1）より名目賃金の変動についてみると、他国に比べて時間当たり名目生産性の寄与が相当程度小さいことが確認できる。名目生産性の上昇は、イギリス・アメリカでは二時点間において、80～100％ポイント程度、フランス・ドイツでも60％ポイント程度名目賃金を増加させる方向に寄与している一方で、我が国では10％ポイント程度にとどまる。労働時間は、どの国においても減少し、一人当たり賃金を減少させる方向に寄与しているが、日本ではその寄与幅がドイツと同じくらい大きい。加えて、我が国では労働分配要因がどの国よりも名目賃金を減少させる方向に寄与しており、生産性が他国と比べて上がらない中で、労働時間の減少と労働分配率の低下が、他国と比較しても強く一人当たり賃金を減少させる方向に寄与していることが分かる。

　ただし、実質ベースでみると様相が異なる。同図（2）をみると、我が国では、労働時間や労働分配率による一人当たり実質賃金の下押しについては、名目ベースでみた場合と同様であるが、時間当たり実質生産性は、二時点間で40％程度上昇しているアメリカほどではないものの、イギリスやフランス、ドイツ並みに20％程度の上昇を実現している。これは、他国では物価が上がる中で時間当たり生産性が伸びることで、物価の影響を加味した時間当たり実質生産性の上昇は抑制された一方で、我が国では物価が継続的に低下基調で推移してきた結果、物価の影響を加味した時間当たり実質生産性が上昇したためである。

　加えて、我が国では、デフレーターギャップも一人当たり賃金の下押し要因となっている。ここでいうデフレーターギャップとは、ＧＤＰデフレーターと民間最終消費支出デフレーターの比であるが、後述するように、これら2つのデフレーターの乖離は、主に交易条件の変化によって説明できる。すなわち、交易条件の悪化が実質賃金の減少に寄与している。

　一人当たり賃金の変動についてその背景をみると、労働時間の減少及び労働分配率の低下が名目・実質ともに賃金を押し下げ、それに加えて、交易条件の悪化が実質賃金を下げている。これらの要素が複合的に影響した結果、一人当たり名目賃金増加率は1996～2000年対比で減少、一人当たり実質賃金増加率はほぼ横ばいとなったことが分かる。

第2-(1)-6図　一人当たり賃金（名目・実質）の寄与度分解の国際比較

○　時間当たり実質労働生産性は他国並みに成長しているが、労働時間の減少と労働分配率の低下が、実質賃金を押し下げている。

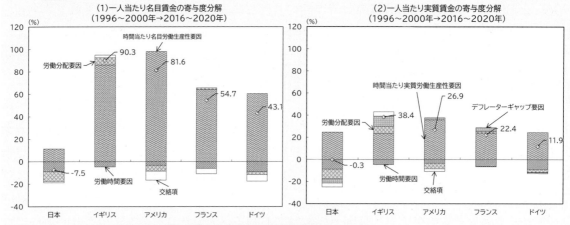

資料出所　OECD. Stat をもとに厚生労働省政策統括官付政策統括室にて作成
（注）　寄与度分解は以下の恒等式に基づいて行っている。

$$一人当たり名目賃金＝時間当たり名目労働生産性×\frac{時間当たり名目賃金}{時間当たり名目労働生産性}×一人当たり年間労働時間$$

$$一人当たり実質賃金＝時間当たり実質労働生産性×\frac{時間当たり名目賃金}{時間当たり名目労働生産性}×一人当たり年間労働時間×\frac{GDPデフレーター}{民間最終消費支出デフレーター}$$

● **労働時間の減少には、フルタイム・パートタイムそれぞれの労働時間の減少だけではなく、パートタイム労働者比率の上昇も寄与**

　我が国における一人当たり賃金の下押し要因となっていた労働時間について、その状況や背景をみてみよう。第2-(1)-7図（1）から、年間労働時間の推移をみると、比較している5か国の中で、1996年では最も長かった我が国の労働時間は長期的に減少しており、2018年以降アメリカを下回って推移している。1996年にはイギリスよりも250時間ほど長かった年間労働時間は、2019年にはほぼイギリスと同じ水準まで減少しており、他の4か国の労働時間の推移と比較しても、我が国の労働時間の減少幅は大きい。同図（2）により、1996～2019年の労働時間の変化を比較[14]すると、イギリス・アメリカ・フランスでは1～3％程度、比較的減少幅が大きいドイツでも8％程度の減少率である一方で、我が国における労働時間の減少率は12％に達しており、諸外国と比較しても我が国における労働時間の減少幅が大きいことが確認できる。

　こうした労働時間減少の背景を確認するため、第2-(1)-8図において、一人当たり年間労働時間の寄与度分解を行った。これによると、一般労働者もパートタイム労働者も労働時間が減少してきたが、これに加え、労働時間の減少には、一貫してパートタイム労働者比率の上昇も大きく寄与しており、相対的に労働時間の短いパートタイム労働者の増加が、一人当たりの年間労働時間を押し下げたことが確認できる[15]。

14　2020年は感染症の影響で各国ともに労働時間が大きく減少したことから、1996年と2019年の比較を行っている。

15　一般（フルタイム）労働者については、2018年以降、労働時間が大きく減少しており、働き方改革が進む中で、労働時間短縮の動きがあったことがうかがえる。

第2-(1)-7図　雇用者一人当たり年間労働時間の国際比較

○　日本の雇用者一人当たり年間労働時間は長期的に減少傾向にあり、1996～2019年の変化をみると、他国と比べて大きく減少。

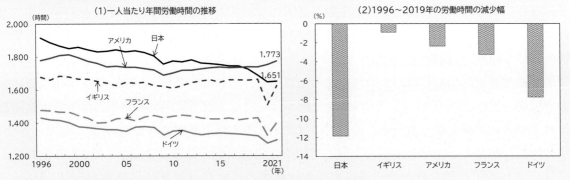

資料出所　OECD. Stat をもとに厚生労働省政策統括官付政策統括室にて作成

第2-(1)-8図　一人当たり年間労働時間の寄与度分解

○　パートタイム労働者の比率の上昇が、労働時間の減少にも影響。

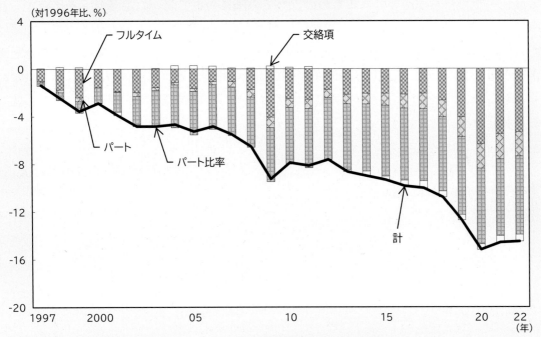

資料出所　厚生労働省「毎月勤労統計調査」をもとに厚生労働省政策統括官付政策統括室にて作成
　(注)　本図中で使用している「フルタイム」は、厚生労働省「毎月勤労統計調査」における「一般労働者」を指す。
　　　　また、「パートタイム労働者」「パート」は「パートタイム労働者」を指す。

●労働分配率は一貫して低下傾向で推移

　第2-(1)-6図において、名目・実質一人当たり賃金の停滞について、労働分配の減少が大きな下押し要因となっていることを確認した。ここでは、労働分配率の推移について詳細にみてみよう。第2-(1)-9図（1）は主要先進国について、労働分配率の5年ごとの平均値の推移を示している。なお、ここでいう労働分配率は、自営業者や家庭従事者（以下「自営業者等」という。）の構成変化を調整するため、分子である雇用者一人当たり雇用者報酬を、分母である就業者一人当たりGDPで除すことで算出したものである[16]。1996〜2000年以降の労働分配率の推移をみると、我が国の労働分配率は一貫して低下傾向にある上、足下では他国と比べても低い水準となっている。長期的にはアメリカも低下傾向にあるものの、2016〜2020年の労働分配率の水準は我が国を上回っている。労働分配率は、コラム2-1にあるとおり、定義によって値が異なるため一律に水準を比較することには留意が必要であるが、1996〜2000年では諸外国と比べても比較的高い水準であった我が国の労働分配率は、ここ20年間、一貫して低下傾向で推移し、2016〜2020年には、主要国で最も低くなっている。

　同図（2）は、1996〜2000年と2016〜2020年それぞれでOECD.Stat上でデータを取得できる38か国について、労働分配率の変化を比較したものである。労働分配率の水準については、一定の留意が必要であるものの、全ての国について同一の定義の下で比較すると、1996〜2000年時点においてOECD諸国の中でも高い水準であった我が国の労働分配率は、2016〜2020年には、他の多くの国と同程度まで低下していることが分かる。労働分配率の適正な水準については、定義により水準が異なること等から明確に述べることは難しいが、少なくともここ20年間で、我が国の労働分配率はOECD諸国の中で、相対的に大きく低下したことが分かる。

16　労働分配率の定義等についてはコラム2-1を参照。

第2-(1)-9図　労働分配率の国際比較

○　日本の労働分配率は一貫して低下傾向で推移。

（1）労働分配率の推移

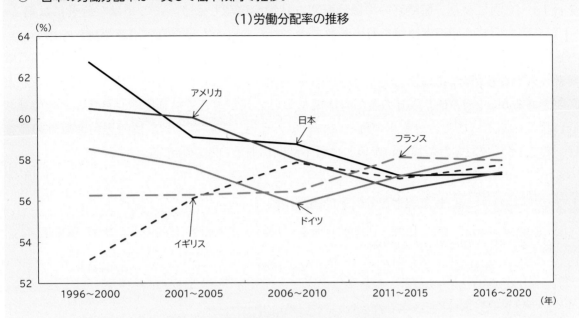

（2）労働分配率の推移（OECD諸国）

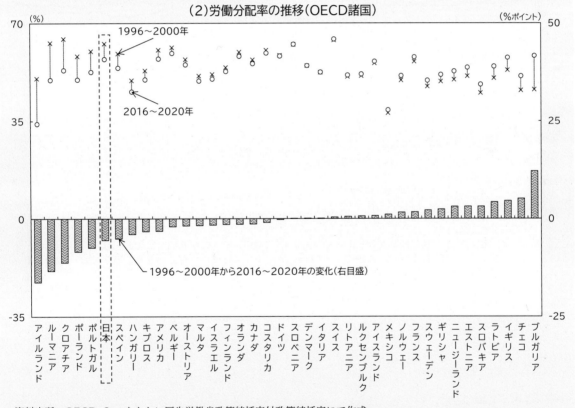

資料出所　OECD. Statをもとに厚生労働省政策統括官付政策統括室にて作成
　（注）　労働分配率は、一人当たり賃金（雇用者報酬を雇用者数で除したもの）を一人当たり労働生産性（GDPを就
　　　　業者数で除したもの）で除すことにより算出。

●**産業別にみても我が国の労働分配率は他国より低い水準で推移**

　我が国の労働分配率の推移について、産業別にみても同様の傾向が確認できるだろうか。第2-(1)-10図により、産業別の労働分配率の状況を確認しよう。ここでは、分子には第2-(1)-9図と同じく雇用者報酬を雇用者数で除したもの（一人当たり雇用者報酬）を用いているものの、データの制約上、分母にはGDPの代わりに総付加価値を就業者数で除した値（就業者一人当たり総付加価値）を用いている。各産業における自営業者等の構成の違いに留意が必要であるが、「その他」以外の全ての産業において我が国の労働分配率は諸外国と比較して低い状況にある。また、分配率の推移についてみると、我が国では、情報通信業以外の産業は、ここ10年でおおむね横ばいないしは低下傾向にあることが分かる。

第2-(1)-10図　産業別労働分配率の国際比較

○　産業別にみると、特に「金融・保険業」「宿泊・飲食サービス業等」「保険衛生及び社会事業等」における労働分配率は低い水準で推移。

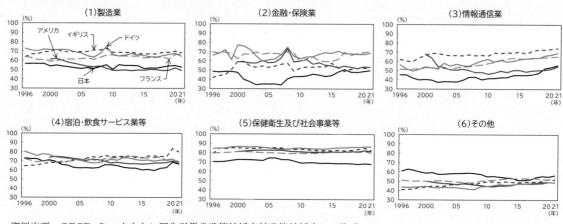

資料出所　OECD.Statをもとに厚生労働省政策統括官付政策統括室にて作成
（注）　1）労働分配率は、以下のとおり算出している。

$$労働分配率 = \frac{雇用者報酬/雇用者数}{総付加価値/就業者数}$$

　　　2）1996～1999年のアメリカの雇用者数のデータは取得できないため、アメリカのみ2000～2021年のデータを用いている。
　　　3）産業分類は、国際標準産業分類（ISIC Rev.4）に基づいている。「宿泊・飲食サービス業等」は宿泊・飲食サービス業と卸売・小売業並びに自動車及びオートバイ修理業、「保健衛生及び社会事業等」は保健衛生及び社会事業と公務及び国防，強制加入社会保険事業，教育を指す。
　　　4）「その他」は、産業計から、製造業、金融・保険業、情報通信業、宿泊・飲食サービス業等、保健衛生及び社会事業等の雇用者報酬、雇用者数、総付加価値、就業者数を差し引いて算出したもの。

●**交易条件の悪化がデフレーターギャップの拡大に大きく寄与**

　最後にデフレーターギャップの影響について確認しよう。生産性の実質化に当たって用いているGDPデフレーターと、賃金の実質化に当たって用いている民間最終消費支出デフレーターの乖離については、国内物価要因と交易条件要因に分解できる。第2-（1）-11図は、これらの乖離について、その対1996年比での累積寄与を示したものであるが、2005年以降、交易条件要因による両デフレーターの乖離へのマイナス寄与が大きくなっており、2008年以降、乖離のほとんどは交易条件要因として説明できる。交易条件の悪化がGDPデフレーターと民間最終消費支出デフレーターのギャップ拡大に大きく影響してきたことが分かる。

第2-（1）-11図　デフレーターギャップの要因分解

○　我が国では、交易条件の悪化によって、GDPデフレーターと民間最終消費支出デフレーターの乖離が拡大している。

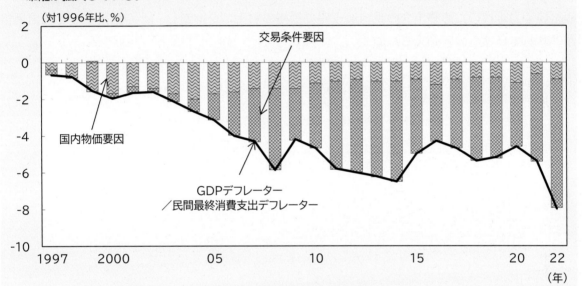

資料出所　内閣府「国民経済計算」をもとに厚生労働省政策統括官付政策統括室にて作成
（注）　要因分解式は以下のとおり。

$$\frac{P_{GDP}}{P_{PFCE}}=\frac{P_{GNI}}{P_{PFCE}}\times\left(1+\frac{TG/L}{Y_R}\right)$$ より、両辺の自然対数をとって、$\Delta\frac{P_{GDP}}{P_{PFCE}}\ \ =\ \ \underset{(国内物価要因)}{\Delta\frac{P_{GNI}}{P_{PFCE}}}\ \ +\ \ \underset{(交易条件要因)}{\Delta\left(1+\frac{TG/L}{Y_R}\right)}$

ただし、P_{GDP}：GDPデフレーター、P_{GNI}：GNIデフレーター、P_{PFCE}：民間最終消費支出デフレーター、TG/L：交易利得・損失、Y_R：実質GDP

●輸出価格の低下が日本の交易条件悪化の主因

　交易条件の悪化は、輸出価格と輸入価格の相対価格の変化によって生じているものと考えられる。第2-（1）-12図より、主要先進国と比較しつつ、輸出デフレーター、輸入デフレーター、交易条件の推移をみると、他の主要先進国では、輸入デフレーターの上昇は我が国と同じくみられるが、輸出デフレーターも緩やかに上昇し、その結果、交易条件はほぼ横ばいで推移している。一方、我が国では、輸入デフレーターが2005年以降大きくプラスに転じる中にあって、輸出デフレーターが下落し、結果として交易条件の悪化が継続している。2005年を100として交易条件をみると、我が国以外の4か国は2022年時点で改善または横ばいである一方で、我が国のみ大きく悪化していることが確認できる。

　我が国の輸出物価の下落の背景について確認するため、第2-（1）-13図より、契約通貨ベースと円ベース両方の輸出物価指数をみると、どちらでみても、長期的に低下傾向にあることが分かる。既に厚生労働省（2015）において指摘されているように、我が国では、企業は価格競争力維持のため輸出先の現地通貨建て価格の引上げを抑制し、その結果として輸出価格が下落しているものと考えられる[17]。

第2-（1）-12図　交易条件の国際比較

○　欧米諸国に比べて輸出価格が低下しているため、日本の交易条件は悪化している。

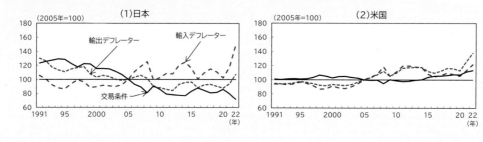

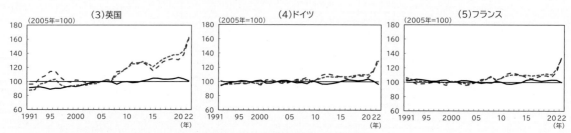

　　資料出所　OECD. Statをもとに厚生労働省政策統括官付政策統括室にて作成
　　（注）　　交易条件は輸出デフレーター／輸入デフレーターにより算出。

17　内閣府（2011）では、輸出物価の動向について、グローバルな価格競争にさらされる財が主要な輸出品となる場合には価格転嫁が行われにくく交易条件が悪化しやすいこと、我が国では、輸出品の4割が産業機械等や部品であり、これらの財は、価格競争力が重要な要素となっていることを指摘している。

第2-(1)-13図　**輸出物価指数の推移**

○　輸出物価指数は長期的に低下傾向にある。

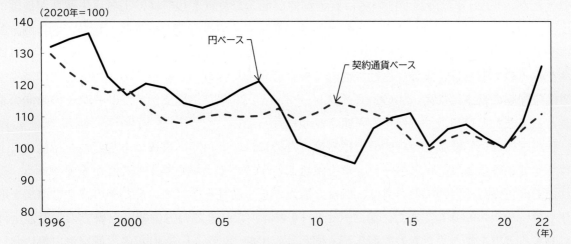

資料出所　日本銀行「企業物価指数」をもとに厚生労働省政策統括官付政策統括室にて作成

●賃金増加に向けてはまずは生産性上昇に取り組むことが重要

　ここまで、生産性や労働分配率の状況をみながら、我が国の一人当たり賃金の動向を確認してきたが、1996年以降我が国の名目賃金が伸び悩んだ背景としては、①名目生産性が他国に比べて伸び悩み、②パートタイム労働者の増加等により労働時間が減少し、かつ、③労働分配率が低下傾向にあり付加価値の分配そのものが滞ったこと[18]が原因として考えられる。実質賃金をみるのであれば、実質生産性は他国に準ずる程度に伸びているものの、労働時間の減少や労働分配率の低下に加え、④ＧＤＰデフレーターと民間最終消費支出デフレーターの動向の乖離として表れる交易条件の悪化も考慮されねばならない。

　我が国において賃金を持続的に上げていくためには、名目でも実質でも生産性を持続的に上昇させていけるよう、イノベーションを生むことができる土壌を整えることが重要である。これまでの労働経済白書においては、様々な観点から生産性を上げていくための様々な取組を取り上げ、分析・紹介してきた。第2-（1）-14表は、これまでの労働経済白書での生産性上昇に関する分析をまとめたものであるが、例えば、平成28年、平成30年の労働経済白書においては、雇用者一人ひとりの能力を向上させていくための能力開発の効果等について分析を行ったほか、令和元年では、一人ひとりが主体的にその能力を仕事において発揮していくために重要と考えられるワーク・エンゲイジメントについて取り上げた。また、令和4年の労働経済白書においては、希望する労働者が転職しやすい環境を整えることや、企業における自己啓発を促進することの重要性等をまとめている。我が国の賃金を引き上げていくためには、引き続き、これまでの労働経済白書で分析したような取組を前に進め、生産性の上昇に取り組んでいくことが重要である。

第2-（1）-14表	これまでの労働経済白書において紹介した労働生産性を向上させていくための取組	
労働生産性を高める可能性のある要素	概要	出版年
能力開発	・能力開発の実施率が高い方が、労働生産性の上昇率が高い傾向。	平成28年 平成30年
	・企業が積極的に労働者の能力開発に関与しているところほど労働生産性が高い傾向。	平成28年
労働移動	・低生産性部門から高生産性部門への労働移動が労働生産性の向上に有効。	平成24年
	・労働移動が活発であると、企業から企業への技術移転や会社組織の活性化につながり、労働生産性の向上にも資する可能性。	令和4年
ＩＴ等を用いた業務改革	・ＩＴ資本装備率が高くなるほど労働生産性が高い。	平成26年
	・合理化・省力化投資を積極的に行っているところほど労働生産性が上昇。	平成29年 令和元年
人材マネジメント	・人員配置等の雇用管理、報酬管理等の人材マネジメントが労働者の就労意欲を高め、定着率の向上を通じた人的資本の高まりにより、労働生産性を高める可能性。	平成26年
	・小売業の企業では、仕入れから販売まで一貫して業務を担う正社員が多くなることで、労働生産性の向上をもたらしているという事例がある。	平成28年
ワーク・ライフ・バランス	・ワーク・ライフ・バランス推進は、その実現に向けた推進組織の設置などの取組等を通じて、労働生産性を高める可能性。	平成29年
ワーク・エンゲイジメント	・職場環境の改善等によるワーク・エンゲイジメントの向上は、仕事への自信や仕事を通じた成長実感等を通じ、労働生産性の向上につながる可能性。	令和元年

18　労働分配率の低下等による生産性と賃金の乖離については、その程度には国による大きな差があるが、近年、先進国では広くみられているという指摘もある（ILO 2015; OECD 2018）。

コラム2-1 様々な定義における労働分配率について

第1章

労働分配率とは、生産活動によって得られた付加価値のうち、労働者が受け取った割合を示す指標であるが、企業の付加価値と、労働者が受け取った分をそれぞれどのように測るかによる計測方法の違いがある。本コラムでは5つの異なる定義の下で計測された労働分配率を紹介する。

一般的な計測方法の一つは、企業調査である財務省「法人企業統計調査」を用いて、企業において産み出した付加価値を分母に用いることであり、過去の労働経済白書や経済財政白書において広く用いられている[19]。具体的には、定義①で示すとおり、労働者への分配としての人件費（役員給与等を含む。）を分子に用いる一方、企業の付加価値合計として、人件費＋営業純益＋支払利息・割引料＋租税公課＋動産・不動産賃借料を分母に用いて、これらの比率を労働分配率として計測しており、本定義では、民間企業における雇用者への労働分配の状況を確認することができる[20]。

$$定義①：労働分配率 = \frac{人件費}{人件費 + 営業純益 + 支払利息・割引料 + 租税公課 + 動産・不動産賃借料}$$

ただし、本定義を用いる場合には、各国の統計等の違いから同じ定義に基づく国際比較が難しい場合が多いことや、そもそも自営業者等を分配の分析から除くことが適切なのかという問題がある。

もう一つの計測方法としては、定義②に示すように、雇用者報酬を国民所得で除して算出するものである。この方法で用いる雇用者報酬や国民所得は、各国の国民経済計算の中で公表されていることから、国際比較が容易であるという利点[21]がある。

$$定義②：労働分配率 = \frac{雇用者報酬}{国民所得}$$

ただし、この定義では、分母の国民所得には自営業者等の生み出した付加価値が計上される一方で、分子の雇用者報酬には、自営業者等が得た収入が含まれない等の問題がある。コラム2-1-①図にあるとおり、我が国における自営業者等の数は諸外国と比較しても急速に減少しているため、近年では、自営業者等が比較的多かった時期と比較して労働分配率が高めに計測されることになる[22]。

---

19 例えば、厚生労働省（2012, 2013, 2014, 2015, 2018, 2019, 2021, 2022）や内閣府（2013）ではこの計測方法に基づいて労働分配率を計算している。

20 本定義に基づく労働分配率の推移については、コラム2-1-②図の他、第1-(3)-11図も参照。

21 例えば、国際比較を行うに当たって、内閣府（2014, 2018）ではこの定義に基づいて労働分配率を計算している。

22 日向（2002）、野田・阿部（2009）でも同様の指摘がある。

　自営業者等が就業者に占める割合が低下していることによる影響を補正するため、定義③のとおり、分子の雇用者報酬を雇用者数で除し、分母の国民所得を就業者数で除すことで、労働分配率を雇用者一人当たりの報酬と就業者一人当たりの国民所得の商として定義することもできる。

$$定義③：労働分配率＝\frac{雇用者報酬／雇用者数}{国民所得／就業者数}$$

　ただし、この方法においては、一人当たりの雇用者と自営業者等が生み出す付加価値が同じであるという仮定を置いていることに留意が必要である。さらに、定義②と定義③で分母として用いられている国民所得には、減価償却費（固定資本減耗。長期的には資本への分配として評価される。）が含まれない[23]ことから、分母として国民所得ではなく国内総生産（ＧＤＰ）を使うことも考えられる[24]。本章では、こうした指摘を踏まえつつ、国際的な比較可能性を維持するため、定義④に示すとおり、労働分配率を、雇用者一人当たりの雇用者報酬を就業者一人当たりのＧＤＰで除したものとして定義している。

$$定義④：労働分配率＝\frac{雇用者報酬／雇用者数}{国内総生産／就業者数}$$

　ただし、この方法においても、自営業者等についての仮定や限界については、定義③と同様である。

　こうした様々な限界を踏まえた上で、日本経済全体で生み出した付加価値が、自営業者等も含めた労働者全体にどの程度分配されているか確認するため、本コラムでは、定義⑤として、雇用者だけではなく自営業者等の収入も勘案した労働分配率も試算してみたい。本計算に当たっては、自営業者等一人ひとりの平均年間収入の値が必要であるが、この点については、各個人に対して調査を行っている総務省統計局「労働力調査（詳細集計）」を利用することで計測することとする。ただし、「労働力調査（詳細集計）」では、1年間の全ての仕事からの収入を調査しているものの、収入が実額ではなく、年収区分から選択する形の調査[25]になっていることから、各年収区分の中央値[26]を平均値とみなして試算することとする[27]。

23　日向（2002）では、1950年以降の長期的な傾向として付加価値に占める固定資本減耗の割合が一貫して上昇していることを指摘している。
24　詳細は、野田・阿部（2009）を参照。
25　「収入なし」「50万円未満」「50～99万円」「100～149万円」「150～199万円」「200～299万円」「300～399万円」「400～499万円」「500～699万円」「700～999万円」「1,000～1,499万円」「1,500万円以上」の12区分から各個人が選択する。なお、自営業者等については、収入について、「売上高ではなく、営業利益（売上高から必要経費を差し引いた額）を記入する」こととされている。
26　「1,500万円以上」の場合は、中央値が計測できないため、1,500万円を中央値とみなして計算している。
27　具体的には、まず2002～2021年の総務省統計局「労働力調査（詳細集計）」を用いて、雇用者・自営業者等それぞれの各年齢区分の中央値と労働者数から、雇用者・自営業者等の平均収入の比率を計算する。本比率に、雇用者報酬を雇用者数で除すことで算出した一人当たり雇用者報酬を乗ずることで、一人当たりの自営業者等の報酬を試算している。「仕事からの年間収入」については、2002年から取得可能であるため、本試算では、2002年以前の雇用者と自営業者等の収入比率は2002年と同じであると仮定している。

定義⑤：労働分配率＝$\dfrac{\text{一人当たり雇用者報酬×雇用者数＋一人当たり自営業者等の収入×自営業者等数}}{\text{国内総生産}}$

　このように、労働分配率については、様々な計測方法が存在する[28]ため、ある方法のみが正しいという訳ではない。実際に、コラム2-1-②図が示すとおり、その定義によって水準が大きく異なることから、労働分配率の水準の比較にはその点への留意が必要である。

　ただし、企業側における分配の状況を示した定義①や、自営業者の減少について調整した定義③～⑤においてはいずれも労働分配率は低下傾向を示しており、既に本節で繰り返し述べたように、我が国における労働分配率は長期的に低下傾向であるといえるだろう。

　労働分配率をみるに当たっては、それぞれの計測方法の特徴を踏まえながら、その長期的な傾向を確認していくことが重要である。

【コラム2-1-①図：就業者に占める自営業者等割合の国際比較】

○　就業者に占める自営業者等の割合は大きく低下している。

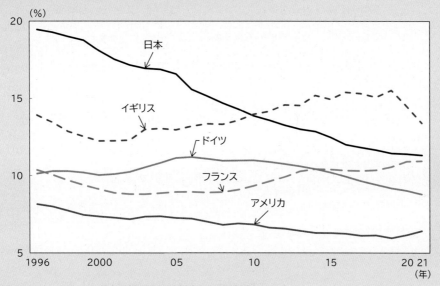

資料出所　OECD. Statをもとに厚生労働省政策統括官付政策統括室にて作成

28　複数の定義等の詳細については、（独）労働政策研究・研修機構（2022）を参照。

【コラム２−１−②図：定義別労働分配率の推移】

○　労働分配率は定義②を除き低下傾向。

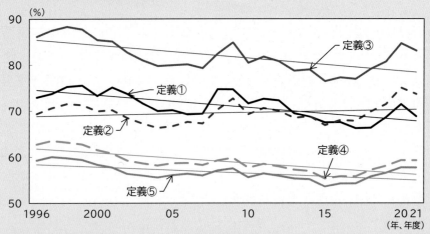

資料出所　財務省「法人企業統計調査」、内閣府「国民経済計算」、総務省統計局「労働力調査」をもとに厚生労働省政策
　　　　　統括官付政策統括室にて作成
（注）　1）労働分配率の定義は、
　　　　　　定義①：労働分配率＝人件費／（人件費＋営業純益＋支払利息・割引料＋租税公課＋動産・不動産賃借料）
　　　　　　定義②：労働分配率＝雇用者報酬／国民所得
　　　　　　定義③：労働分配率＝（雇用者報酬／雇用者数）／（国民所得／就業者数）
　　　　　　定義④：労働分配率＝（雇用者報酬／雇用者数）／（国内総生産／就業者数）
　　　　　　定義⑤：労働分配率＝（一人当たり雇用者報酬×雇用者数＋一人当たり自営業者等の収入×自営業者等数）
　　　　　　　　　／国内総生産
　　　　　として計算。
　　　　　2）定義①は年度の数値。また、定義①では、金融・保険業は含まれていない。
　　　　　3）一人当たり自営業者等の収入は、労働力調査から求めた雇用者と自営業者等の収入比率を、一人当たり雇
　　　　　　用者報酬（雇用者報酬を雇用者数で除したもの）に乗ずることで計算している。
　　　　　　収入比率は、各収入区分の中央値（1,500万円以上は1,500万円とみなす）を、各区分における雇用者数・
　　　　　　自営業者等数で加重平均することで計算している。
　　　　　4）2011年の雇用者と自営業者等の収入比率は、岩手、宮城及び福島を除いたもの。

コラム2-2　OECD諸国における産業別賃金水準について

　本節では、我が国の賃金について、諸外国と比較しながらその動きや背景について確認してきたが、賃金の動きではなく、その水準については、諸外国と比較してどのように評価されるべきだろうか。本コラムでは、購買力平価（PPP）[29]を用いてドル換算した我が国の時間当たり賃金について、産業別にOECD諸国と比較することで、我が国の相対的な賃金水準とその変化を確認しよう。

　コラム2-2図（1）は、OECD.Statにおいてデータを取得できる31か国について、2000年における産業別のドル換算した時間当たり賃金を表した図であり、上から、OECD各国の75％タイル（上位25％の賃金水準）、平均値、25％タイル（上位75％の賃金水準）を示している。おおむねどの国においても宿泊・飲食サービス業においては比較的賃金が低く、電気・ガス・蒸気及び空調供給業や金融・保険業等では賃金が高い傾向はみられるが、賃金水準が高い産業ほど、各国間の賃金水準のばらつきが大きくなっていることが分かる。2000年における我が国の賃金をみると、教育や公務及び国防・義務的社会保障事業を除き、多くの産業においておおむね平均程度の賃金水準であったことが分かる。

　同図（2）は、2019年時点の状況を示したものである。どの産業でみても、平均値が増加する中で、75％タイルと25％タイルの距離が広がっており、各国間の賃金水準のばらつきが大きくなっていることがうかがえる[30]。また、平均賃金の産業間の差が大きくなった結果、平均線の傾きが急になっている。我が国の賃金水準をみると、2000年にはどの産業でも平均程度であったが、2019年には25％タイルの水準に近付いている。すなわち、20年前におおむねどの産業でも平均値程度の水準はあった我が国の時間当たり賃金は、20年を経て、データを取得できたOECD31か国の中で、下位25％の水準まで相対的に低下していることがうかがえる。特に、宿泊・飲食サービス業や、芸術・娯楽及びレクリエーション、保健衛生及び社会事業等では、各国の平均賃金が増加する中で伸び悩んだ結果、下位25％の水準よりも更に低い水準まで落ち込んでいる。

　このように、我が国の賃金水準は、20年間で相対的に低下したが、日本経済をしっかりと成長軌道に乗せていく中で、「構造的賃上げ」を実現し、サービス業における賃金引上げや、医療福祉従事者の待遇改善等を含め、全体的に賃金を底上げしていくことが重要である。

29　購買力平価（Purchasing Power Parity）とは、「ある一定の商品やサービスを購入できる金額を異なる通貨間でそれぞれ等しい価値をもつと考えて決められる交換比率」のことを指す。詳細は（独）労働政策研究・研修機構（2010）を参照。

30　平均賃金が高い産業では、総じて各国の賃金水準のばらつきが大きくなる傾向がうかがえるが、情報通信業については、平均賃金の水準の高さほどばらつきが大きくなく、また20年間でばらつきがあまり拡大していない。このことから、情報通信業については、各国ある程度横並びで平均賃金水準が上昇したことがうかがえるが、この背景には、情報通信業ではIT技術等により時間や場所を選ばない働き方が行いやすく、賃金に平準化圧力がかかりやすいことが考えられる。ただし、日本では情報通信業においても賃金水準は各国に追いついておらず、これは、我が国の労働市場の閉鎖性を示唆している可能性がある。

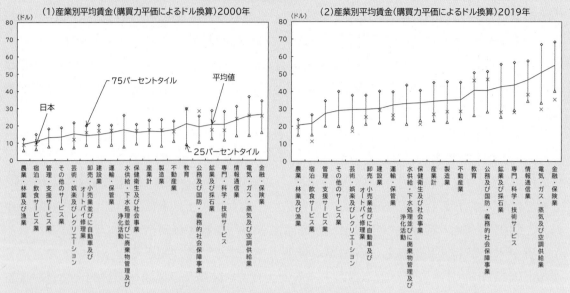

【コラム2-2図：産業別時間当たり賃金（購買力平価）】

○　日本の賃金の国際的な位置づけは全ての産業で低下。

資料出所　OECD. Statをもとに厚生労働省政策統括官付政策統括室にて作成
（注）　1）折線で示している平均値は、アイスランド、アイルランド、アメリカ、イギリス、イタリア、エストニア、オーストラリア、オーストリア、オランダ、ギリシャ、コスタリカ、スイス、スウェーデン、スペイン、スロバキア、スロベニア、チェコ、デンマーク、ドイツ、日本、ニュージーランド、ノルウェー、ハンガリー、フィンランド、フランス、ベルギー、ポーランド、ポルトガル、ラトビア、リトアニア、ルクセンブルクの平均値である。
　　　　2）日本においては、国際標準産業分類のうち「管理・支援サービス業」「その他のサービス業」「水供給・下水処理並びに廃棄物管理及び浄化活動」の数値は取得できない。
　　　　3）オーストラリアにおいては、国際標準産業分類のうち「水供給・下水処理並び廃棄物管理及び浄化活動」の数値は取得できない。また、2000年のデータのみである。
　　　　4）アイスランド及びニュージーランドは、2019年のデータのみである。
　　　　5）スイスは、2000年、2019年ともに産業計のみである。

コラム2-3　　賃金分布の変化について

　本節では、我が国の賃金の推移について、主に平均値を用いてその動向等を確認してきたが、ここでは賃金の分布の変化についても確認しよう。賃金分布については、企業規模や就業形態によって大きく異なるため、コラム2-3-①図では、常用労働者数が1,000人以上、300～999人、10～299人企業の企業規模別と、一般（フルタイム）、パートタイム労働者の就業形態別に、その年収分布の1996～2021年にかけての変化をみている。

　一般（フルタイム）についてみると、従業員数が多い大企業では年収500万円未満の層が増加し、それ以外の層が減少する一方で、常用雇用者数10～299人の中小企業においては、300万円未満の層が減少する一方、300～600万円の層が増加するなど、底上げの動きがみられる。パートタイム労働者については、最低賃金が上昇している中にあっても、企業規模に限らず100～200万円の層が減少、100万円未満の層が増加しており、より短時間勤務のパートタイム労働者が増加したと考えられる。ただし、僅かではあるが、1,000人以上規模や300～999人規模の企業において、200万円以上の層が増加しており、パートタイム労働者の中でも、年収の二極化が進んでいる可能性がある。

第2-(1)-8図でみたように、1996～2022年にかけて、労働時間は一般（フルタイム）でもパートタイム労働者でも減少しているため、時間当たりの賃金分布についても確認する。コラム2-3-②図より、時間当たりの賃金分布をみると、最低賃金が上昇する中で、一般（フルタイム）・パートタイム労働者ともに、時給1,000円未満の層が大きく減少し、時給分布は、おおむね高水準の方向にシフトしている。常用雇用者規模1,000人以上の企業では、3,000円の層が大きく増加している一方で、300～999人、10～299人の企業では、1,000～2,000円の層が大きく増加しており、水準に違いはあれ、企業規模を問わず時給ベースでの賃金は改善していることがうかがえる。パートタイム労働者については、おおむね企業規模における違いはなく、時給が1,000～1,500円の層が大きく増加している。

　賃金については、平均値でみることも重要であるが、企業規模別や雇用形態による分布をみることにより、企業規模や賃金の層によっては増加している分野もみえてくる。具体的にどのような年収層が増えているのか等を確認するに当たっては、平均だけではなく、その分布を同時に確認していくことも重要である。

【コラム2-3-①図：年収分布の経年変化（1996～2021年）】

○　年収分布は、一般労働者、パートタイム労働者ともに20年でおおむね左にシフトしている一方、一般労働者では、中堅、中小を中心に底上げの動きがみられる。パートタイム労働者では、100～200万円未満の層が大きく減少。

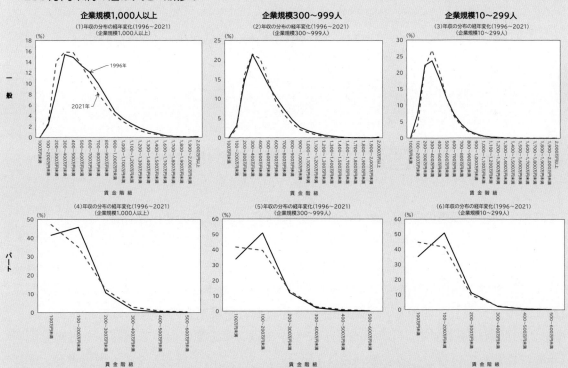

資料出所　厚生労働省「賃金構造基本統計調査」をもとに厚生労働省政策統括官付政策統括室にて独自集計
（注）　1）年収は「きまって支給する現金給与額」の12倍に「年間賞与その他特別給与額」を合計した値である。
　　　　2）2021年の年収の分布作成にあたっては、1996年の分布との比較の観点から、旧復元倍率を使用している。
　　　　3）2019年以前の短時間労働者の集計に際しては、特定の職種の1時間当たりの所定内給与額が3,000円を超える者のデータについて集計対象外としていたが、本グラフでは、2021年の分布との比較の観点から、当該データを除外していない。
　　　　4）本図中で使用している「一般」は、厚生労働省「賃金構造基本統計調査」における「一般労働者」を指す。また、「パート」は「短時間労働者」を指す。

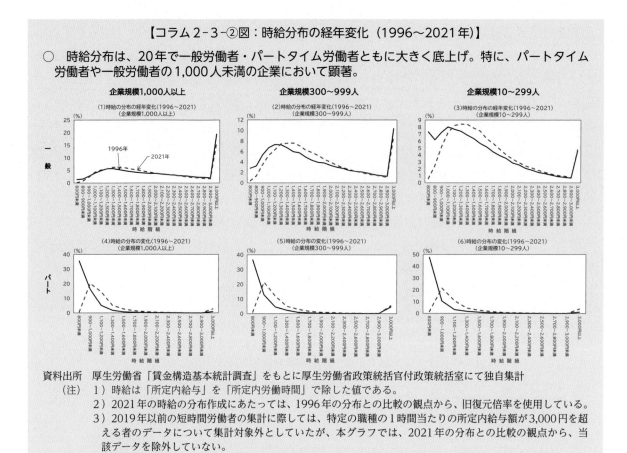

【コラム2-3-②図：時給分布の経年変化（1996～2021年）】

○　時給分布は、20年で一般労働者・パートタイム労働者ともに大きく底上げ。特に、パートタイム労働者や一般労働者の1,000人未満の企業において顕著。

資料出所　厚生労働省「賃金構造基本統計調査」をもとに厚生労働省政策統括官付政策統括室にて独自集計
（注）　1）時給は「所定内給与」を「所定内労働時間」で除した値である。
　　　2）2021年の時給の分布作成にあたっては、1996年の分布との比較の観点から、旧復元倍率を使用している。
　　　3）2019年以前の短時間労働者の集計に際しては、特定の職種の1時間当たりの所定内給与額が3,000円を超える者のデータについて集計対象外としていたが、本グラフでは、2021年の分布との比較の観点から、当該データを除外していない。
　　　4）本図中で使用している「一般」は、厚生労働省「賃金構造基本統計調査」における「一般労働者」を指す。また、「パート」は「短時間労働者」を指す。

第2節　我が国において賃金が伸び悩んだ背景

●生産性と賃金の乖離の背景には「分配」と「配分」の在り方の変化が存在

　我が国における名目生産性と名目賃金の乖離は、尽きるところ、経済活動により得られた付加価値の在り方が変わってきたことが背景にあると考えられる。これは、一人当たりの賃金について考えれば、①経済活動の中で得られた付加価値が総体としての労働者にどの程度配られたかという「分配」の問題と、②個々の労働者にその果実がどのように分けられたかという「配分」の問題に帰着する。①の「分配」については、第1節において確認した労働分配率が経年的に低下していること、また、②の「配分」については、パートタイム労働者等、多様な労働参加が進展してきたこととも密接に関係しているといえよう。賃金の停滞については様々な要因が複合的に寄与しているものと考えられるが、第2節では、この背景について、厚生労働省（2015）において取り上げられた仮説[31]を中心に分析していく。「分配」の側面からは、①企業の利益処分が変化してきたこと、②労使間の交渉力が変化してきたこと、「配分」の側

31　厚生労働省（2015）では、賃金の伸び悩みの背景について、企業の利益処分の変化、交易条件の悪化、非正規雇用の増加、賃金決定プロセスの変化の4つの仮説を提唱の上、検証している。本節では、企業の利益処分の変化、賃金決定プロセスの変化については「分配」の側面として、非正規雇用の増加は「配分」の側面として整理し、これらの仮説を含めた5つの考えられる要因を分析している。

面からは、③正規・非正規に限らず、雇用者の様々な構成が変化してきたこと、④日本型雇用慣行の変容、⑤労働者が仕事に求めるニーズが多様化していることについて、ここ四半世紀のそれぞれの変化や賃金に及ぼしてきた影響を確認しよう。

◎要因１：企業の利益処分の変化
●企業の内部留保は付加価値額の増加を背景に増加

「分配」の問題として、まず考えられるのは、企業が稼いだ利益処分の在り方を変えてきたことである。第2-(1)-15図（1）より、企業が稼いできた付加価値の推移とその分配の状況を確認すると、付加価値額については、長期的に増加傾向にあり、特に2012年度以降、2018年度まで一貫して増加している。こうした中で、配当金、役員給与等や従業員給与等の合計はおおむね横ばいで推移しており、その結果として生じた付加価値から人件費や減価償却等の費用を除いた分が、毎年内部留保として積み上がっていた。同図（2）より、企業規模別に内部留保の推移をみると、ほぼ一貫してどの企業規模においても増加しており、1996年には約150兆円だった内部留保額は、2021年には約500兆円まで増加している。ただし、増加率は大企業よりも中堅・中小企業で大きく、大企業では1996～2021年までで約230％増、中堅企業では約320％増、中小企業では約270％増となっている。

第2-(1)-15図　企業における内部留保の推移

○　付加価値が増加する中で、企業の内部留保は増加。

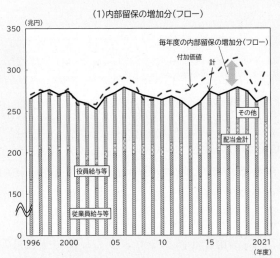

(1)内部留保の増加分（フロー）

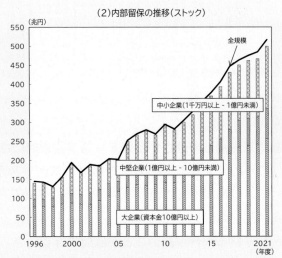

(2)内部留保の推移（ストック）

資料出所　財務省「法人企業統計（年報）」をもとに厚生労働省政策統括官付政策統括室にて作成
（注）　1）「金融業、保険業」を除く全産業の数値。
　　　　2）内部留保（フロー）＝当期純利益－配当金、当期純利益＝付加価値－従業員給与等－役員給与等－その他（税金、減価償却等）
　　　　3）内部留保（ストック）は利益剰余金を指す。

●**資産の内訳としては、投資有価証券や現金・預金が増加**

　第2-(1)-16図（1）より、企業の資産額の推移とその内訳をみてみよう。企業の資産額については、1996年時点で1,300兆円程度だったが、2012年以降ほぼ一貫して増加傾向で推移しており、2021年には2,000兆円を超える水準となっている。内訳をみると、固定資産・流動資産ともに増加傾向で推移しており、同図（2）が示すとおり、固定資産では「投資有価証券」と、流動資産では「現金・預金」が大きく増加している。企業は1996年以降、付加価値が増加する中にあって生じた余剰を、必ずしも人件費や投資に回すのではなく、手元の資産として保有してきたことがうかがえる。

| 第2-(1)-16図 | 企業における資産額の推移 |

　○　企業の資産は、固定資産、流動資産ともに一貫して増加傾向で推移している。
　○　固定資産に含まれる「投資有価証券」と流動資産の「現金・預金」は大きく増加している。

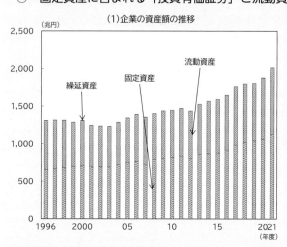
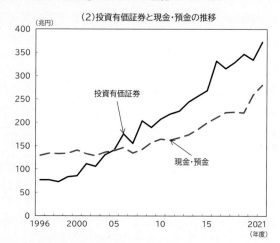

資料出所　財務省「法人企業統計（年報）」をもとに厚生労働省政策統括官付政策統括室にて作成
　（注）　「金融業、保険業」を除く全産業の数値。

●**将来見通しの低さが企業をリスク回避的にさせてきた可能性**

　こうした企業行動の変化の背景には何が考えられるだろうか。第2-(1)-17図（1）において、（独）労働政策研究・研修機構が実施した企業への調査をもとに、経済見通しと内部留保の関係について確認すると、今後1年間の不透明感が高い企業ほど内部留保を増加させようとしている割合が高いことが確認できる。さらに、内部留保を減少させようとしている企業の割合についてみても、不透明感が高い企業ほどおおむね低い傾向にあることが分かる。また、同図（2）において、先行きの経済見通しと賃上げ（ベースアップ）を実施した企業割合の関係をみると、先行きの成長の見込みが高い企業ほどベースアップを実施した企業の割合が高く、先行きの経済見通しが高いと積極的に賃上げに取り組む傾向がみてとれる[32]。

　第2-(1)-18図より、内閣府の企業アンケート調査から、企業が想定している実質経済成長率の見通しをみると、1996年以降、3年後・5年後見通しともに長期的に低下傾向にある。こうした長期的な成長見通しの低さにより、企業は、付加価値を増加させる中にあっても、将

32　付2-(1)-4図より、現在と比べた1年後の経済見通しと、企業別の一人当たり定期給与増加率、一人当たり賞与（夏季）増加率をみても、平均値・中央値のどちらにおいても、見通しが「やや高まっている」「高まっている」と回答する等、高い見通しを持っている企業において、増加率が高い傾向にある。

来への不安の高まり等からリスク回避的になり[33]、その結果、労働者への分配になかなか踏み切れなかった可能性がある[34]。

第2-(1)-17図 **企業の見通しと内部留保・賃金の関係**

○　不透明感が強いほど、内部留保を増加させる意向が強い可能性。
○　先行きの成長見込みが高いほど、ベースアップ実施企業割合が高い傾向。

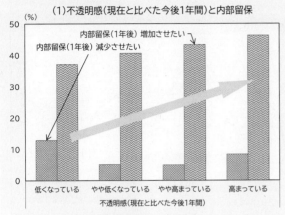
（1）不透明感（現在と比べた今後1年間）と内部留保

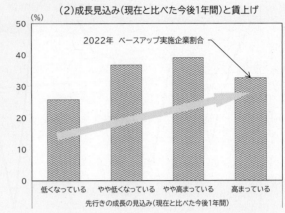
（2）成長見込み（現在と比べた今後1年間）と賃上げ

資料出所　（独）労働政策研究・研修機構「企業の賃金決定に係る調査」（2022年）の個票を厚生労働省政策統括官付政策統括室にて独自集計
　（注）　1）（1）は、現在と比べた今後1年間の企業を取り巻く不透明感の状況について「低くなっている」「やや低くなっている」「やや高まっている」「高まっている」の回答ごとに、今後1年間で現在と比べて内部留保をどうしたいかについて「減少」「増加」と回答した企業割合を集計したもの。
　　　　　2）（2）は、現在と比べた今後1年間の成長見込みについて「低くなっている」「やや低くなっている」「やや高まっている」「高まっている」の回答ごとに、2022年のベースアップ実施企業割合を集計したもの。
　　　　　3）いずれも無回答は除く。

33　小川（2020）においては、2000年代に入り、企業のバランスシートが大幅に改善する中において、日本経済の停滞が続いていることを踏まえれば、資金の貸し手や借り手のバランスシートの毀損が長期停滞をもたらしたという仮説は当てはまらず、日本経済の長期停滞には、日本経済に対する企業の悲観的な長期見通しが重要な役割を果たしていることを指摘している。日本銀行（2018）においても、企業へのヒアリング調査を踏まえ、企業が高水準の収益対比でみて設備投資などの前向きな支出に慎重な背景として、リーマンショック後の急激な業績・資金繰りの悪化を始めとする苦い経験がトラウマとなったことや、人口減少による中長期的な内需の先細り懸念等を指摘している。さらに、荒巻（2019）は、バブル期に低収益の過剰資産を抱え、1990年代後半の金融危機の際に金融機関の融資態度の急速な引き締まりに直面した企業は、過剰資産の削減と労働コスト・投資の抑制による自己資本の強化を開始したが、過剰資産が解消され金融危機のショックも克服された2000年代半ば以降も、企業の防衛的姿勢が継続していることが、消費や投資の下押し、国内需要の不足、価格の引下げ圧力の要因であることを指摘している。

34　ただし、付2-(1)-5表より、足下での内部留保と賃上げの関係についてみると、2022年12月末時点において、今後1年間で内部留保を「増加させたい」としている企業においてはベースアップ実施企業の割合が高く、ベースアップ未実施企業は少数であり、一概に賃上げの抑制によって内部留保を増加させているわけではないことがうかがえる。また、少数ではあるものの、内部留保を「減少させたい」とする企業において、ベースアップ実施割合が3割近くとなっており、内部留保を減らす意向がありつつ、ベースアップに取り組む企業も一定程度存在することもうかがえる。さらに、付2-(1)-6図より、企業業績別に賃金増加率や賃上げ実施状況をみると、企業収益が感染症の拡大前の水準を上回っている企業においては高い賃上げが実現している一方で、上回っていない企業においても賃上げがみられる。例えば、2022年12月末時点での企業収益が2019年12月以前よりも上回っている企業において、ベースアップ実施は43%、賞与（一時金）の増額は58%の企業で実施している一方で、上回っていない企業においても、ベースアップ実施は約30%、賞与（一時金）の増額は27%の企業で実施している。このように、足下において、多くの企業は相当程度賃上げに対して積極的になっている可能性がある。

第2-(1)-18図　**実質経済成長率見通しの推移**

○　実質経済成長見通しは長期的にはやや低下傾向で推移している。

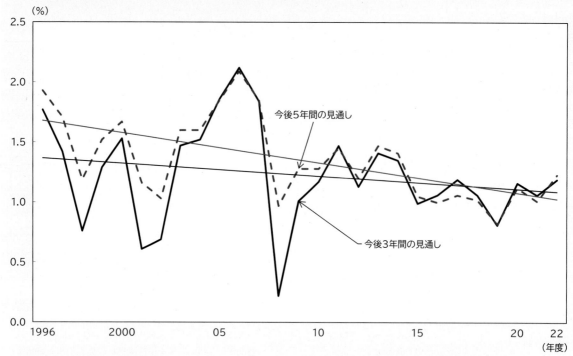

資料出所　内閣府「企業行動に関するアンケート調査」をもとに厚生労働省政策統括官付政策統括室にて作成

◎**要因２：労使間の交渉力の変化**

●**労働組合の組織率は低下**

　賃金は労働者と使用者の交渉の末に決定されるため、労働者と使用者それぞれの交渉力（バーゲニングパワー）の大きさが賃金水準に対して影響を及ぼすことも考えられる。例えば、労働組合等を通じて労働者がまとまって賃金交渉を行うことは労働者の交渉力を高めると考えられる一方で、仮にその地域における労働市場が企業に寡占されているとすれば、賃金交渉は比較的企業にとって有利となるだろう。このように、賃金決定が労使交渉というプロセスを経て行われるものと考えるならば、労働力の供給側（労働者）と需要側（企業）の交渉力の関係の変化は、実際の賃金に大きな影響を及ぼしうる。このような変化について、労働の需給双方の面から分析しよう。

　まず、労働供給側の労働者の状況については、第1-(3)-17図でみたとおり、1996年以降の労働組合の推定組織率及び組合員数は、どちらも長期的に低下・減少傾向にある。組合員数については、1996～2006年までは減少傾向であったものの、その後は下げ止まり、2022年時点においておおむね2006年と同水準を維持している。ただし、推定組織率については、女性や高齢者等の多様化な労働参加が進む中で非正規雇用労働者の増加等を背景に、雇用者数が増加傾向となっていること等から、2006年以降も低下傾向で推移している。

●**企業の集中度が特に高い労働市場の割合が４年間で上昇**

　次に、労働力の需要側である企業の状況について確認しよう。我が国の賃金交渉については、各企業が、それぞれの企業別に組織された労働組合との交渉を通じて賃金を決めていく個

別分権的な交渉となっている[35]ことも踏まえると、企業側の交渉力を数値で表すことは難しいが、ここでは、Izumi, Kodama and Kwon（2022）のアイディアを用いて、企業の各労働市場における「集中度」を企業の交渉力の指標としてみてみよう。Izumi, Kodama and Kwon（2022）は、工業統計を用いて、各労働市場における企業の集中度を、各企業における雇用者数から計算したハーフィンダール・ハーシュマン指数（Herfindahl-Hirschman Index。以下「ＨＨＩ」という。）として計測している。ＨＨＩとは、各労働市場における各企業の雇用者数の構成割合を二乗したものを足し上げて計算したものである。例えば、ある労働市場に企業Ａと企業Ｂの２つのみが存在しており、企業Ａが雇用者の70%、企業Ｂが残りの30%を占めているとする。この場合、ＨＨＩは、70×70と30×30を加えたものとして、5,800と計算される[36]。ＨＨＩは、定義された労働市場ごとに計算されることから、各労働市場における企業の集中度を定量的に表すことができ、市場の独占度を測る指標として用いることができる。

　ＨＨＩの計算に当たっては、Izumi, Kodama and Kwon（2022）から主に２点の変更を施している。まず、Izumi, Kodama and Kwon（2022）では、工業統計を用いることで、分析の対象を製造業に限定しているが、本分析では、総務省・経済産業省「経済センサス–活動調査」を用いることで、分析の対象を全産業に拡張している。次に、ＨＨＩの計算に当たっては、あらかじめ労働市場を定義する必要があるが、Izumi, Kodama and Kwon（2022）から労働市場の定義を変更[37]し、本分析では、95の産業中分類と47都道府県から4,400程度の労働市場を定義した。第２–（１）–19図は、計算したＨＨＩごとに労働市場の分布を示したものであるが、2012〜2016年にかけてＨＨＩが2,000を超える労働市場の割合が上昇していることが分かる。ＨＨＩは1,000を超えていると「やや集中的」、1,800を超えると「高度に集中的」であると評価されており[38]、本結果のみをもって労働市場全体が集中的になっているとは評価ができないものの、少なくとも、特に雇用者が特定の企業に集中している労働市場の割合が2012〜2016年にかけて上昇していることは指摘できる[39]。

35　企業別の労働組合も含め、日本型雇用システムについては濱口（2009）を参照。

36　このように、労働市場ｍにおけるＨＨＩは、各労働市場をｍ、企業をｉ、各労働市場における企業数をｎとすると、以下の式から計算される。なお、ＨＨＩは、定義上10,000を上限とし、その値が大きいほど、その市場が集中的であると評価される。

$$HHI_{m} = \sum_{i}^{n} \left(\frac{労働市場 m における企業 i の労働者数}{労働市場 m の総労働者数} \right)^2$$

37　Izumi, Kodama and Kwon（2022）では200余りの経済圏と製造業の小分類から労働市場を小さい単位で定義しているものの、本分析では全産業について考えていることから、より広く労働市場を定義することとした。

38　ＨＨＩは企業結合時の審査において用いられているが、アメリカ司法省のガイドラインによれば、ＨＨＩが1,800を超えると高度に集中化された市場、1,000〜1,800ではやや集中化された市場であるとされている（村本 2019）。

39　ＨＨＩを用いた分析は広く行われており、例えば、五十嵐・本多（2022）では、製造品ごとに定義した2,300分類について、2002〜2019年にかけて経年的に出荷額ベースでの集中度は上昇していることを指摘している。

第2-(1)-19図　労働市場の集中度の分布

○　集中度が特に高い労働市場の割合が４年間で上昇。

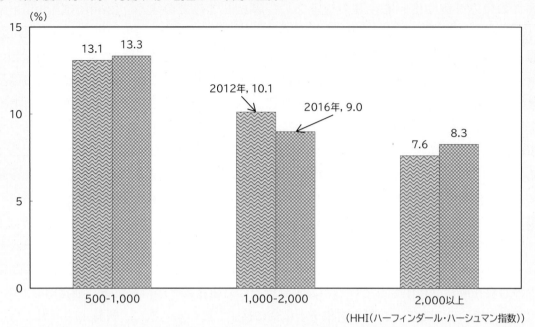

資料出所　総務省・経済産業省「経済センサス-活動調査」の個票を厚生労働省政策統括官付政策統括室にて独自集計
（注）　ハーフィンダール・ハーシュマン指数（ＨＨＩ）は、各労働市場をm、企業をi、各労働市場における企業数
　　　をnとすると、以下の式から計算される。

$$HHI_m = \sum_i^n \left(\frac{労働市場mにおける企業iの労働者数}{労働市場mの総労働者数} \right)^2$$

●企業の集中度が高く労働組合加入率が低い労働市場ほど賃金水準が低い傾向

　労働供給側と需要側それぞれの状況を確認したが、実際にこうした状況は賃金に対してどのような影響を与えうるだろうか。第２-（１）-20図より、労働市場における企業の集中度や労働組合加入率と賃金の関係を確認しておこう。ここでは、市場集中度を定量的に測る指標として引き続きＨＨＩを用いているが、各労働市場の大きさが異なることを踏まえ、各労働市場における雇用者数で加重平均をとることにより、ＨＨＩを都道府県別に表している。

　同図（１）は、横軸に都道府県別のＨＨＩを、縦軸に対数変換した一人当たり賃金をプロットした図である。これによれば、各都道府県におけるＨＨＩが高いほど、つまり、企業の集中度が高いほど、一人当たり賃金が低くなる傾向がみてとれる。同図（２）は、縦軸は対数変換した一人当たり賃金だが、横軸は各都道府県における労働組合加入率[40]としている。これをみると、労働組合加入率が高いほど、一人当たり賃金が高くなる傾向がみてとれる。

　これらの関係は因果関係を示すものではないが、ＨＨＩが高いと賃金が低くなる傾向、労働組合加入率が高いと賃金が高くなる傾向にあるという相関関係を示している。この背景には、市場が集中的になると企業の交渉力が強くなり、賃金に対して下押し圧力が、労働組合加入率が高まると労働者の交渉力が強くなり、賃金に対して底上げ圧力が、それぞれ生じることが考えられる。労働組合と賃金の関係については様々な研究はある[41]ものの、いくつかの先行研究

40　都道府県・産業中分類別に労働組合員数を雇用者数で除して各労働市場ごとの加入率を計算し、それを各労働市場における雇用者数で加重平均をとったもの。
41　様々な論文のレビューを行っているものとして、例えば戸田（2022）を参照。

においても、労働組合が賃金に対して正の効果があることは指摘されており[42]、労働者の交渉力の強化と、その帰結としての賃金増加という点から、労働組合の果たす役割は相当大きいものと考えられる。

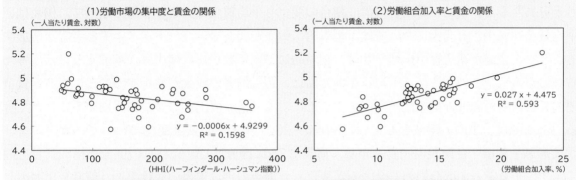

第2-(1)-20図 　労働市場の集中度・労働組合加入率と賃金の関係

○　企業の集中度が高い労働市場ほど賃金水準が低く、労働組合加入率が高いほど賃金水準が高い傾向がある。

資料出所　厚生労働省「労働組合基礎調査」（2016年）をもとに厚生労働省政策統括官付政策統括室にて作成
　　　　　総務省・経済産業省「経済センサス-活動調査」（2016年）の個票を厚生労働省政策統括官付政策統括室にて独自集計
（注）　1）ハーフィンダール・ハーシュマン指数（ＨＨＩ）は、各労働市場をm、企業をi、各労働市場における企業数をnとすると、以下の式から計算される。

$$HHI_m = \sum_i^n \left(\frac{労働市場mにおける企業iの労働者数}{労働市場mの総労働者数} \right)^2$$

　　　　2）散布図は、都道府県別にＨＨＩ、一人当たり賃金、労働組合加入率を計算したもの。
　　　　3）労働組合加入率は、各都道府県・各産業地中分類ごとの加入率について、労働組合員数を労働者数で除して算出。

　なお、賃金については、市場の集中度や労働組合加入率のほか、一人当たり生産性や事業所におけるパートタイム労働者比率、事業所の規模にも大きな影響を受けるものと考えられる。仮に事業所における生産性等の様々な要素と、各都道府県におけるＨＨＩや労働組合加入率に強い相関があれば、必ずしも第2-(1)-20図でいう市場の集中度や労働組合加入率と賃金の関係は成り立たない可能性がある。このため、ＨＨＩと労働組合加入率に加え、生産性やパートタイム労働者比率等の要素を考慮した上で、事業所ごとに一人当たり賃金の推計を行った。具体的には、被説明変数に各事業所における一人当たりの対数変換した賃金をとり、説明変数として、各事業所におけるパートタイム労働者比率、一人当たり付加価値を対数変換[43]したもの、ＨＨＩ、労働組合加入率をとり、2016年の総務省・経済産業省「経済センサス-活動調査」で付加価値や賃金に欠損がない約220万事業所のサンプルを用いた。結果は付2-(1)-7表のとおりであるが、産業や事業所規模をコントロールすれば、ＨＨＩは賃金に対して有意にマイナスに、労働組合加入率は有意にプラスに寄与することが分かった。このため、第2-

---

42　例えば、森川（2008）においては、労働組合があることで、労働生産性に対して10.4%、全要素生産性（Total Factor Productivity。以下「ＴＦＰ」という。）に対して8.5%、一人当たり賃金に対して12.3%、正の効果があると推計されている。また、松浦（2017）は、労働組合の存在は、中小企業における従業員の賃金上昇確率を13～15%程度高める効果があると指摘している。

43　付加価値額がマイナスの場合は、付加価値額をＶとすると、－ln（－Ｖ）を説明変数として用いている。

（1）-20図で示した労働市場の集中度や労働組合加入率と賃金との関係は、この推計からも裏付けられているものと考えられる。

◎要因3：雇用者の構成変化
●雇用者の構成が賃金に与えた影響は期間によって異なる

　雇用者の賃金の平均値には、様々な変化が影響しうる。全員の賃金が一律に同じように変化することは考えづらく、業況の良い産業等において特に賃金が増加すること、あるいはその逆も十分ありうる。また、雇用者の構成割合の変化も平均賃金に大きな影響を及ぼす。例えば、平均賃金が減少する要因については、相対的に労働時間が短いパートタイム労働者等が増加することや、企業が新規採用を増やせば、相対的に勤続年数が短い雇用者が増加することも考えられるだろう。このように、平均賃金の変動は、各労働者の賃金が変動することによる「賃金要因」と、各労働者の構成比が変化することによる「構成要因」の2つに大別することができる。ここでは、1つの手法として、1996年～2021年までの賃金変化について、雇用者を、就業形態・年齢・企業規模・勤続年数・産業で75に区分[44]し、これらの区分の構成割合を固定して、それぞれの区分内の賃金のみが変化した場合の平均賃金の変化率を「賃金変化要因」に、75の区分内の賃金を固定して、区分の構成比だけが変化した場合の平均賃金の変化率を「構成変化要因」に分解して分析した。第2-（1）-21図（1）は、実際の雇用者一人当たりの年収と構成割合を1996年に固定して機械的に試算した年収をみたものであり、これをみると、構成変化が賃金に影響を及ぼしていることが確認できる。同図（2）では、1996～2019年までの期間を、1996～2004年、2004～2012年、2012～2019年の3期間に分け、それぞれの期間における、賃金変化要因と構成変化要因を確認した[45]。賃金変化要因については、1996～2004年、2004～2012年のどちらの期間においてもマイナスになっており、また、同期間においては、構成変化要因も大きくマイナスになっている。一方で、2012年以降では、賃金変化要因はプラスに転換し、加えて構成変化要因のマイナス幅も縮小することで、年収が増加に転じたことが分かる。

44　就業形態が59歳以下の一般労働者について、企業規模（1,000人以上・300～999人、5～299人以下の3区分）、勤続年数（1年未満、1～10年未満、10～20年未満、20年以上の4区分）、産業（建設・製造、運輸、卸売・小売・飲食・宿泊、医療・福祉、金融・保険・不動産、その他の6産業）の72区分に分け、60歳以上の一般労働者、59歳以下のパートタイム労働者、60歳以上のパートタイム労働者の3区分を加えた75区分である。
45　要因分解については、感染症による影響を取り除き、長期的な動向を確認する観点から、全て1996～2019年の状況について確認している。

第2-(1)-21図　賃金変化要因と構成変化要因が年収に及ぼす影響①

○　雇用者の構成変化が賃金に与えた影響は、期間によって異なる。

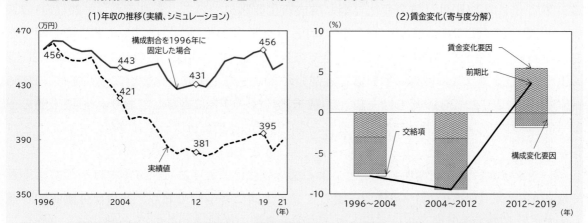

（1）年収の推移（実績、シミュレーション）

（2）賃金変化（寄与度分解）

資料出所　厚生労働省「賃金構造基本統計調査」の個票を厚生労働省政策統括官付政策統括室にて独自集計
（注）　1）年収については、調査月である6月の定期給与を12倍したものに、前年1年間に支給された賞与額を加えて計算。
　　　　2）常用労働者に限り、臨時労働者は除いている。なお、1996年からの比較を行うため、復元倍率は旧倍率を用いている。

●**パートタイム労働者の増加が一貫して賃金を下押し**

　賃金変化要因・構成変化要因のそれぞれについて、影響を及ぼしている要素を更に確認しよう。第2-(1)-22図は、賃金変化要因と構成変化要因について、それぞれ、一般（60歳未満）・一般（60歳以上）・パート（60歳未満）・パート（60歳以上）の4つの要素で分解したものである。賃金変化要因については、全ての要素が1996～2012年ではマイナスに、2012～2019年ではプラスに寄与していることが分かる。一方、構成変化要因については、1996～2004年と2012～2019年では一般（60歳未満）はプラスに寄与しており、60歳未満の一般労働者の中でも産業や勤続年数の構成等の変化はこの時期にはプラスに寄与していたことが分かる。

　パートタイム労働者が増加したことによる構成変化は、2012～2019年ではその幅は小さくなるものの、1996～2019年まで一貫してマイナスに寄与しており、多様な労働参加が進む中で、比較的労働時間が短いパートタイム労働者等の増加は、ここ25年間、一人当たり年収にマイナスに寄与し続けている。パートタイム労働者の増加については、1996～2012年までは60歳未満の増加が賃金に大きくマイナスの影響を与えていた一方で、2012～2019年では、60歳未満の増加よりも60歳以上の増加によるマイナス寄与の方が大きいことから、労働者の高齢化は、主にパートタイム労働者の増加を通じて、一人当たり賃金に対してマイナスの影響を及ぼしてきたことが確認できる。

第2-(1)-22図　　賃金変化要因と構成変化要因が年収に及ぼす影響②

○　パートタイム労働者の増加が一貫して賃金を下押し。

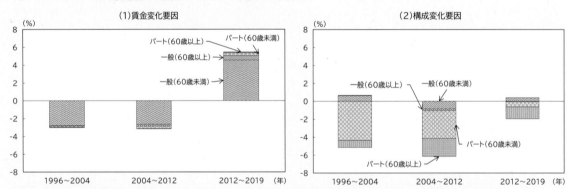

資料出所　厚生労働省「賃金構造基本統計調査」の個票を厚生労働省政策統括官付政策統括室にて独自集計
　（注）　本図中で使用している「一般」は、厚生労働省「賃金構造基本統計調査」における「一般労働者」を指す。また、「パートタイム労働者」「パート」は、「短時間労働者」を指す。

● **2012年以前と2012年以降では60歳未満の一般労働者の賃金変動の背景が大きく異なる**

　最後に、60歳未満の一般労働者について、第2-(1)-23図より、産業別・企業規模別・勤続年数別の雇用者における賃金や構成割合の変化が賃金に与えてきた影響を同じく3期間に分けて確認しよう。1996～2004年における特徴として、勤続10年以上の層における賃金変化・構成変化要因のマイナス寄与が挙げられる。この期間においては、中小企業において、勤続10年以上の中堅・ベテラン層の賃金水準が低下すると同時に、大企業の建設・製造業において、平均賃金が比較的高い勤続10年以上の中堅・ベテランの割合が大きく低下し、これらが賃金の押し下げに大きく寄与している。一方で、中小企業においては、第3次産業化が進む中で勤続10年未満の若手が大きく減少したが、若手は平均賃金が低いため、構成変化は賃金に対してプラスに寄与した。2004～2012年においても、大企業における中堅・ベテラン層の減少と、中小企業における中堅・ベテラン層の賃金減少は続くが、中小企業においても中堅・ベテラン層の割合が低下し、賃金に対してマイナスの影響を及ぼすようになった。

　こうしたトレンドは2012～2019年では転換している。2012年以降では、中堅・ベテラン層の減少は下げ止まった結果、構成変化要因の下押しは小さくなる一方で、賃金変化要因をみると、勤続10年未満・勤続10年以上の中小企業において大きくプラスとなっており、勤続年数を問わず、中小企業における賃上げが、全体の賃金水準を牽引するようになった。大企業においても、勤続10年未満の層で賃上げの動きがみられる中、勤続10年以上の建設・製造業でも賃上げがなされた結果、全体の賃金水準に対して大きくプラスに寄与している。

　このように、雇用形態、産業構成、勤続年数等の様々な雇用者の属性の違いごとに、その属性内での賃金変化や、その属性が全体に占める構成割合の変化が全体の平均賃金に影響を及ぼしており、平均賃金の変動をみるに当たっては、こうした属性ごとの変化を確認することも重要である。

第2-(1)-23図　賃金変化要因と構成変化要因が年収に及ぼす影響③

○　2012年以前と2012年以降では、中小企業を中心に賃金変化要因による賃金へのプラスの効果が高まるなど、60歳未満の一般労働者の賃金変動の背景が大きく変化。

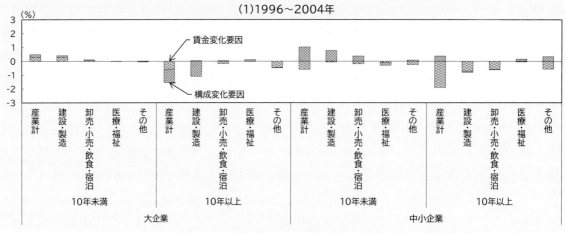

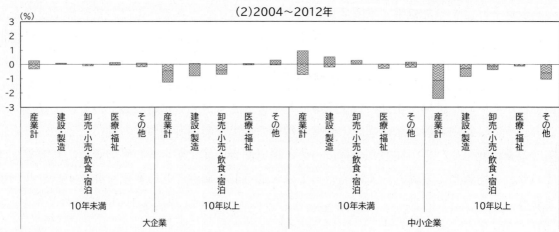

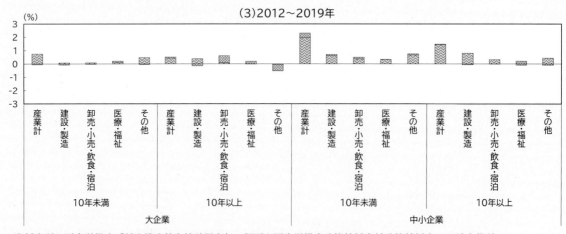

資料出所　厚生労働省「賃金構造基本統計調査」の個票を厚生労働省政策統括官付政策統括室にて独自集計

◎要因4：日本型雇用慣行の変容
●正社員の3～6割は生え抜き正社員に該当

　濱口（2014）において、特に大企業の正社員の賃金については、「終身雇用」の下で賃金に生活給という側面が付帯し、勤続年数を経るごとに賃金が増加するという「年功性」を有していることが指摘されている。日本型雇用慣行の下で働く者が依然として多く、こうした者の賃金プロファイルがフラット化しているとすれば[46]、マクロの賃金水準を押し下げる方向に寄与する可能性がある。このため、ここでは、日本型雇用の変容の状況について、長期勤続の状況と、賃金プロファイルの変化から確認しよう。

　第2-(1)-24図より、若年期に入職し、そのまま同一の企業で勤め続ける正規雇用の雇用者を「生え抜き正社員」[47]と定義した上で、正社員に占める割合をみると、長期的に低下傾向にあるものの、2021年時点においても、高卒等の正社員の約3割、大卒等の正社員の約6割を占めている。生え抜き正社員の割合については、年齢が上がるごとに低下しており、また、特に若手においてその割合が長期的には低下傾向で推移しているものの、2021年時点において、高卒等では30～39歳層と40～49歳層で約3割、大卒等では30～39歳層で約5割、40～49歳層において約4割となっている。2020～2021年時点の状況について、第2-(1)-25図より企業規模別・学歴別・年齢別にみると、企業規模が大きく、学歴の高い若年者ほど生え抜き正社員割合が高い傾向がうかがえる。生え抜き正社員割合は、特に1,000人以上企業の大卒等の50～59歳では60%を超えており、その割合は40～49歳層よりも高く、大企業の中高年層においては、日本型雇用の特徴とされるいわゆる終身雇用（長期勤続）の傾向が顕著にみられる[48]。生え抜き正社員については、経年的には少しずつその割合が低下しているものの、近年においても、特に大企業におけるベテラン層を中心に、高い割合で存在していると考えられる。

46　濱秋他（2011）は、新卒採用後同一企業に勤務し続けている労働者の賃金プロファイルの変化を分析し、補完的関係にある年功賃金と終身雇用が近年同時に衰退し始めていることを指摘している。一方で、日本銀行調査統計局（2010）等では、正社員の賃金プロファイルのフラット化を指摘しつつ、その残存を認めている。

47　具体的には、「大卒等（大学・大学院卒）では22～25歳、高卒等（高卒・短大卒）では18～21歳の期間で、正規雇用・無期契約として就職し、その企業に勤め続けている59歳までの者」と定義している。厚生労働省「賃金構造基本統計調査」で定義されている「標準労働者」よりも入口の年齢を広く定義しているが、これは、前田他（2010）において、卒業後2、3年のうちに常勤職をみつけることができれば、新卒で常勤職についた人と変わらない就業経路を歩めると指摘されていることを踏まえている。

48　ただし、1,000人以上企業や300～999人企業の大卒等の40～49歳においては、その下の世代の30～39歳だけではなく、上の世代である50～59歳よりも生え抜き正社員割合が低い。2020～2021年における大卒等の40～49歳は、おおむね1993～2004年頃に就職活動を行っていた就職氷河期世代に該当するものと考えられ、これらの世代においては、新卒時点における採用人数が少なかったことが、他の世代と比べても低い生え抜き正社員割合に影響している可能性がある。

第2-(1)-24図　「生え抜き正社員」が正社員に占める割合①

○　若年期に入職後、同一企業で勤め続ける正規雇用の「生え抜き社員」は高卒等の正社員の約3割、大卒等の正社員の約6割。

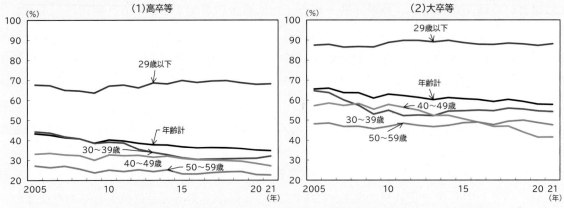

資料出所　厚生労働省「賃金構造基本統計調査」の個票を厚生労働省政策統括官付政策統括室にて独自集計

第2-(1)-25図　「生え抜き正社員」が正社員に占める割合②

○　2020〜2021年時点における企業規模別・学歴別・年齢別に「生え抜き正社員」の割合をみると、若年層、大卒等、大企業ほど高い。

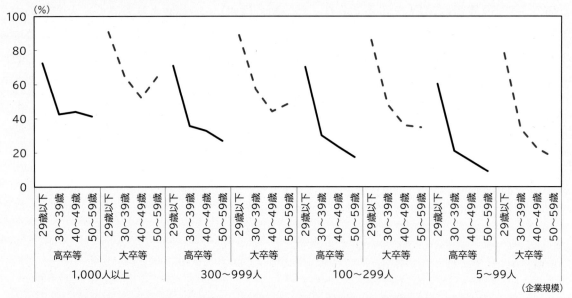

資料出所　厚生労働省「賃金構造基本統計調査」の個票を厚生労働省政策統括官付政策統括室にて独自集計
（注）　2020〜2021年の値。

●**生え抜き正社員の賃金プロファイルは全体的にフラット化**

　生え抜き正社員が正社員に占める割合が、依然として高いことを踏まえれば、その賃金変動はマクロの賃金に大きな影響を及ぼすものと考えられる。第2-(1)-26図により、学歴・企業規模別の生え抜き正社員の賃金プロファイルについて、2005～2006年、2010～2011年、2015～2016年、2020～2021年の4期間に分けてその変化を確認すると、特に、1,000人以上企業の大卒等の勤続10年以降、高卒等の15年以降においてフラット化が顕著にみられる。一方、比較的小さい規模の企業においては、大卒・高卒ともに1,000人以上企業ほどのフラット化はみられない。勤続年数を経るごとに賃金が上がっていく年功性は、その程度は違うものの、どの学歴・企業規模においてもみられるが、2005年以降の状況をみると、いわゆる終身雇用の労働者が多く存在する大企業を中心に弱まってきたことがうかがえる。

第2-(1)-26図　「生え抜き正社員」の賃金プロファイル

○　生え抜き正社員の賃金プロファイルを学歴・企業規模別にみると、どの層でもフラット化しているが、特に大企業の大卒等雇用者においてフラット化が顕著に確認される。

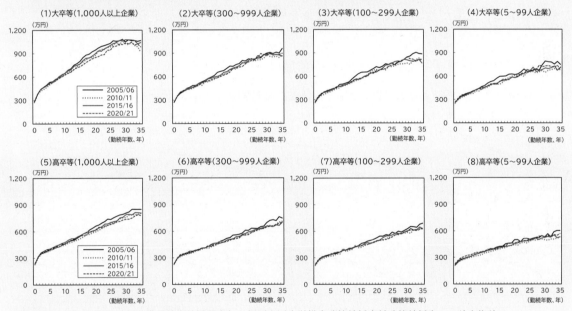

資料出所　厚生労働省「賃金構造基本統計調査」の個票を厚生労働省政策統括官付政策統括室にて独自集計

●コーホートでみると若い世代を中心に賃金は増加傾向

　第2-(1)-26図でみた生え抜き正社員の賃金プロファイルでは、同年における異なる世代間の賃金を比較しているが、今度は世代ごとに賃金の推移を確認してみよう。第2-(1)-27図は、2005年、2010年、2015年に入社した者（2005年、2010年、2015年に勤続年数が0年の者）に着目し、その後の賃金の推移を確認した図である。例えば、2005年に勤続0年の者は、2006年には勤続1年、2007年には勤続2年というように、入社年と勤続年数を同時に1年ずつずらしていくことで、2005年に入社した世代（コーホート）の状況を確認できる。こうしたコーホート分析により、各世代において、それぞれ実際に受け取った賃金水準とその推移の違いを明確にすることができる。

　コーホートでの賃金プロファイルの推移をみると、どの学歴・企業規模でみても、2010年入社の者の勤続11年までや、2015年入社の者の勤続6年までの賃金プロファイルが、2005年入社の者の賃金プロファイルをおおむね上回って推移しており、新しい世代において賃金が改善していることが確認できる。改善の程度は学歴や企業規模によって異なるが、特に高卒等においては、2015年入社の者の賃金が、他の世代に比べて大幅に改善しており、雇用環境が改善する中で、企業が若い世代を中心に賃金を引き上げていることがうかがえる。

第2-(1)-27図　「生え抜き正社員」の賃金コーホート

○　コーホートで比較すると若い世代を中心に賃金は増加傾向。

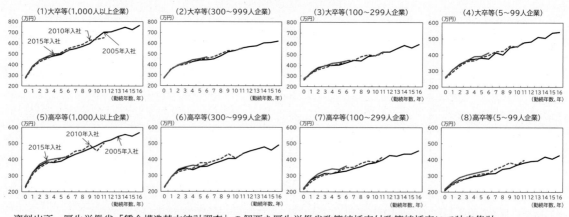

資料出所　厚生労働省「賃金構造基本統計調査」の個票を厚生労働省政策統括官付政策統括室にて独自集計

●生え抜き正社員の役付割合が低下

　日本型雇用を特徴付けるものとして、八代（2011）等[49]が指摘するように、同一年次の従業員の昇進格差を長期間にわたり緩やかに拡大するという年次管理によって管理職への選抜を行うことがある。ただし、各企業における採用人数は、特に大卒において、その時点での景気の変動によるところが大きいこと[50]、雇用者の平均年齢が上昇していること[51]を踏まえれば、ポストの数に限りがある管理職に就くことができる割合が低下している可能性がある。高次の役職になればなるほど高い報酬が支払われることを踏まえれば、こうした管理職への選抜（昇進）

49　この他、今田・平田（1995）は、大企業におけるホワイトカラーを対象に分析を行い、日本企業の昇進モデルは、同期が同時に昇進する「一律年功モデル」から、同期で昇進のスピードに差が見られる「昇進スピード競争モデル」になり、やがて昇進できる者とそうでない者とを選別する「トーナメント型競争モデル」から成る重層型キャリアだと規定している。
50　付2-(1)-8図（1）を参照。
51　付2-(1)-9図を参照。

の遅れは、賃金にも悪影響を及ぼすだろう。ここでは、終身雇用の下で働く生え抜き正社員に焦点を当て、生え抜き正社員の中で役職に就ける割合の変化と、賃金に対して及ぼした影響を確認しよう。

　まず、第2-(1)-28図より、生え抜き正社員について、学歴別に勤続年数別の役職割合を確認する。高卒等について、25年以下の勤続年数（年齢にすると45歳前後以下）における役付割合をみると、係長・職長や、課長補佐等[52]のポジションに就いた者の割合の上昇により、2005,2006年～2020,2021年にかけて上昇している。高卒等については、卒業直後に就職する人数が減少する中[53]、若手の存在はより貴重となり、能力や意欲のある者については、これまでよりも短い勤続年数で昇進させている可能性がある。一方で、大卒等については、勤続11～15年（年齢にすると35歳前後）について、2005,2006年～2020,2021年にかけての内訳の変化をみると、若手の課長補佐等への登用は増えている可能性はあるものの、役付割合に変化はほとんどみられない。ただし、勤続16年以上（年齢にすると40歳前後以上）の者についてみると、特に部長・課長級の管理職割合の低下により、役付割合が低下している。これは、雇用者の高齢化が進む中で、これまでであれば部長や課長に就くことができた勤続年数が経過したとしても、ポストが限られ、結果として昇進の遅れが生じている可能性や、これらのポストに転職等を通じた外部登用が増えた可能性が考えられる。

第2-(1)-28図　「生え抜き正社員」の役付割合

○　大卒等の生え抜き正社員における役職に就いている者の割合は低下している。

（1）勤続年数別役職がついている者の割合（高卒等）

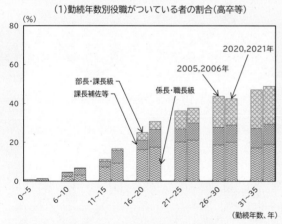

（2）勤続年数別役職がついている者の割合（大卒等）

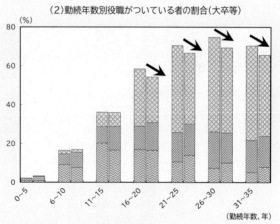

資料出所　厚生労働省「賃金構造基本統計調査」の個票を厚生労働省政策統括官付政策統括室にて独自集計

●役付割合の低下は大卒等の大企業で勤続16年目以降の労働者の賃金を押し下げ

　こうした変化は賃金にどの程度影響を与えただろうか。第2-(1)-29図では、勤続年数ごとに、学歴別・企業規模別の2005,2006年～2020,2021年までの年収の変化を、役職に就いている雇用者の年収の変化による寄与（賃金効果（役職あり））と、役職に就いていない雇用者の年収の変化による寄与（賃金効果（役職なし））と、役職に就いている者の割合が変化し

52　定義上は、管理・事務・技術部門における係長以上又は生産部門における職長以上の職務に従事する者で、部長級、課長級、係長級、職長級のいずれにも含まれない役職をいい、部（局）長代理、同補佐、部（局）次長、課長代理、同補佐、課次長等、調査役等のスタッフ、支社長、支店長、工場長、営業所長、出張所長、病院長、学校長等を含む。
53　付2-(1)-8図（2）を参照。

たことによる寄与（役付効果）の３つに分解している。これをみると、若手で役付割合が高まっていた高卒等では、役付効果がプラスに寄与しており、大企業に勤める勤続11～20年（年齢にするとおおむね30～40歳程度）の者の平均年収を１％ほど増加させる効果を持った。役付効果は300～999人規模企業や、100～299人規模企業では大企業に比べて小さいものの、勤続20年目（年齢にすると40歳前後）までの者の賃金を増加させる効果をもっていることが確認でき、高卒等では、企業規模にかかわらず若手登用が進んだ結果、これによる賃上げが生じていたことが分かる。ただし、高卒等においても、特に勤続16年目以降（年齢にすると35歳前後以降）は、役職の有無にかかわらず賃金が減少した結果、2005,2006年と比べて、2020,2021年では５～10％程度賃金水準が低くなっている。

　一方で、大卒等についてみると、大企業における勤続16年目以降（年齢にすると40歳前後以降）の者の役付割合が大きく低下した結果、役付効果が賃金を１％超引き下げている。大卒等の場合は、高卒等と異なり、役付効果の影響は300～999人、100～299人規模企業ではほとんどみられず、特に昇進の遅れによる賃金の停滞は、日本型雇用の特徴の強い大企業において生じていたことが分かる。

第2-(1)-29図　「生え抜き正社員」の役付割合の賃金への効果

○　2005,2006年～2020,2021年までの賃金プロファイルの変化について、役職の影響をみると、大企業の大卒等において、役付効果が低下したことによる賃金の低下が確認できる。

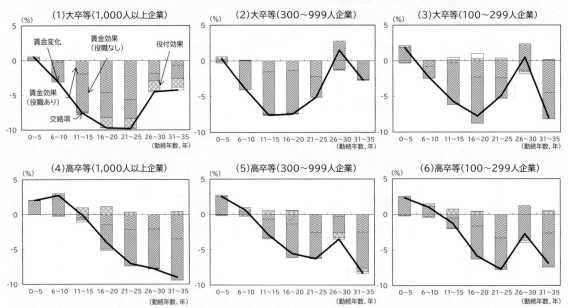

資料出所　厚生労働省「賃金構造基本統計調査」の個票を厚生労働省政策統括官付政策統括室にて独自集計
　（注）　役付効果とは、何かしらの役職に就く確率が低下したことによる効果をいう。なお、役職は企業規模100人以上の企業でのみ取得している。

◎要因５：労働者のニーズの多様化
●労働者の構成は25年で大きく変化

　最後に、労働者のニーズが多様化している可能性を指摘しておこう。

　第2-(1)-30図より、就業者の構成について1996～2022年の変化をみると、1996年時点では50％を超えていた60歳未満の男性割合は大きく低下し、その代わり60歳以上の男女が占める割合が上昇している。60歳未満に限ってみれば、1996年では女性は男性の労働者の７割弱であったが、2022年では、男性労働者の８割程度にまで上昇している。

第2-(1)-30図　就業者の構成割合の変化

○　1996～2022年にかけて労働者の構成割合は大きく変化。
○　60歳未満の男性が就業者に占める割合が大きく低下し、60歳未満の女性や60歳以上の男女の割合が上昇。

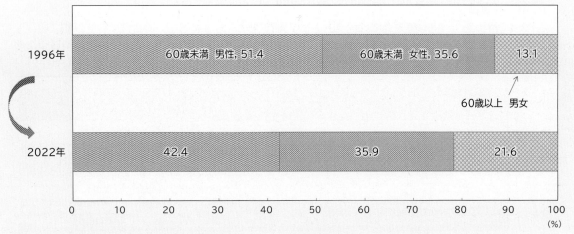

資料出所　総務省統計局「労働力調査（基本集計）」をもとに厚生労働省政策統括官付政策統括室にて作成
（注）　端数処理の関係で、内訳の合計が100％にならないことがある。

●高年齢層は現役世代よりも社会的活動や生きがいを求めて働く傾向

　賃金は、重要な労働条件の一つであるが、女性や高齢者等の労働参加が進み、労働者が多様化する中で、働くことに対する考え方や、求める賃金についても多様化している。

　まず、第2-(1)-31図は、内閣府の世論調査より、働く目的について男女別・年齢別にみたものである。男性・女性ともに60歳未満であれば、「お金を得るために働く」割合が7割を超えており、現役世代の多くにとって、賃金は最も重要な要素であると考えられる。一方で、60歳以上では、「お金を得るために働く」割合は5割弱であり、60歳未満の男女よりも低い一方で、「社会の一員として、務めを果たすために働く」が15％程度、「生きがいを見つけるために働く」割合が2割超であり、60歳未満の男女よりも高くなっている。

　次に、仕事探しに当たって希望する賃金の形態や額について、厚生労働省行政記録情報（職業紹介）を用いて、男女別・年齢別にみてみよう。第2-(1)-32図は、2022年1～3月の期間においてハローワークにおける有効求職者として登録されていた求職者（約360万人）について、その希望条件等をみたものである。同図（1）は、男女別・年齢別に希望する賃金形態の割合を示したものであるが、60歳未満の男性では8割以上が月給制の仕事を希望している一方で、60歳未満の女性では6割、60歳以上の男女では5割程度まで低下する。時給制を希望する者は、いわゆるアルバイトやパートタイム労働者での就業を希望しているものと考えられることから、女性や60歳以上の男女では働く時間の自由度へのニーズが特に高い可能性[54]が考えられる。

　同図（2）は、「月給制」の仕事を希望する有効求職者について、希望する月額賃金額の分布を示したものである。60歳未満の男性では、月額賃金が20～25万円未満の仕事を希望する者が最も多いが、それより高い賃金の仕事を求める割合も、60歳以上の男女や60歳未満の女性と比べて高い。一方で、60歳未満の女性や60歳以上の男女では、15～20万円未満の仕

54　総務省統計局「労働力調査（詳細集計）」において、2022年における女性の「非正規雇用を選択している理由」をみると、「家計の補助・学費等を得たいから」が22.1％、「家事・育児・介護等と両立しやすいから」が15.4％を占めている。

事を希望する割合が最も高く、希望する賃金水準が60歳未満の男性に比べて低い傾向にあることが分かる。

第2-(1)-31図　男女別・年齢別の働く目的

○　「働く目的」として60歳未満では男女ともに7割以上が「お金を得るために働く」を選択。
○　年齢を重ねるにつれて、「社会の一員として、務めを果たすために働く」「生きがいをみつけるために働く」を選択する割合が高くなる傾向がある。

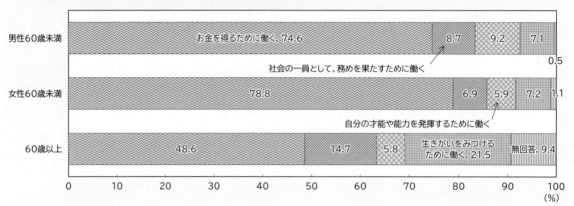

資料出所　内閣府「令和3年度　国民生活に関する世論調査」（令和3年9月調査）をもとに厚生労働省政策統括官付政策統括室にて作成
　（注）　「あなたが働く目的は何ですか。あなたの考え方に近いものをお答えください。（○は1つ）　1．お金を得るために働く　2．社会の一員として、務めを果たすために働く　3．自分の才能や能力を発揮するために働く　4．生きがいをみつけるために働く」に対する回答（無回答あり）を集計したもの。

第2-(1)-32図　男女別・年齢別の求職者の希望する賃金形態・賃金額

○　月給制を希望する者の割合は、女性より男性、60歳以上より60歳未満の者の方が高い。
○　月給制についてみると、希望する賃金額は、女性より男性の方が高い傾向がある。

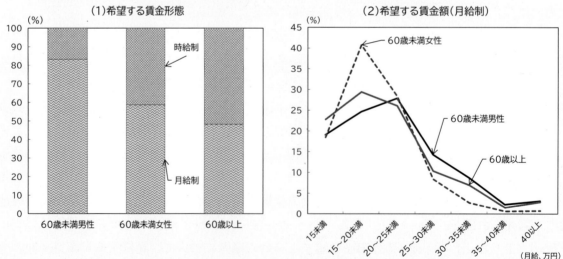

資料出所　厚生労働省行政記録情報（職業紹介）をもとに厚生労働省政策統括官付政策統括室にて作成

●女性や高年齢層が主に希望する事務的職業や運搬・清掃等の職業は、求人賃金が低い傾向

　それでは、女性や60歳以上の男女は賃金以外に仕事にどのような条件を求めているのだろうか。第2-(1)-33図より、ハローワークにおける求職者について、その希望する職業の割合をみると、60歳未満の女性については、約50％が全求人の約20％にすぎない事務職[55]を希望する職業に含めている。この割合は、60歳未満の男性や60歳以上の男女に比べても突出して高く、女性の事務職に対するニーズは極めて強いことがうかがえる[56]。一方で、60歳以上では、運搬・清掃等の仕事を希望する割合が比較的高い。第2-(1)-34図（1）より、2022年1〜3月に受け付けられた新規求人について、フルタイム求人の職業別求人賃金（下限）の月給分布をみると、事務的職業や運搬・清掃等の職業では、比較的求人賃金の下限が低く設定されている求人の割合が高く、下限の求人賃金が25万円以上の求人の割合は、職業計の半分の3％程度となっている。同図（2）から、職業別に、パートタイム求人の時給分布をみると、月給分布と同様、事務的職業や運搬・清掃等の職業は、職業計と比べて時給が低い求人の占める割合が高いことが分かる。求職者の希望職業と職業別の求人賃金の分布を踏まえれば、女性や高齢者では求人賃金が比較的低い事務や運搬・清掃等の職業に希望者が多いことは、求人倍率の低下を通じて、こうした職業における賃金を押し下げる方向に寄与している可能性がある。

　加えて、第2-(1)-35図より、求職者の休日の希望や転居の可否についてみると、全ての属性において、完全週休2日[57]は6割以上、転居なしは7割以上が希望する中、60歳未満の女性や60歳以上の男女において、完全週休2日や転居なしの希望割合が高い傾向がうかがえる。女性や高齢者等の多様な労働参加と、それに伴う働き方の多様化が進む中で、賃金が依然最も重要な労働条件でありつつも、休日、転勤の有無といった賃金以外の条件も併せて重視[58]されるようになっていることがうかがえる。希望する労働条件が多様化し、求職者が賃金よりもむしろ労働条件を重視するようになると、相対的に賃金の重要度が低下し、その結果として賃金に対して下押し圧力が生じている可能性が考えられる。

55　2022年の一般職業紹介状況における有効求人に占める事務職の割合。

56　なお、付2-(1)-10図では、男女別に、年齢階級をより詳細に40歳未満、40〜49歳、50〜59歳、60歳以上の4つに分けて希望職業割合を示している。

57　厚生労働省「令和4年就労条件総合調査」によると、「何らかの週休2日制」を採用している企業割合は83.5％、「完全週休2日制」を採用している企業割合は48.7％、「完全週休2日制より休日日数が実質的に多い制度」を採用している企業は8.6％となっている。

58　なお、第2-(2)-4図で示すとおり、厚生労働省行政記録情報（職業紹介）を用いた分析によると、時間外労働がある場合に、求人の被紹介確率が低くなっている。

第2-(1)-33図 ■ 男女別・年齢別の希望職業割合

○　男女別・年齢別に求職者の希望職業の割合をみると、60歳未満の女性では事務的職業の希望者が
　　5割程度と突出して高く、60歳未満の男性及び60歳以上では運搬・清掃等の職業が高く3〜4割
　　程度となっている。

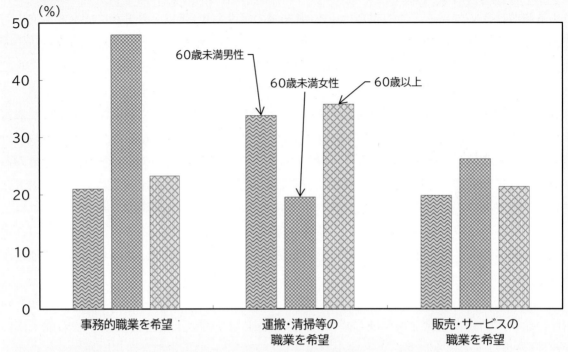

資料出所　厚生労働省行政記録情報（職業紹介）をもとに厚生労働省政策統括官付政策統括室にて作成
　（注）　全て2022年1〜3月の有効求職者に限り、このうち、希望職業を少なくとも一つ以上選択した求職者につい
　　　　て分析したもの。

第2-(1)-34図 ■ 職業別の求人賃金の分布

○　事務的職業や運搬・清掃等の職業では、求人賃金（下限）が他の職業よりも低い傾向。

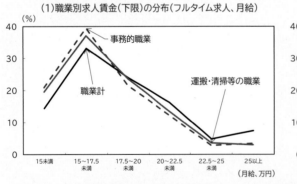
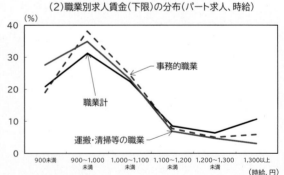

資料出所　厚生労働省行政記録情報（職業紹介）をもとに厚生労働省政策統括官付政策統括室にて作成
　（注）　1）全て2022年1〜3月に受け付けられた新規求人に限って分析したもの。
　　　　　2）フルタイム求人の賃金分布については、月給の求人賃金の分布を示したもの。パートタイム求人の賃金分
　　　　　　布については、時給の求人賃金の分布を示したもの。

第2−(1)−35図　**男女別・年齢別の求職者の希望条件（休日・転居の希望）**

○　60歳未満の女性や60歳以上において完全週休2日を希望する割合や、転居なしを希望する割合が高い。

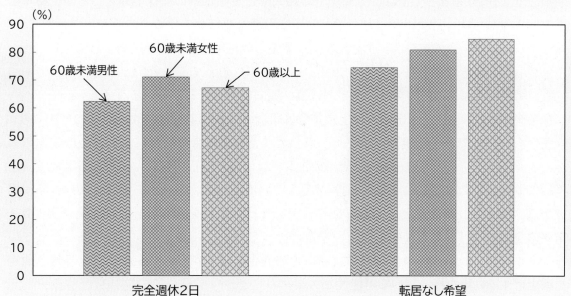

資料出所　厚生労働省行政記録情報（職業紹介）をもとに厚生労働省政策統括官付政策統括室にて作成
　（注）　全て2022年1～3月の有効求職者に限る。

コラム２－４　労働組合の有無と賃金改定率の関係について

　第２-（１）-20図（２）では、労働組合の加入率と賃金水準の関係をみているが、毎年の賃上げに対しては、労働組合の存在はどの程度影響を及ぼしているだろうか。コラム２-４図により、労働組合の有無別・企業規模別に賃金の改定率についてみてみよう。

　企業収益が大きく改善しはじめた2013〜2022年に限ってみると、どの企業規模であっても、労働組合がある方が賃金の改定率は高い傾向にあることが分かる。

　企業規模別にみると、5,000人以上企業では組合の有無による賃金改定率の大きさにあまり差がない一方で、企業規模が小さくなるほどに、労働組合の有無による賃金改定率の差が大きくなる。特に、100〜299人規模の企業では、組合がない場合は改定が０％以下（前年維持かマイナス改定）の割合が10％を超えている一方で、組合がある場合には５％程度である。加えて、賃金改定が１％〜２％未満となった割合をみると、企業規模が5,000人未満の企業では、おおむね組合がない場合と比べて、７〜10％ポイント程度高くなっていることが分かる。労働組合の存在は、特に比較的企業規模が小さい企業における賃金改定を底上げする効果を持っている可能性がある。

【コラム２-４図：労働組合の有無別の平均賃金改定率】

○　どの企業規模においても、労働組合がある方が賃金の改定率は高い傾向にある。

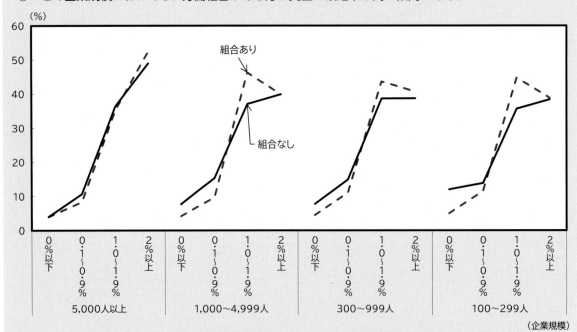

資料出所　厚生労働省「賃金引上げ等の実態に関する調査」をもとに厚生労働省政策統括官付政策統括室にて作成
　（注）　2013〜2022年の各賃上げ率の区分における割合の平均値をとったもの。

第3節 小括

　本章では、我が国における賃金動向を各国と比較をしながら長期的に確認するとともに、おおむね1990年代後半を境に始まった賃金停滞の背景を探ってきた。我が国において名目賃金が伸び悩んだ背景としては、①名目生産性は他国に比べて伸び悩み、②パートタイム労働者の増加等により労働時間が減少し、かつ、③労働分配率が低下傾向にあり付加価値の分配が滞ることで、賃金の伸びが抑制されてきたことが原因として考えられる。実質賃金についてみると、交易条件の悪化も賃金の押し下げ要因として指摘できる。我が国において賃金を持続的に上げていくためには、しっかりとイノベーションを生むことができる土壌を整え、名目でも実質でも生産性を持続的に上昇させていくことが重要である。

　加えて、我が国において生産性ほど賃金が伸びなかった背景には、経済活動により得られた付加価値の在り方が変わってきたことがあると考えられる。この点について、①企業の利益処分が変化してきたこと、②労使間の交渉力が変化してきたこと、③雇用者の様々な構成が変化してきたこと、④日本型雇用慣行が変容していること、⑤労働者が仕事に求めるニーズが多様化していることの5点について、ここ25年のそれぞれの変化や賃金に及ぼしてきた影響を分析したところ、これらの要素は全て名目賃金に対して押し下げる方向に寄与している可能性があることが確認された。

<table>
<tr><td rowspan="2">第</td><td>2</td><td rowspan="2">章</td><td rowspan="2">賃金引上げによる経済等への効果</td></tr>
<tr><td></td></tr>
</table>

第2章　賃金引上げによる経済等への効果

　第1章では我が国の賃金の長期的な動向を踏まえつつ、1990年代後半以降、賃金が停滞した背景について分析してきたが、本章では、賃金が増加することによる影響を確認していく。具体的には、賃金増加による好影響について、個々の企業や労働者への効果（ミクロの視点）と、経済全体への効果（マクロの視点）に分けてそれぞれ確認する。ミクロの視点では、賃上げによる新規採用や離職、労働者のモチベーション等への影響について、マクロの視点では、消費や結婚等により経済全体に及ぼす影響についてみていく。

第1節　賃上げによる企業や労働者への好影響

●企業の人手不足は企業規模にかかわらず深刻化し、ハローワークにおける求人充足率も低下

　賃金引上げによる企業における影響をみる前に、まず、企業を取り巻く状況を確認しておこう。

　第2-（2）-1図により、企業の欠員率（常用労働者数に対する未充足求人数[1]の割合）の推移をみると、企業規模にかかわらず2010年以降上昇傾向で推移していることが分かる。欠員率を2010年と2019年で比べると、5～29人規模の企業では約1％から5％程度まで、比較的人員を確保しやすい1,000人以上規模の企業でも、約1％から2％程度まで上昇しており、近年、企業における人手不足は深刻化する傾向にある。感染症による影響から、2020年、2021年には中小企業を中心に欠員率は低下したものの、5～29人企業では依然3％程度であり、全国での有効求人倍率が1倍を超えていた2015年並の高い水準である。

第2-（2）-1図	企業規模別の欠員率

　○　欠員率は企業規模が小さい企業ほど高いが、近年では企業規模にかかわらず上昇傾向。

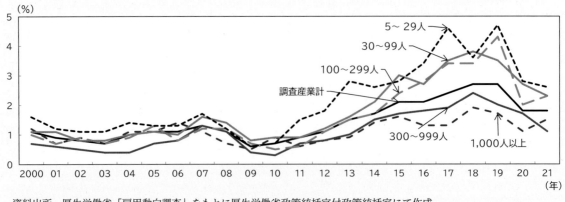

資料出所　厚生労働省「雇用動向調査」をもとに厚生労働省政策統括官付政策統括室にて作成

1　毎年6月末日現在、事業所において仕事があるにもかかわらず、その仕事に従事する者がいない状態を補充するために行っている求人の数をいう。

　人手不足を補うには新規に人材を雇用する必要があるが、第２-（２）-２図により、ハローワークにおける求人の充足率の推移をフルタイム・パートタイム別にみると、2010年以降低下傾向が続いていることが分かる。求人充足率は雇用情勢が悪いときには上昇し、良いときには低下する傾向がある。雇用情勢が厳しかった2000年代にはフルタイム・パートタイムともに最大で30％近くまで上昇したが、近年はフルタイムでは10％程度まで低下し、パートタイムでは15％程度で推移している。感染症の影響を受け一時的に上昇したものの、求人が充足しにくい状況が長く続いていることが確認できる。

第２-（２）-２図　**フルタイム・パートタイム別求人充足率の推移**

○　充足率は、2009年頃をピークに、低下傾向で推移している。

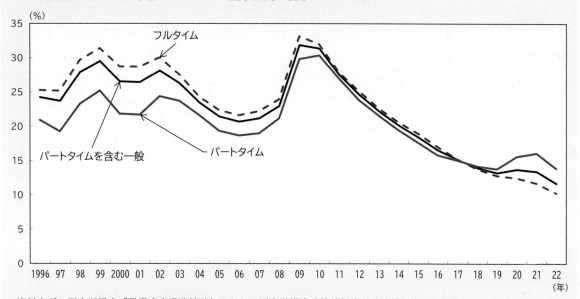

資料出所　厚生労働省「職業安定業務統計」をもとに厚生労働省政策統括官付政策統括室にて作成
　（注）　１）求人充足率は、就職件数を新規求人数で除したもの。
　　　　　２）本図中で使用している「フルタイム」は、厚生労働省「職業安定業務統計」における「一般」を指す。

●賃金、休暇等の条件が求職者の応募状況に影響を与える

　求人の充足に当たっては、まず求職者に興味を抱いてもらい、その求人が求職者に応募されることが極めて重要である。このため、ハローワークにおける求人への応募状況（求人側からみれば求人の被紹介状況）について、2022年1～3月に新規求人として受け付けられた求人の行政記録情報を用いて詳細にみることとする。ハローワークにおいて受け付けられた求人は、備え付けられた端末やハローワークインターネットサービス等を用いて本人が検索して見つけるか、本人の希望条件等を踏まえて職員から提案される[2]ことで、求職者に認識され、その後、本人の希望条件等を踏まえつつ、ハローワークより求職者が企業に「紹介」され、企業における書類選考や面接等の手続きに移る。今回の分析は、ハローワークにおいて記録された「紹介」の情報を活用することで行っている。第2-(2)-3図（1）（2）は、フルタイム・パートタイム別に、求人受付後、ハローワークやハローワークインターネットサービスにおいて有効求人として示される3か月以内に一人以上の「被紹介」があった求人の割合をみたものであるが、フルタイムでは受付月に20％程度、受付後3か月以内に35％程度の求人に応募があったことが分かる[3]。パートタイムではやや高く、受付後3か月以内におおむね40％に応募があった。なお、これらの数値には、ハローワークで紹介を受けずに行われた応募は含まれていないことには留意が必要である。同図（3）（4）は、同じくフルタイム・パートタイム別に、3か月以内に被紹介された求人の割合を職業別にみたものである。フルタイム・パートタイムともに事務的職業では70％程度である一方、サービスの職業や販売の職業などでは事務的職業の半分以下の割合となっており、求人が「被紹介」に至る割合については、職業による差が大きいことが分かる。

2　なお、ハローワークにおいては、専門のキャリアコンサルタントによる相談・助言を通じたジョブ・カードの作成支援も行っている。ジョブ・カードは、本人の関心事項、強み、将来取り組みたい仕事等や、これまでの職務経験・資格等をまとめたものであり、「生涯を通じたキャリア・プランニング」及び「職業能力証明」のツールとして、求職活動、職業能力開発などの各場面において活用できるものである。ハローワークでは、職業相談・紹介を行う際に、ジョブ・カードを活用したキャリアコンサルティングを行っている。

3　第2-(2)-3図では各求人における募集人員数を考えず、一人以上被紹介された場合を「被紹介」にカウントしている。

第2-（2）-3図　求人の被紹介状況

○　求人の被紹介割合はフルタイム・パートタイム、職業により大きく異なる。

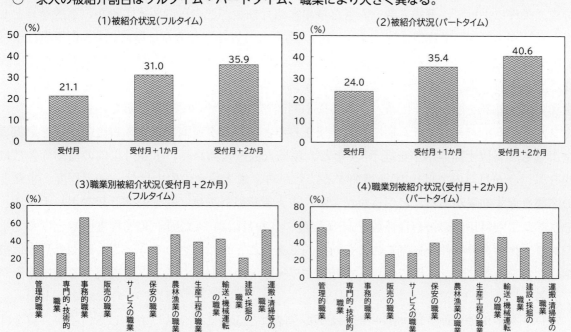

資料出所　厚生労働省行政記録情報（職業紹介）の個票を厚生労働省政策統括官付政策統括室にて独自集計
（注）　一人以上の求職者に紹介された求人の割合を示している。全て2022年1～3月に受け付けられた求人について、2022年5月までの被紹介の状況を示したもの。

　求職者は、賃金や休暇等、様々な条件を勘案しつつ、求人に応募しているものと考えられるが、実際にどのような条件が求職者を惹きつけるのだろうか。第2-（2）-4図では、それぞれの求人条件によって、募集人数一人当たりの被紹介件数がどの程度変化するか、下限を0としたトービットモデルで推計を行った[4]。なお、第2-（2）-3図でみたように、求人の職業によって被紹介状況が大きく異なることや、産業や都道府県によっても求人数や雇用情勢が大きく異なることから、推計に当たっては、職業、産業、都道府県をコントロールしている。加えて、企業の固定効果を取り除くため、企業規模や創業年数等についても勘案している[5]。

　フルタイム・パートタイム別に推計結果をみると、フルタイムでは求人賃金の下限を最低賃金よりも5％以上高い水準を提示[6]すると、募集人数一人当たり、1か月以内の被紹介件数は約5％、3か月以内では約10％増加することから、求人賃金の引上げは、一定程度、求職者の応募を促す効果があることがうかがえる。求人賃金以外では、完全週休2日やボーナスは、それぞれ1か月以内の被紹介件数を15％程度、3か月以内では20～30％程度引き上げる効果があり、休暇等の条件を見直すことも効果的であることが示唆される。一方、時間外労働は被紹介件数を有意に引き下げており、求職者がワーク・ライフ・バランスを重視する傾向もうかがえる[7]。

　パートタイムについては、ボーナスはフルタイムと同様にプラスに寄与しているが、賃金は被紹介件数の引上げに寄与していない。パートタイム労働者は「自分の都合の良い時間（日）に働きたい」といった働きやすさを優先する傾向があることから、そうした希望と賃金の高い求人が必ずしもマッチしていない可能性も考えられる。また、同一労働同一賃金の施行に伴い、雇用形態での不合理な待遇差を設けることが禁止されており、パートタイム労働者へのボーナスの支給の動きが広がっている[8]中で、パートタイムを希望する求職者においても、フルタイムを希望する求職者と同様に、賞与の有無を重視している可能性がある[9]。

　労働組合の存在は、フルタイム求人でも、パートタイム求人においても、求職者の応募にもプラスに寄与しており、労働組合がある会社への一定の信頼感が示唆される[10]。

4　（独）労働政策研究・研修機構（2012）では、アイトラッキングの実験を通じ、求職者が求人票等で最も注目しているのは「仕事の内容」とする結果を得ているが、本分析では、職業をコントロールした上で分析を行っている。

5　推計の詳細は付2-（2）-1表を参照。

6　フルタイムの場合は、求人賃金は月額で記録されるが、通常時給で示される最低賃金との比較を行うため、各都道府県の最低賃金に、2022年の厚生労働省「毎月勤労統計調査」におけるフルタイム労働者の総労働時間の平均値である150時間を乗じたものを最低賃金とみなしている。

7　厚生労働省「令和2年転職者実態調査」によれば、転職先を選択した理由として、「労働条件（賃金以外）がよいから」は、男性よりも女性で、中高年よりも若年で高くなっている。

8　第2-（3）-34図を参照。

9　（独）労働政策研究・研修機構（2021）によると、同一労働同一賃金の施行前の2019年において、勤務先に業務内容や責任の程度が同じ正社員がいると回答した労働者（n=1,967）に対し、業務の内容等が同じ正社員にのみ支給・適用されていたり、支給・適用基準が異なっていたりして納得できない制度や待遇があるかどうか尋ねたところ（複数回答）、「特に無い」を除いてみれば、最も回答割合が高かったのは「賞与」（37.0％）で、次いで「定期的な昇給」（26.6％）、「退職金」（23.3％）の順で高くなっている。

10　本推計では企業規模もコントロールしているが、例えば、同じ大企業であっても、労働組合がある会社においては地域における知名度が高い、データで把握できる部分以外の労働条件が充実している等、労働組合が存在すること以外の要素が影響を及ぼしている可能性があることには留意が必要。

第2-(2)-4図　求人条件による被紹介状況への影響

○　最低賃金より5％以上高い求人賃金（下限）を提示すると、フルタイム求人における3か月以内の被紹介件数が10％程度増加する。

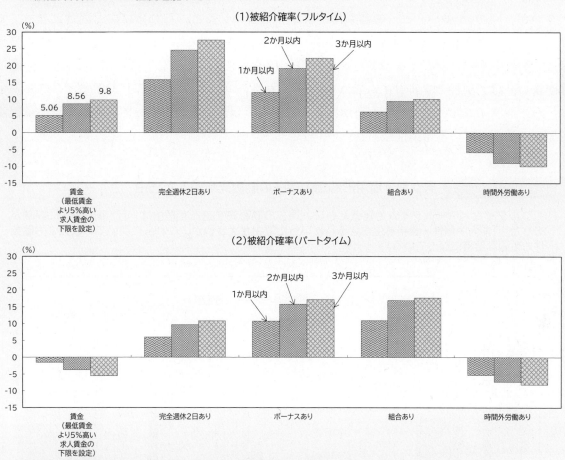

（1）被紹介確率（フルタイム）

（2）被紹介確率（パートタイム）

資料出所　厚生労働省行政記録情報（職業紹介）の個票を厚生労働省政策統括官付政策統括室にて独自集計
（注）　2022年1～3月の求人・企業情報を用いて推計している。

第2章

　こうした傾向は、実際に入職者が勤め先を選んだ理由からみても確認できる。第2-(2)-5図より、前職を持つフルタイム・パートタイム労働者別に、現在の勤め先を選んだ理由をみると、どちらも「仕事の内容に興味があった」「能力・個性・資格を生かせる」といった理由が大きいが、「収入が多い」と「労働条件がよい」を合わせると、これらに次ぐ割合となっており、収入や労働条件も重要な要素になっている。ただし、「収入が多い」を選択している労働者は、男女ともに、フルタイムでは7％程度、パートタイムでは2％程度であるが、「労働条件がよい」は、男性のフルタイムでは10％弱、女性のパートタイムでは20％強と、フルタイム・パートタイム間、男女間でも差があることから、属性の違いによって、入職の際に重視する要素が異なっている可能性がある。

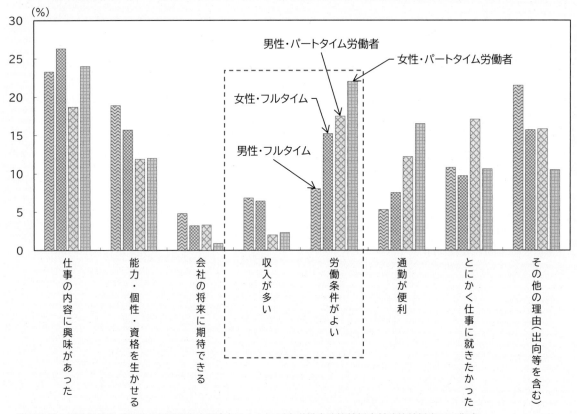

第2-(2)-5図　男女別・雇用形態別の現在の勤め先を選んだ理由

○　フルタイム・パートタイム労働者ともに、現在の勤め先を選んだ理由は、「仕事の内容に興味があった」「能力・個性・資格を生かせる」といった理由が大きいが、これらに次いで、収入や労働条件も重要な要素になっている。

資料出所　厚生労働省「令和3年雇用動向調査」をもとに厚生労働省政策統括官付政策統括室にて作成
　（注）　本図中で使用している「フルタイム」は、厚生労働省「雇用動向調査」における「一般労働者」を指す。

●**賃上げは離職確率を低下させる効果**

　賃上げは採用だけではなく、人材の定着に資する面もある。第2-(2)-6図により、第2-(2)-5図と同じく前職を持つフルタイム・パートタイム労働者について、その前職を辞めた理由をみると、「定年、契約期間の満了」や「会社都合」等の非自発的な理由や、個人的理由の中でも、「その他の個人的理由」といった傾向のつかみづらい理由も多いが、これらを除くと、「収入が少ない」や「労働条件が悪い」が高い割合で選ばれている。特に、フルタイムは男女ともに「収入が少ない」を転職理由に挙げる者が1割弱程度おり、収入は離職の大きな誘因の一つとなりうると考えられる。

第2-(2)-6図　　**男女別・雇用形態別の前の勤め先を辞めた理由**

○　男女別・雇用形態別に前の勤め先を辞めた理由をみると、「個人的理由」の中では、「その他の個人的理由」を除き、「収入が少ない」「労働条件が悪い」は、「職場の人間関係」と並んで高い割合。

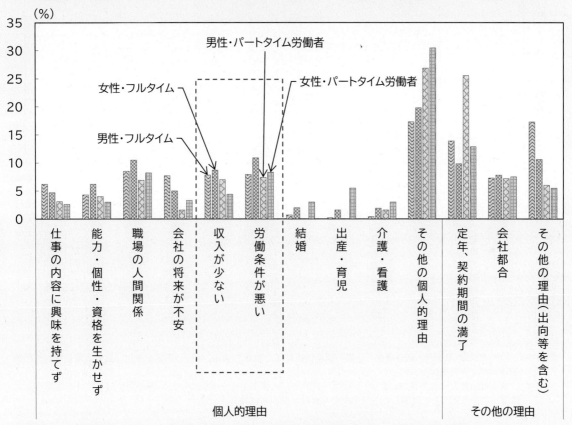

資料出所　厚生労働省「令和3年雇用動向調査」をもとに厚生労働省政策統括官付政策統括室にて作成
　（注）　本図中で使用している「フルタイム」は、厚生労働省「雇用動向調査」における「一般労働者」を指す。

　（独）労働政策研究・研修機構が実施した企業への調査からも、賃上げの効果として離職の減少が挙げられている。第2-（2）-7図より、ベースアップを実施した企業（有効回答2,450社のうち888社）に対して、賃上げを実施したことによる効果を確認したところ、約4割が「既存の社員のやる気が高まった」と回答しているほか、約2割が「社員の離職率が低下した」と回答している。賃上げは雇用者のモチベーションを高め、人材の定着を促す効果があることを企業も実感していることがうかがえる。

第2-（2）-7図　賃上げで企業が実感する効果

○　企業が実感する効果としては、「既存の社員のやる気が高まった」に続き、「社員の離職率が低下した」と回答した企業の割合が高い。

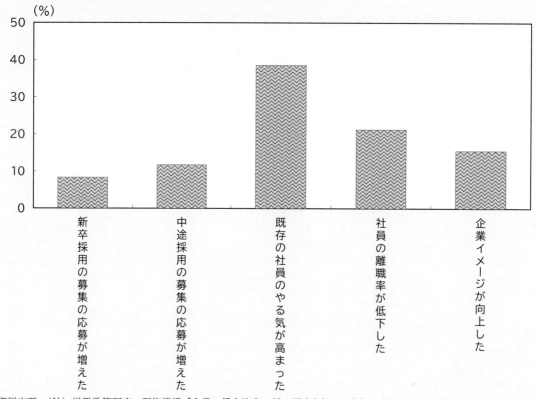

資料出所　（独）労働政策研究・研修機構「企業の賃金決定に係る調査」（2022年）の個票を厚生労働省政策統括官付政策統括室にて独自集計
　（注）　賃上げ実施による効果は、2022年にベースアップを実施した企業について、各設問に対して「そう思う」又は「ややそう思う」と回答した企業の割合を集計。無回答は除く。

●**賃上げは働き続ける労働者のモチベーションや、自己啓発にプラスの効果を持つ可能性**

　賃上げは、企業だけではなく労働者にも好ましい影響をもつ可能性がある。第2-(2)-8図は、連続する2年間で正規雇用の職にあった者について、年収が横ばい又は減少した者、年収が0～25万円増加した者、年収が25万円以上増加した者の3つに分け、それぞれの仕事への満足度や幸福度等の変化を確認した図である。同図（1）をみると、1年前より年収が増加した者では仕事への満足度が高まる者の割合が高くなっており、年収の増加は、仕事への満足度を高める効果がある可能性がある。同図（2）から、「生き生きと働いている」と回答した者の割合をみても、年収が上がった層ほど、生き生きと働けるようになった者の割合が高まっている。仕事への満足度や主体性は仕事内容や人間関係等によっても変わることにも留意は必要であるが、仕事への満足度と同様、年収が増加すると、働き方の主体性にもプラスの効果をもたらしうるものと考えられる[11]。加えて、同図（3）において、「自己啓発活動」を新たに行うようになった者の割合をみると、年収が横ばい又は減少した場合と、年収が0～25万円増加の場合は19～20％程度であるが、年収が25万円以上増えた者については約23％であり、因果関係までは明らかでないが、一定以上の年収の増加は自己啓発にもプラスの効果を持つ可能性が示唆される。これらを踏まえると、年収の増加は、労働者の仕事へのモチベーションを高め、労働者のワーク・エンゲイジメントの向上や自己啓発の促進につながり、結果として企業や個人の生産性を高める可能性がある[12]。最後に、同図（4）より、個人の幸福度の変化をみると、年収が増加するほど、幸福度が向上した者の割合が高まっており、年収の増加は、個人の主観的な幸福度をも高める可能性がある。

11　効率賃金仮説では、雇用者の努力水準を企業が完全に観察できない場合、労働市場の賃金よりも高い賃金で雇用することにより、労働者は、解雇されることによって高い賃金を失うことなどを避けるために努力水準を引き上げるとされており、それが生産性の向上にもつながりうるとされている。詳細は、大槻（1997）、服部（2000）、佐々木（2011）を参照。

12　厚生労働省（2019）では、ワーク・エンゲイジメントの向上が、個人の生産性を高めるだけではなく、企業の生産性を高める効果がある可能性を指摘している。特に、企業については、1単位当たりのワーク・エンゲイジメント・スコアの上昇が、生産性を1～2％程度上昇させる可能性があるとされている。

第2-(2)-8図　**正規雇用労働者の年収変化と仕事、生活の関係について**

○　年収が増加するほど、仕事の満足度が高まった者、生き生きと働けるようになった者、自己啓発
活動をするようになった者、幸福度が高まった者の割合が高まる傾向。

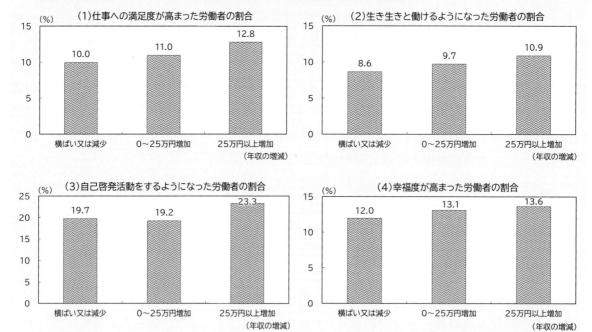

資料出所　リクルートワークス研究所「全国就業実態パネル調査」の個票を厚生労働省政策統括官付政策統括室にて独自
集計
（注）　1）2016～2022年までのデータのうち、2年連続で正規雇用労働者であった者の回答を使用している。なお、
数年連続で正規雇用労働者として回答している者については、最新年の回答とその前年の回答を使用してい
る。
2）2年連続で回答した者について集計しているが、ここでは、1年目のウェイト（例えば2017年・2018年
に回答した者については、2017年のウェイト）を用いてウェイトバックした数値を用いている。
3）「満足度が高まった労働者」は、「仕事そのものに満足していた」という項目に対し、1年目に「あてはま
らない」、「どちらかというとあてはまらない」又は「どちらともいえない」と回答し、2年目に「どちらか
というとあてはまる」又は「あてはまる」と回答した者である。
4）「生き生きと働けるようになった労働者」は、「生き生きと働くことができていた」という項目に対し、1
年目に「あてはまらない」、「どちらかというとあてはまらない」又は「どちらともいえない」と回答し、2
年目に「どちらかというとあてはまる」又は「あてはまる」と回答した者である。
5）「自己啓発活動をするようになった労働者」は、「自己啓発活動の有無」に対し、1年目に「行っていない」
と回答し、2年目に「行った」と回答した者である。自己啓発は、「自分の意志で、仕事に関わる知識や技
術向上のための取り組み」であり、例えば、本を読む、詳しい人に話を聞く、自分で勉強する、講座を受講
する等を指す。
6）「幸福度が高まった労働者」は、「どの程度幸せでしたか（とても幸せは5点、とても不幸は1点）」に対し、
1年目に「1点」、「2点」又は「3点」と回答し、2年目に「4点」又は「5点」と回答した者である。

コラム2−5　正社員求人条件の変化について

　第2−（2）−4図では、求人賃金等の労働条件が求人の被紹介件数に及ぼす影響について分析したが、人口が減少し、長期的に人手不足が強まっていくことが見込まれる中で、求人条件がより応募されやすく求職者が働きやすいように変化している可能性もある。本コラムでは、正社員求人について求人条件の変化をみてみよう。

　既に第1−（2）−16図でみたとおり、正社員の求人倍率は、2022年時点で、2019年の感染拡大前の水準には戻っておらず、求職者にとって、正規雇用への就業がここ数年において必ずしも容易になっているわけではない。

　しかし、長期的に求人倍率が上昇傾向にある中で、多様な人材を雇用したいという企業側のニーズは拡大し、これが求人条件に変化を及ぼしている可能性はある。コラム2−5図は、2019年と2022年にハローワークにおいて受け付けられた正社員の新規求人（2019年と2022年で合わせて約1,000万人分）について、その求人条件の変化を比較したものである。同図（1）より、完全週休2日の求人割合をみると、2019〜2022年に2％ポイントほど上昇しており、ここ3年においては、求人倍率が若干低下する中にあっても、求職者にとって人気が高い[13]求人の割合は上昇していることが分かる。同図（2）より、求人票に記載された平均時間外労働時間をみても、全求人で0.7時間（6％）程度減少しており、企業は正社員の時間外労働の縮減にも努めていることがうかがえる。

　このように、ここ3年でみても、正規雇用労働者を募集する企業においては、完全週休2日へのシフトや、時間外労働の縮減に取り組んでいることが確認される。こうした中で、例えば非正規雇用労働者の方々にとっては、時間等の制約から難しかった正規雇用への転換が行いやすい環境が、徐々に整ってきている可能性がうかがえる。

【コラム2−5図　正社員求人条件の変化】

○　2019〜2022年にかけて、完全週休2日の正社員求人割合が上昇し、正社員求人の平均時間外労働時間は減少。

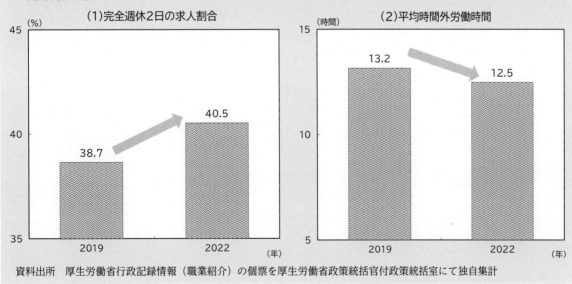

資料出所　厚生労働省行政記録情報（職業紹介）の個票を厚生労働省政策統括官付政策統括室にて独自集計

13　第2−（2）−4図でみたように、完全週休2日の求人には、求職者の応募が増加する傾向にある。

第2節　賃上げによる経済等への好影響

●賃金はマクロの消費にプラスの影響

　これまでみたとおり、賃金が上がることは、個々の企業や労働者に対して好ましい影響をもたらし、こうした好影響は、マクロとしてみれば、消費、生産、雇用等の増加にも波及するものと考えられる。本節では、厚生労働省（2015）の分析を踏まえつつ、賃金がマクロの消費や雇用増等に与える影響を定量的にみていこう。

　まず、賃金の消費へ与える影響を確認するため、賃金を説明変数とした消費関数の推計を行った。厚生労働省（2015）や、戸田・並木（2018）においても同様の推計は行われているが、ここでは固定効果を取り除くため、都道府県ごとのパネルデータを整備し、経済活動の活発度の指標として人口密度を含めて推計を行う。第2-（2）-9図は、フルタイム労働者の定期給与・特別給与、パートタイム労働者の定期給与・特別給与、フルタイム労働者数、パートタイム労働者数がそれぞれ1％増加したときに消費に与える影響を示している。これによると、フルタイム労働者の定期給与・特別給与が1％増加すると、それぞれ約0.2％、約0.1％分消費を増加させる効果をもつことが分かる。特に、定期給与引上げの効果は、フルタイムの特別給与額が1％増加することによる効果や、フルタイム労働者数が1％増加することによる効果よりも大きく、消費を増やすためには、企業の業績に左右されやすい賞与だけではなく、定期給与を着実に引き上げていく必要があることを示唆している[14]。

14　なお、パートタイム労働者については、労働者数の増加はマクロの消費を増やす一方で、賃金の増加はマクロの消費に大きく影響していない。

第2-(2)-9図　賃金等がマクロの消費に与える影響

○　フルタイム労働者の定期給与が消費額に強く影響。

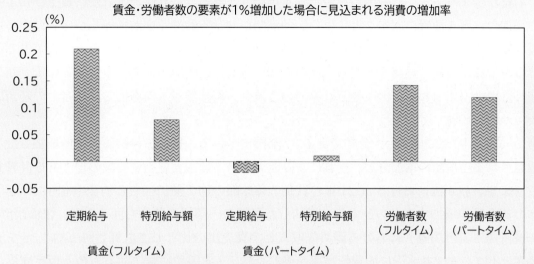

賃金・労働者数の要素が1%増加した場合に見込まれる消費の増加率

資料出所　厚生労働省「賃金構造基本統計調査」、内閣府「県民経済計算（平成12年基準（1993SNA）、平成17年基準（1993SNA）、平成23年基準（2008SNA）、平成27年基準（2008SNA））」、総務省統計局「人口推計」「国勢調査」「労働力調査」をもとに厚生労働省政策統括官付政策統括室にて作成

（注）　1）都道府県ごとの民間最終消費支出、フルタイム・パートタイム労働者の定期給与額、特別給与額、労働者数、人口密度について、1997～2019年までのデータを用いてパネル化している。なお、人口密度は、各都道府県別の人口を5年ごとに計測されている各都道府県の面積で除したもの。

　　　　2）民間最終消費支出については、基準が異なる4種類の県民経済計算について、それぞれの基準において計算された前年比を結合させることで、1997～2019年までの前年比を作成し、この前年比と2019年時点での水準を用いて計算している。なお、前年比については、1997～2001年までは平成12年基準（1993SNA）、2002～2006年までは平成17年基準（1993SNA）、2007～2011年までは平成23年基準（2008SNA）、2012～2019年までは平成27年基準（2008SNA）を用いて計算したもの。なお、県民経済計算は全て年度の値であるが、それ以外は全て暦年のデータを用いている。

　　　　3）推計は、構築したパネルデータを用いて固定効果分析により行っており、結果は以下のとおり。
　　　　なお、グラフで示している各要素が1%増加した時の消費の増加率（弾力性）は、以下により推計された係数を用いて計算している。

民間最終消費支出＝0.210×フルタイム労働者の定期給与額＋0.078×フルタイム労働者の特別給与額－0.020×パートタイム労働者の定期給与額
t値　　（4.57）　　　　　　　　　　　　　　（6.05）　　　　　　　　　　　　　　（-1.17）
　　　＋0.011×パートタイム労働者の特別給与額＋0.143×フルタイム労働者数＋0.121×パートタイム労働者数＋0.464×人口密度
　　　　　　（2.63）　　　　　　　　　　　　（4.37）　　　　　　　　（15.38）　　　　　　（10.18）

　　　　4）本図中で使用している「フルタイム」「フルタイム労働者」は、厚生労働省「賃金構造基本統計調査」における「一般労働者」を指す。

●賃金・俸給額 1 ％の増加は生産を 0.22％、雇用を 0.23％、雇用者報酬を 0.18％増加させる

　賃金引上げによる家計所得の増加は、消費を通じて経済成長につながり、さらに雇用や生産、消費が生まれるという好循環をもたらす可能性がある。これは、家計が、賃上げによる所得の増加の一部を消費に回すことにより、各部門における最終需要が増加し、それによる生産や雇用量の増加が起こり、雇用者所得が増加するというような波及効果によるものである。賃上げの影響を定量的に確認するため、ここでは、産業連関表を用いて、全労働者の賃金が 1 ％増加した場合（すなわち、国民経済計算でいう賃金・俸給額が 1 ％増加した場合）の経済波及効果について確認してみよう[15]。

　第 2 -（2）- 10図では統合大分類である37部門について、賃金・俸給額が 1 ％増加したときに誘発される生産額の増加分と、それにより誘発される雇用と雇用者報酬の増加分を計算している。まず、我が国における2021年の賃金・俸給額の約 1 ％に当たる約2.4兆円だけ雇用者全体の賃金額が増加するものとする。増加した所得の一部は貯蓄にも回るため、2021年の総務省統計局「家計調査」における勤め先収入と消費支出の比として計算される約0.55を消費転換率として、約2.4兆円に消費転換率を乗じた約1.3兆円が消費に回るものと仮定する。消費の増加により部門ごとに生産量が増加し、その生産の増加に見合うよう雇用量が増加し、雇用者報酬額が増加する。なお、理論的には波及効果は小さくなりながら続いていくが、ここでは 2 回のみ波及が生ずるものとして計算している。

　同図（1）により、賃金・俸給額が 1 ％増加したときに見込まれる各部門における生産の増加額をみてみよう。消費に占める割合が比較的高い商業や不動産等を中心に、追加的に約2.2兆円の生産が行われるものと考えられる。生産額全体は約1,020兆円であることを踏まえると、全労働者の賃金 1 ％の増加は、全体の生産額を約0.22％引き上げる効果があると考えられる。

　同図（2）は、雇用の増加量を部門別に示したものである。賃金・俸給額が 1 ％増加することによってもたらされた約2.2兆円分の追加的な生産をまかなうため、労働集約的な（1 単位の生産に当たってより多くの労働力を必要とする）産業である商業や対個人サービスを中心に、従業者総数約6,900万人の約0.23％に相当する約16万人分の雇用が増加すると推計される。

　最後に、同図（3）により、雇用者報酬の増加額を推計した。雇用者報酬額の増加分は、増加生産額に生産・雇用者報酬比率（生産額に占める雇用者報酬の割合）を乗じたものであるが、生産額が大きい商業や生産・雇用者報酬比率が高い医療・福祉等を中心に、全体として雇用者報酬約289兆円の約0.18％に相当する約5,000億円と見込まれる。

　産業連関表を用いた分析では、物価や労働分配等の変化が勘案されていないことに留意が必要であるが、賃上げはマクロでの消費を増加させ、さらなる賃金の増加につながりうるものと考えられる。

15　詳細は付注 1 を参照。

第２-（２）-10図　賃金・俸給額が増加した場合の生産・雇用誘発効果

○　全ての労働者の賃金が１％増加した場合、生産額を約2.2兆円、雇用を約16万人、雇用者報酬を約5,000億円増加させるものと推計される。

賃金・俸給額が1％増加した場合に見込まれる生産額・雇用者数・雇用者報酬の増加分

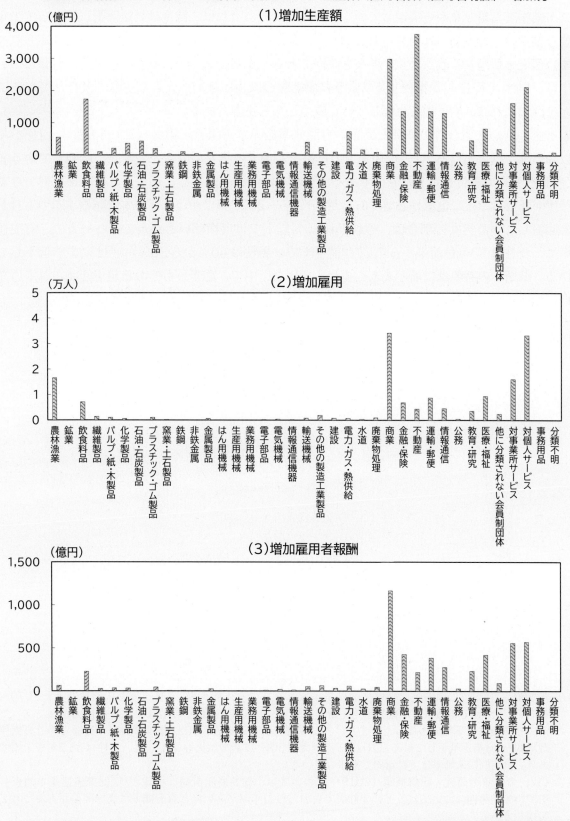

資料出所　総務省「産業連関表」「家計調査」、内閣府「国民経済計算」をもとに厚生労働省政策統括官付政策統括室にて作成

●収入は結婚にも大きな影響を及ぼしている可能性

　ここまで賃金増加による消費や生産等の経済全体への影響をみてきたが、最後に、賃金が結婚選択に対してどのような影響を与えるかについてもみてみよう[16]。

　結婚は、個人の自由意思に基づくものであるが、後ほどみていくように、現状では、多くの人が結婚を希望しながら実現していない。先行研究によれば、賃金は結婚選択に当たっての重要な要素の一つであると考えられており[17]、結婚と賃金の関係は、個々人の希望が叶えられやすい環境を整備する観点から、重要な論点である。また、我が国における少子化の背景については、岩澤（2015）が指摘する[18]ように婚姻数の減少が極めて大きな影響を及ぼしていることを踏まえれば、少子化を克服していく観点からも重要である。

　まず、結婚を望む者の割合と実際の有配偶率をみてみよう。第2-（2）-11図は、1995年以降の我が国における20～39歳までの結婚を希望する男女の割合と、実際に結婚している者（有配偶者）の割合を示したものである。それぞれ調査が異なることから、数値を取得できる年度が異なることに留意が必要であるが、1995～2021年にかけて「いずれ結婚するつもり」と回答している男女の割合は、それぞれ80％以上でほぼ横ばいとなっている一方で、有配偶率は、女性は50％台前半から40％台前半まで、男性は40％から30％台半ばにまで低下している。結婚への希望は以前と大きく変わっていない中で、必ずしもその希望を叶えられていない可能性が示唆される。

16　内閣府（2022）によると、婚姻件数は第1次ベビーブーム世代が25歳前後の年齢を迎えた1970～1974年にかけて年間100万組を超え、婚姻率（人口1,000人当たりの婚姻件数）も10.0前後であったが、その後は低下傾向となった。また、人口動態統計をみると、2021年は感染症の影響もあり婚姻件数は約50万組と低下している。2020年は例えば30～34歳では男性は47.4％、女性は35.2％が未婚であり、長期的に未婚率は上昇傾向で推移している。

17　（独）労働政策研究・研修機構（2019）においては、総務省統計局「平成29年就業構造基本調査」を用いて、男性については、どの年齢層でもおおむね年収が高いほど有配偶率は高い関係があることを指摘している。

18　岩澤（2015）によると、合計特殊出生率が2.01（1950年代後半～1970年代前半にかけての合計特殊出生率に相当）から2012年の1.38までの変化量は、約90％が初婚行動の変化、約10％が夫婦の出生行動の変化で説明できる。

第2-（2）-11図　男女別の結婚希望率と有配偶率

○　20〜39歳の者について、結婚希望者の割合と実際に結婚している者の割合をみると、結婚希望者ほどには結婚をしていない。

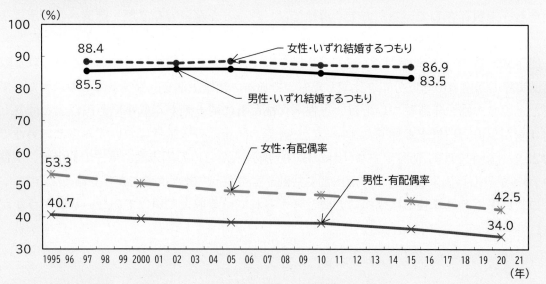

資料出所　国立社会保障・人口問題研究所「出生動向基本調査」、総務省統計局「国勢調査」をもとに厚生労働省政策統括官付政策統括室にて作成
（注）　1）結婚意思は、「出生動向基本調査」より、20〜39歳の独身者を集計。
　　　　2）有配偶率は、「国勢調査」より、20〜39歳の者を集計。2015年及び2020年調査は不詳補完値。

第2章

　第2-(2)-12図より、男女別に結婚相手に求める条件をみると、「価値観が近いこと」や「一緒にいて楽しいこと」「一緒にいて気をつかわないこと」が男女ともに上位となっている。男女別にみると、女性では「経済力があること」を半数以上が求め、職種・学歴などを求める割合も一定数存在している一方で、男性では、こうした経済力や学歴・職業への希望は小さい[19]。

　加えて、第2-(2)-13図は、20〜39歳の男女について、結婚生活で必要と思われる収入と、実際の未婚者の年収分布を比較したものである。結婚生活をスタートさせるに当たって必要だと思う夫婦の年収については、男性・女性ともに約6割が年収400万円以上と回答し、約4割が500万円以上と回答している。一方で、同年齢の未婚者についてみると、男性では約25%、女性では約36%が主な仕事からの年間収入が200万円未満、男性の約半数、女性の約70%が300万円未満である。雇用者の共働き世帯が、片働き世帯よりも多数となる中[20]、多くの若い未婚者は単独では結婚に必要と考えられている収入に届いていない状況がうかがえる。

19　なお、付2-(2)-2図より、国立社会保障・人口問題研究所「出生動向基本調査」により、男女それぞれについて、結婚相手の条件として重視・考慮する条件の変化を長期にみると、男性では相手の「経済力」を重視・考慮する人の割合が、第10回（1992年）調査の26.7%から第16回（2021年）調査の48.2%に増加している。また、女性では相手の「家事・育児の能力や姿勢」を重視する人の割合が第11回（1997年）調査の43.6%から第16回（2021年）調査の70.2%まで増加している。

20　内閣府（2023）において取り上げられているように、長期的に、「雇用者の共働き世帯」は増加傾向にある一方、「男性雇用者と無業の妻から成る世帯」は減少傾向で推移しており、2022年では、妻が64歳以下の世帯についてみると、「雇用者の共働き世帯」は1,191万世帯と、「男性雇用者と無業の妻から成る世帯」である430万世帯の3倍近くとなっている。

第2-（2）-12図　男女別の結婚相手に求める条件

○ 「価値観が近いこと」や「一緒にいて楽しいこと」「一緒にいて気をつかわないこと」が最も多い一方で、特に女性では「経済力があること」を半数以上が求め、職種・学歴などを求める割合も一定数存在。男性ではこうした経済力や学歴・職業への希望は小さい。

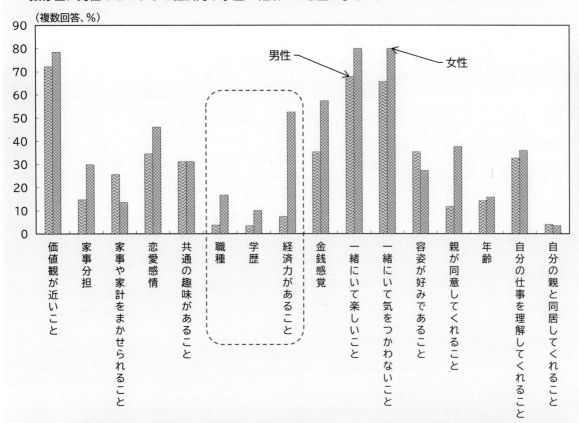

資料出所　内閣府「平成26年度結婚・家族形成に関する意識調査」をもとに厚生労働省政策統括官付政策統括室にて作成
（注）　1）本調査は、20～39歳の男女7,000人を対象とした調査である。なお、本設問の回答者数は男性で428人、女性で516人である。
　　　　2）内閣府の意識調査におけるQ29「結婚相手に望むことは何ですか（何でしたか）。」に対する回答（複数回答）を使用している。なお、その他及び無回答の割合は除いている。

第2-(2)-13図　**男女別の結婚生活に必要だと思う夫婦の年収と未婚者の収入分布**

○　未婚者の収入と結婚生活に必要だと思われる年収には乖離が存在。

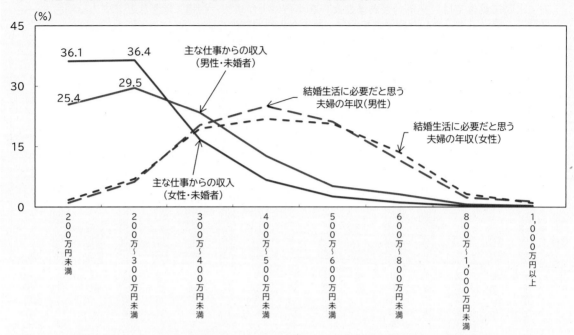

資料出所　内閣府「平成26年度結婚・家族形成に関する意識調査」、総務省統計局「平成29年就業構造基本調査」をもとに厚生労働省政策統括官付政策統括室にて作成
（注）　1）「結婚生活に必要だと思う夫婦の年収」は、「平成26年度結婚・家族形成に関する意識調査」における「結婚生活をスタートさせるにあたって必要だと思う夫婦の年収（税込み）はどのくらいだとお考えですか。」に対する20～39歳の者からの回答を、「200万円未満」「200万～300万円未満」「300万～400万円未満」「400万～500万円未満」「500万～600万円未満」「600万～800万円未満」「800万～1,000万円未満」「1,000万円以上」の8区分に集計しなおしたもの。
　　　　2）「主な仕事からの収入」は、「就業構造基本調査」における20～39歳かつ未婚者の状況を「200万円未満」「200万～300万円未満」「300万～400万円未満」「400万～500万円未満」「500万～600万円未満」「600万～800万円未満」「800万～1,000万円未満」「1,000万円以上」の8区分に集計しなおしたもの。

　加えて、第2-(2)-14図より、18～34歳の結婚意思のある男女について独身でいる理由をみると、男女ともに25～34歳では「適当な相手にまだめぐり会わないから」という割合が最も高く、18～24歳では「結婚するにはまだ若すぎるから」等の割合が高い。一方で、複数回答であることに留意が必要であるが、男性では18～24歳の約25％、25～34歳の約23％が、独身でいる理由として「結婚資金が足りないから」と回答しており、男性においては金銭の不足が結婚を躊躇する大きな原因となっている可能性がある。

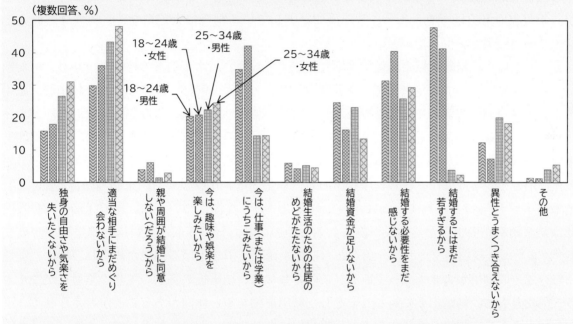

第2-(2)-14図　**男女別・年齢別の独身でいる理由**

○　25～34歳では、男女ともに「適当な相手にまだめぐり会わないから」の割合が最も高い。
○　18～24歳では、男女ともに「結婚するにはまだ若すぎるから」の割合が高く、女性では「結婚する必要性をまだ感じないから」「今は、仕事（または学業）にうちこみたいから」の割合も高い。

資料出所　国立社会保障・人口問題研究所「第16回出生動向基本調査」をもとに厚生労働省政策統括官付政策統括室にて作成
（注）　2021年の状況を調査したものである。

　以上を踏まえると、結婚選択に当たっては「価値観が近い」や「一緒にいて楽しい」等、双方の相性が重要であるが、未婚者の実際の収入分布と結婚に必要だと考えられている年収との間に乖離が生じていることや、若い男性を中心に「結婚資金が足りない」ことから未婚であると回答する者が一定数存在していることを踏まえれば、収入は、自分だけではなく結婚相手のものも含め、結婚選択に当たって少なからぬ影響を及ぼしている可能性がある。

●男性は収入が高いと結婚する割合が高まる傾向が顕著

　収入と結婚にはどのような関係性がみられるだろうか。ここでは、各個人を経年で調査した厚生労働省「21世紀成年者縦断調査（平成24年成年者）」を用いて確認してみよう。第2-（2）-15図（1）は、2013年調査において独身であった男女について、年齢・年収別に、5年後までに一度でも結婚をした者の割合をみたものである。2013年調査時点において年収が200万円未満であった独身の21～25歳の男性は、5年後までに約1割が結婚している一方で、2013年時点において年収が300万円以上であると、約3割が結婚している。2013年時点において26～30歳であった独身男性についてみると、年収が200万円未満では5年後までに結婚を経験する割合が約1割である一方、年収300万円以上では約4割となっており、男性においては、収入は結婚に強く影響しているものと考えられる。女性は200万円以上とそれよりも低い収入を比較すると、年収が高い方が5年後に結婚する割合が高い傾向は同様であるが、年収200万円以上をみると、5年後に結婚している割合に大差はなく、男性ほど収入と結婚に強い関係性が生じていない。

　こうした収入と結婚選択の関係を詳細に確認するため、パネル調査の特性をいかし、男女別に、結婚行動についてロジスティック回帰分析を行った[21]。同図（2）はそれぞれ年収、雇用形態、地域が結婚確率に及ぼす効果を示したものである。例えば、年収200～300万円ダミーについては、年収が200～300万円であると、年収が200万円未満の場合よりも、どの程度結婚確率を引き上げるかを示している。同図（1）でみたとおり、男性は年収が上がるほど結婚確率が引き上がる効果がみられ、年収500万円以上では、年収200万円未満の場合と比べて、結婚確率が16%ほど上昇する効果がみられる。一方、女性については、年収200～300万円では結婚確率が引き下がる効果がみられるものの、おおむね年収が高いほど結婚確率が高まる[22]。また、正規雇用ダミーは、男女ともに結婚確率を引き上げる効果がみられ、特に、女性においてその効果が大きくなっている。この背景には、結婚後の将来の生活の見通しがつくよう、男女ともに、結婚相手に対して安定した雇用形態を望む傾向があることが考えられる。正規雇用への転換支援等、希望する人が正規雇用になりやすい環境を整備していくことは、希望する人の結婚を後押しすることに向けても重要であるものと考えられる。

21　推計の詳細は付2-（2）-3表を参照。

22　なお、女性の年収と結婚については、（独）労働政策研究・研修機構（2014, 2019）が指摘するように、結婚後、仕事を辞めたり労働時間を減少させたことによる年収の減少が影響している可能性があり、年収200～300万円でみられる女性における結婚確率へのマイナスの効果は、必ずしも所得と結婚選択の関係を表しているものではない可能性があることに留意が必要である。

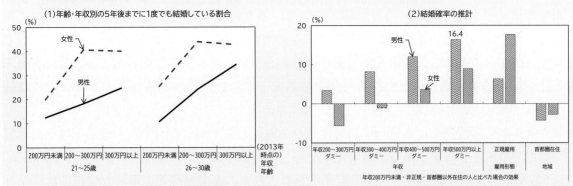

第2-(2)-15図　結婚確率の推計

○　特に男性において、年収が高いほど、少なくとも1度以上結婚する割合が高まる傾向。
○　結婚確率を推計すると、男女ともに基本的には年収が高いほど高まる傾向。

資料出所　厚生労働省「21世紀成年者縦断調査（平成24年成年者）」の個票を厚生労働省政策統括官付政策統括室にて独自集計
（注）　1）（2）は、第2～第6回調査、第3～第7回調査、第4～第8回調査のいずれかについて連続して少なくとも5年回答したサンプルに限って分析したもの。第1回から第2回にかけて所得の調査の仕方が変更されているため、第1回調査は除いて集計している。加えて、コロナの影響を除くため、第9回調査も除いている。
　　　　2）年収については、調査年の前年1年間の所得（例えば、平成25年11月に調査が行われた第2回調査においては、平成24年の1年間に得た所得（働いて得た所得（税込み）とその他の所得の合計額））を用いている。年齢は調査年時点のもの。
　　　　3）21世紀成年者縦断調査（平成24年成年者）は2012年10月末日時点で全国の20～29歳である男女及びその配偶者を対象に行ったものであり、本分析では第2～第8回調査を用いていることから、2013年10月末日時点において21～30歳の男女を対象に分析している。

　収入の増加が希望する人の結婚を後押しすれば、それは結果として出生の増加につながりうることから、個々人の希望を叶えやすい社会を実現していくという観点に加え、社会全体として少子化を克服していく観点からも、若年層を中心に賃金をしっかりと引き上げ続けていくことが重要である。

149

第3節 | 小括

　本章では、賃金引上げによる好影響について、個々の企業や労働者への効果（ミクロの視点）と、経済全体への効果（マクロの視点）に分けて確認した。個々の企業への効果についてみると、フルタイムの求人賃金を最低賃金よりも5％以上高い水準に設定すると、最低賃金水準と比べて、募集人数一人当たりの被紹介件数を1か月以内では約5％、3か月以内では約10％増加させている。加えて、賃上げは、労働者の仕事へのモチベーション向上等を通じて、企業や個人の生産性向上にも寄与する可能性があることを指摘した。また、経済全体への影響についてみると、フルタイム労働者の定期給与・特別給与の1％の増加が、それぞれ約0.2％、約0.1％ずつ消費の増加効果をもつ可能性があることや、産業連関表を用いた分析では、全体の賃金・俸給額が1％増加したときに、約2.2兆円の生産増加と、約5,000億円の雇用者報酬のさらなる増加をもたらしうることを確認した。加えて、若年層を中心とした賃金の増加は希望する人の結婚を後押しすることで、個々人の希望を叶える効果があるほか、婚姻数の増加を通じて、少子化問題の克服にも寄与する可能性があることを指摘した。

　このように、賃金の引上げは、企業の人材の確保や生産性向上の後押しをすることや、労働者のモチベーションを高めるといったミクロの効果のみならず、経済全体の活性化や少子化問題の克服といったマクロの効果も持つと考えられる。こうした効果を踏まえれば、賃金の引上げは、個々の企業にとっては人件費の負担増となるものの、人口減少を迎えている我が国において、将来にわたって企業が安定的な成長を続けるとともに、我が国経済全体が再び成長軌道に乗るためには重要な要素の一つであるといえる。まずは足下において、賃金をしっかりと引き上げることで人材を惹きつける。雇用した人材へ投資をし、能力向上を図り、企業の生産性を向上させ、それを更なる賃上げにつなげる。こうした好循環を築き上げることで、持続的な賃上げを実現していくことが重要である。

第3章 持続的な賃上げに向けて

ここまで、賃上げの現状や背景、効果等について紹介してきたが、第3章では、賃上げを実際に行っている企業の特徴等を踏まえた上で、今後、持続的に賃金を引き上げていくための方向性や、賃金政策の効果を分析していく。具体的には、まず（独）労働政策研究・研修機構が実施した調査を用いて、業績や価格転嫁状況、賃金制度等の観点から、賃上げを行っている企業の特徴について分析を行う。その上で、持続的な賃上げに向け、新規開業、転職支援及び非正規雇用労働者の正規雇用転換の3つの視点を取り上げ、今後の方向性を確認する。最後に、最低賃金と同一労働同一賃金という賃金に係る2つの政策を取り上げ、これらの政策が賃金の分布等に及ぼした影響を確認していく。

第1節 企業と賃上げの状況について

●9割超の企業が賃上げを実施。過半の企業が一人当たり定期給与・夏季賞与を増加させている

厚生労働省からの要請により、（独）労働政策研究・研修機構が実施した「企業の賃金決定に係る調査[1]」（2022年）に基づいて、企業の経済見通しや価格転嫁の状況と賃上げの関係等、企業の賃金決定を取り巻く状況について確認していこう。

まず、第2-(3)-1図(1)より、回答いただいた企業について2022年における賃上げの状況をみると、「ベースアップを実施した」が約36%、「ベースアップ以外の賃上げ（定期昇給等）を実施した」が約57%と、合わせて9割超の企業が何らかの賃上げを実施したことが分かる。

次に、同図(2)より、企業の一人当たり定期給与の増加率（2021年6月分と2022年6月分を比較した増加率）をみてみよう。増加率0%の右側に多くの企業が分布しており、一人当たり定期給与が増加した企業の方が減少した企業よりも多い一方で、増加率5%以内の企業が4割弱となるなど、増加率10%以内に企業が集中していることが分かる[2]。さらに、同図(3)より、企業の一人当たり夏季賞与の増加率（2021〜2022年にかけての増加率）をみると、一人当たり夏季賞与についても、増加した企業の方が多いことが分かる。一方、増加率5%以内の企業が2割程度である中、増加率30%以上が1割以上ある等、より短期間の業績に連動すると考えられる夏季賞与の方が企業間にばらつきがみられる。

定期給与を含めた賃上げが多くの企業に広がり、中には賞与を大きく引き上げる企業もあるなど、経済活動の正常化が進む中で、賃上げに向けた動きが着実にみられる。

1　本調査は2022年12月末時点の企業の賃金決定に関する実態を把握することを目的として、2023年2月に1万社の企業を対象に行われたものであり、約2,500社から回答をいただいた。
2　第2-(3)-1図(1)より9割超の企業において何らかの賃上げを実施したことを示しているが、個々の労働者の賃金を上げても、社内で相対的に賃金の低い労働者（新規学卒者やパートタイム労働者等）を多く雇い入れた場合には、平均でみた一人当たり定期給与や夏季賞与が減少する可能性があることには留意が必要。

第2-(3)-1図　賃上げ実施状況

○　2022年において9割超の企業で何らかの賃上げを実施。
○　一人当たり定期給与・一人当たり夏季賞与は、増加した企業の方が減少した企業よりも多い。

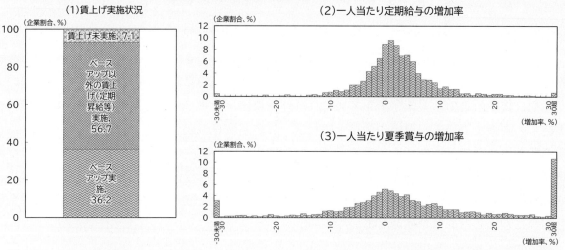

資料出所　(独) 労働政策研究・研修機構「企業の賃金決定に係る調査」(2022年) の個票を厚生労働省政策統括官付政策
　　　　　統括室にて独自集計
　(注)　1)(1)は2022年に実施した賃上げについて企業に尋ね (「定期昇給」「ベースアップ」「賞与 (一時金) の増
　　　　　額」「諸手当の改定」「新卒者の初任給の増額」「再雇用者の賃金の増額」「非正規雇用者・パート労働者の昇級」
　　　　　「その他」「いずれの賃上げも実施していない」から複数選択可。)、実施企業割合を集計。
　　　　2)(2)(3) は、企業の2022年の一人当たり定期給与 (6月分) 及び夏季賞与について、2021年比の増加
　　　　　率ごとに企業数を集計したもの。図はプラス・マイナス0.5%ポイントの範囲のヒストグラムであり、例え
　　　　　ば横軸の「0」の位置にある棒グラフは、「一人当たり定期給与増加率が-0.5%～0.5%未満であった企業
　　　　　の割合」を示している。
　　　　3)いずれも無回答は除く。

●**賃上げの理由は社員のモチベーション向上や社員の定着のためが多い**

　賃上げを実施した企業について、その理由を確認しよう。第2-(3)-2図（1）は、2022年にベースアップ、賞与（一時金）（以下「一時金」という。）の増額を実施した企業に、それぞれ、その理由を尋ねたものである。これをみると、いずれも、「社員のモチベーション向上、待遇改善」が7割強で最多となった。また、「社員の定着・人員不足の解消のため」と回答した企業も4割強、「中途採用の人材確保のため募集時賃金を上げたいから」や「新卒採用の人材確保のため募集時賃金を上げたいから」等、中途採用や新規採用の人材確保のためと回答している企業も2割以上ある。こうした結果から、社員のモチベーション確保、離職の防止、採用の強化が、企業の賃上げへの強い動機となっていることがうかがえる。

　また、賃上げを実施しなかった理由について、同図（2）よりみてみると、約7割の企業が「業績（収益）の低迷」を挙げており、約4割の企業が「雇用維持を優先」、2～3割の企業が「将来の不透明感」や「価格転嫁できない」と回答している。また、企業物価の上昇を反映して、約4割の企業が「物価高騰によるコスト上昇（急激な円安傾向、エネルギー価格の上昇等含む）」と回答している。企業が賃上げできない背景には、円安や物価動向等も含め、様々な要因による業績の低迷や不透明な見通し等が強く影響していることがうかがえる[3]。

第2-(3)-2図　**賃上げ実施理由、未実施理由**

○　賃上げを実施する理由は社員のモチベーション向上や社員の定着のためが多い。
○　賃上げを実施しない主因は業績の低迷。

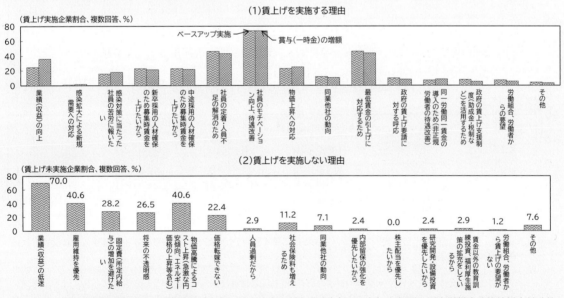

資料出所　（独）労働政策研究・研修機構「企業の賃金決定に係る調査」（2022年）の個票を厚生労働省政策統括官付政策統括室にて独自集計
（注）　1）（1）は、2022年にベースアップ又は賞与（一時金）の増額を実施した企業について、実施理由ごとに回答割合を集計したもの。
　　　　2）（2）は、2022年に賃上げを実施しなかった企業（賃上げ実施状況を企業に尋ね、「定期昇給」「ベースアップ」「賞与（一時金）の増額」「諸手当の改定」「新卒者の初任給の増額」「再雇用者の賃金の増額」「非正規雇用者・パート労働者の昇級」「いずれの賃上げも実施していない」の中から、「いずれの賃上げも実施していない」を選択した企業）について、実施しない理由ごとに回答割合を集計したもの。
　　　　3）いずれも無回答は除く。

3　賃上げを実施しない理由として「業績（収益）の低迷」が最も多いが、業績は仕入れ価格や売上高にも左右されるため、物価上昇によるコスト上昇や価格転嫁のしづらさ等も業績低迷の一因となっている可能性がある。こうした状況が、企業の将来見通しに影響している可能性も考えられる。

●賃上げに向けて、業績や見通しだけではなく価格転嫁も重要

　企業における業績や見通しと賃上げの関係について、詳細に確認しておこう。第2-(3)-3図（1）は、企業の売上総額、営業利益、経常利益、生産性[4]の3年前から現在への変化ごとに、ベースアップ・一時金増額実施企業の割合の違いを示したものである。いずれにおいても、「増加」した場合には、多くの企業がベースアップや一時金増額を実施している。ベースアップと一時金増額を比べると、一時金増額の方が「減少」と「増加」における実施企業の割合の差が大きく、一時金増額は業績に左右されやすい傾向がみてとれる。同図（2）は、今後1年後の売上総額、営業利益、経常利益の見通し別に、ベースアップ・一時金増額実施企業の割合を示している。これをみると、業績ほど顕著ではないものの、見通しが「増加」すると回答した企業では、ベースアップや一時金の増加を実施した割合が高いことが分かる。

第2-(3)-3図　実績・見通し別の賃上げ実施企業割合

○　3年前と比べて、売上総額、営業利益、経常利益、労働生産性のどれをみても、「減少」した企業よりも「増加」した企業において、ベースアップや一時金増額を実施している傾向。

○　見通しが「増加」すると回答した企業の方が、「減少」すると回答した企業よりもベースアップや一時金増額を実施した企業の割合が高い。

(1)3年前と比較した状況別の賃上げ実施企業割合

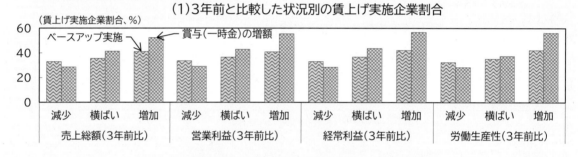

(2)今後1年後の収益見通し別の賃上げ実施企業割合

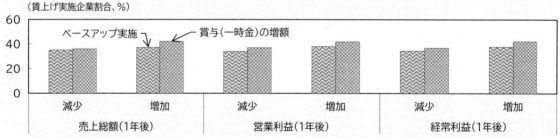

資料出所　（独）労働政策研究・研修機構「企業の賃金決定に係る調査」（2022年）の個票を厚生労働省政策統括官付政策統括室にて独自集計
（注）　1）（1）は、3年前（感染拡大前、2019年12月以前）〜現在（2022年12月末）の状況変化を尋ね、「減少（「大幅に減少・低下」「やや減少・低下」の合計）」、「ほぼ横ばい」、「増加（「大幅に増加・上昇」「やや増加・上昇」の合計）」の回答ごとに2022年のベースアップ又は賞与（一時金）の増額の実施企業割合を集計したもの。
　　　　2）（2）は、1年後の企業収益の見通しについて「減少（「10％以上の減」「5〜10％未満の減」「1〜5％未満の減」「0〜1％未満の減」の合計）」「増加（「10％以上の増」「5〜10％未満の増」「1〜5％未満の増」「0〜1％未満の増」の合計）」の回答ごとに2022年のベースアップ又は賞与（一時金）の増額の実施企業割合を集計したもの。
　　　　3）いずれも無回答は除く。

4　ここでいう「生産性」は従業員一人当たりの付加価値額を指すものとして定義している。具体的には、「総売上高から原材料費など外部調達費を差し引いた、貴社が新たに生み出した価値」である付加価値額を従業員数で除したものである。

　第2-（3）-2図（2）でみたように、原材料費等の上昇や、価格転嫁ができないことも賃上げをためらわせる重要な要因となっている。このため、企業の価格転嫁の状況と賃上げの関係についても確認してみよう。第2-（3）-4図（1）より、企業の価格転嫁の状況をみると、仕入れ等コストの上昇分を8割以上転嫁できている企業は1割強にとどまる一方、全く転嫁できていない企業が3割強にのぼり、ほとんどの企業は原材料費等の価格上昇を販売価格に十分転嫁できていない状況がうかがえる。同図（2）より、価格転嫁の状況別に、ベースアップ・一時金増額実施企業の割合をみると、価格転嫁率が高いほど高くなっており、価格転嫁の状況は賃上げに大きな影響を及ぼしていることが改めてうかがえる[5]。同図（3）により、価格転嫁しづらい理由についてみると、「価格を引き上げると販売量が減少する可能性がある」が約34%と最多であり、価格転嫁に伴う販売価格の上昇による販売量の減少を企業が危惧していることがうかがえる。一方で、「販売先・消費者との今後の関係を重視するため、販売先に価格転嫁を申し出ることができない」と回答した企業が約26%、「販売先に価格転嫁を申し出たが、受け入れられなかった」と回答した企業が約13%と、取引先との関係も価格転嫁を困難にさせている要因であると考えられる。適正な価格による販売・購入が行われるよう、適切な価格転嫁を促し、社会全体で企業が賃上げを行いやすい風潮・環境を整えていくことが重要であることが示唆される[6]。

5　価格転嫁は企業の収益そのものに大きな影響を与えている可能性もある。付2-（3）-1図より、価格転嫁の状況別に3年前からの企業収益等の変化をみると、価格転嫁ができていない企業ほど、営業利益や経常利益、生産性が低下している割合が高い傾向にある。なお、付2-（3）-2表では、価格転嫁の状況（2022年）・内部留保の変化（3年前比）・総人件費の状況（3年前比）のそれぞれの状況をクロスした場合の企業の分布を示している。

6　政府としては、「パートナーシップによる価値創造のための転嫁円滑化の取組について」（令和3年12月27日閣議了解）に基づき、政府一丸となって、生産性向上に取り組む中小企業を支援している。

第2-(3)-4図　価格転嫁等の状況

○　多くの企業では、原材料費等の価格上昇を販売価格に十分転嫁できていない。
○　価格転嫁ができているほど、ベースアップや一時金増額実施割合が高まっている。
○　需要が縮小する恐れだけではなく、取引先との関係でも価格転嫁が行いづらい可能性。

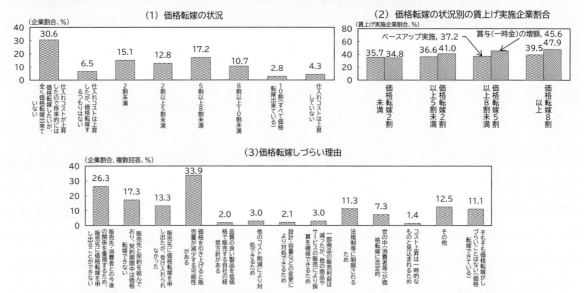

資料出所　（独）労働政策研究・研修機構「企業の賃金決定に係る調査」（2022年）の個票を厚生労働省政策統括官付政策統括室にて独自集計
　　（注）　1）（1）は、過去1年間（2022年）の自社の主な商品やサービスの仕入れ等コストの上昇分について、販売価格やサービス料金への価格転嫁の状況を尋ねたもの。
　　　　　　2）（2）は、（1）による価格転嫁の状況ごとに、2022年のベースアップ又は賞与（一時金）の増額の実施企業割合をそれぞれ集計したもの。「価格転嫁8割以上」は、「10割（すべて価格転嫁出来ている」「8割以上10割未満」の合計。「価格転嫁2割未満」は、「2割未満」「仕入れコストが上昇したので将来的には価格転嫁したいが、全く価格転嫁出来ていない」「仕入れコストは上昇したが、価格転嫁するつもりはない」の合計。
　　　　　　3）いずれも無回答は除く。

● 「成果・業績給」「役割・職責給」等のウェイトを高め、「年功・勤続給」を見直す傾向

　ここまで企業全体での業績や経済見通しと賃上げの関係についてみてきたが、各企業における賃金制度と賃上げの関係についても、賃金の状況をみる上では重要な視点である。また、人口減少が続き長期的にも人手不足が見込まれる中、賃金制度は、人材を惹きつける一つの要素としても重要であると考えられる。

　まず、第2-(3)-5図（1）より、年功、能力、成果・業績、職務内容のうち、処遇に当たって主に重視している要素を管理職、非管理職別にみてみよう。僅かな差ではあるものの、管理職では「能力重視」や「成果・業績重視」が比較的多く「年功重視」が少ない一方で、非管理職では「年功重視」が多い傾向が見受けられる。一方で、同図（2）により、賃金の構成要素のウェイトを今後どう変化させるかについてD.I.でみると、管理職・非管理職ともに「年齢・勤続給」を低くする意向の企業が多く、それ以外の要素は高める企業が多い。管理職・非管理職どちらにおいても、今後について、年齢や勤続年数に応じた一律の「年功重視」の処遇を見直し、「成果・業績」や「役職・職責」といった個人に着目した賃金制度を志向する企業が多いことがうかがえる。

第3章

第2-(3)-5図	役職別の現在の処遇制度と今後の見通し

○　多くの企業において、賃金を決定する際の要素として、年齢・勤続の占める割合を減らしていく意向。

(1) 役職別・現在の処遇制度

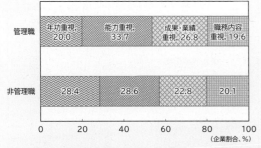

(2) 役職別・給与構成ウェイトの今後の見通し

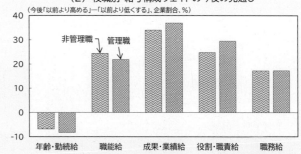

資料出所　（独）労働政策研究・研修機構「企業の賃金決定に係る調査」（2022年）の個票を厚生労働省政策統括官付政策統括室にて独自集計
　（注）　1）（1）は、「管理職」「非管理職」それぞれについて、現在の処遇制度において重視されるものを尋ねたもの。
　　　　　2）（2）は、「管理職」「非管理職」それぞれについて、今後3年程度でみて給与の構成要素ごとのウェイトをどうしたいか尋ね、「以前より高める」と回答した企業割合から「以前より低くする」と回答した企業割合を減じたもの。
　　　　　3）いずれも無回答は除く。

●賃金決定に「職務内容」を重視する企業では、比較的高い賃上げが実現し、人材の不足感も弱い傾向

　企業の処遇制度と賃上げの関係についても確認しよう。第2-(3)-6図（1）から、企業が処遇にあたり重視する要素（年功、能力、成果・業績、職務内容）ごとに一人当たり定期給与の増加率をみると、「年功重視」や「能力重視」「成果・業績重視」と比べ、「職務内容重視」において、一人当たり定期給与の増加率が5％以上の企業の割合が比較的高いことが分かる[7]。賃金制度が企業ごとに異なる中で、必ずしも職務内容を重視する企業であれば賃上げが行われやすいことを示すものではないが、職務内容を重視する企業はそれに見合ったスキルを持つ労働者を確保するため、賃金を大きく引き上げている可能性がある。また、同図（2）から、正社員の不足状況を、重視する処遇ごとにみると、「職務内容重視」とする企業は、他の要素よりも「適正」ではやや高く、「不足」もやや低い。職務内容が明確であるために、社会で必要な人材を明確化できるようになり、企業と求職者間のミスマッチが減少し、結果として企業の人手不足感が弱くなっている可能性が考えられる。

第2-(3)-6図　**処遇制度と賃上げ、正社員の過不足状況の関係**

○　「職務内容重視」の企業では、一人当たり定期給与の増加率が5％以上の企業の割合や、正社員の不足状況について「適正」と回答している企業の割合が高い傾向。

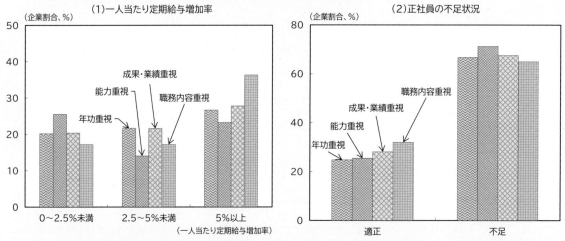

資料出所　（独）労働政策研究・研修機構「企業の賃金決定に係る調査」（2022年）の個票を厚生労働省政策統括官付政策統括室にて独自集計
　（注）　1）年功重視、能力重視、成果・業績重視、職務内容重視は、それぞれ現在の処遇制度について管理職・非管理職ともに同じ項目を回答した企業に限って集計したもの。
　　　　　2）一人当たり定期給与増加率は、2022年6月の一人当たりの定期給与について、前年同月比の増加率をいう。
　　　　　3）いずれも無回答は除く。

7　ただし、当該結果は限られたサンプルの中で示しているものであり、企業の特性には偏りがある可能性があることには留意が必要。

●**賃金制度を見直して「若年層の賃金の引上げ」を行う企業が多い**

　企業はこれまでに賃金制度をどのように見直してきたであろうか。第2-（3）-7図より、2020年1月～2022年12月とそれよりも前（2019年12月以前）の賃金制度の見直しの状況についてみると、見直しをしていない企業が3割強あるものの、見直し内容では「若年層の賃金の引上げ」が最多であり、2019年12月以前よりも2020年1月～2022年12月の方が若干高くなっている。若年層の人口が減少する中で、企業が新規学卒者等の若年層の確保に重点的に取り組む姿勢が処遇にも表れているものと考えられる。加えて、「評価による昇給（査定昇給）の導入・拡大」や、「個人の成果・業績に連動した賞与の変動強化」「評価（人事考課）による昇進・昇格の厳格化」等も挙げられており、多くの企業において、個人の成果や業績に応じた賃金決定の仕組みを整備しているものと考えられる。第2-（3）-5図の見通しと併せてみれば、今後も、多くの企業で、個人の成果・業績や役割・職務に応じた賃金制度を構築する動きが続くものと考えられる。

第2-（3）-7図　　**賃金制度の見直しの状況**

　○　見直し内容では「若年層の賃金の引上げ」が最多。
　○　「評価による昇給（査定昇給）の導入・拡大」や「評価（人事考課）による昇進・昇格の厳格化」等、多くの企業において、より個人の能力や成果に応じて賃金を決定する仕組みを整備。

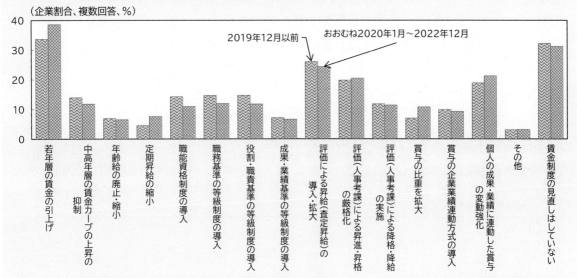

　　資料出所　（独）労働政策研究・研修機構「企業の賃金決定に係る調査」（2022年）の個票を厚生労働省政策統括官付政策
　　　　　　　統括室にて独自集計
　　（注）　無回答は除く。

第3章

159

●生産性向上に向け、企業は営業力の強化、業務の効率化、労働時間の短縮等に取り組む

　最後に、調査にご協力いただいた企業における生産性向上に向けた取組や、行政に求めることを確認しよう。第2-(3)-8図より、生産性向上に向けた企業の取組内容をみると、「営業力・販売力の強化」が約4割、「商品・サービスの高付加価値化」が3割弱である等、業績を直接的に伸ばす取組が多くの企業で行われている。また、「設備投資の増強」「デジタル技術の導入」等も3割弱の企業が選択しており、将来に向けた投資への意欲もうかがわれる。加えて、「業務プロセスの見直しによる効率化」や「働き方改革による労働時間短縮」といった効率化への取組や、「従業員の意欲を高める人材マネジメント」「従業員への教育訓練投資の増加」といった従業員のモチベーションや能力向上に向けた取組もそれぞれ3割程度の企業が選択しており、企業は、その直面する課題に合わせて、様々な取組を行っていることが確認できる。

　企業が行政に求めていることについても紹介しよう。第2-(3)-9図より、賃上げできる環境の整備に必要な政策をみると、「景気対策を通じた企業業績向上」「賃上げした企業への税負担軽減」が約5割であり、賃上げの直接的なインセンティブを求めるものが最も多い。一方、「IT化、設備投資による業務効率化への支援」や「社員の能力開発への支援」といった、企業の生産性向上に向けた投資への支援の要望も3～4割程度ある。また、「取引価格の適正化・円滑な価格転嫁の支援」も3割程度の企業が挙げており、サプライチェーン全体での取引の適正化も求められている。「社会保障制度の充実」も3割強の企業が挙げている。

　政府としては、引き続き、各種成長戦略を通じて日本経済を着実に成長軌道に乗せていくとともに、人材開発支援助成金等による企業の労働生産性の向上等への支援や、設備投資への支援、価格転嫁が行いやすい環境の整備、将来世代にわたって持続可能で安心できる社会保障制度の構築等に取り組んでいくことが重要である。

第2-(3)-8図　労働生産性向上のための取組

○　労働生産性向上に向け、企業は営業力の強化、業務の効率化、労働時間の短縮等に取り組んでいる。

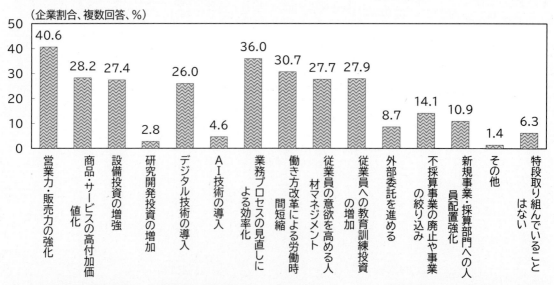

資料出所　（独）労働政策研究・研修機構「企業の賃金決定に係る調査」（2022年）の個票を厚生労働省政策統括官付政策統括室にて独自集計
　　　（注）　無回答は除く。

第2-（3）-9図　自発的に賃上げできる環境整備のために必要な政策

○　行政への要望としては、「景気対策を通じた企業業績向上」や「賃上げした企業への税負担軽減」が多い。

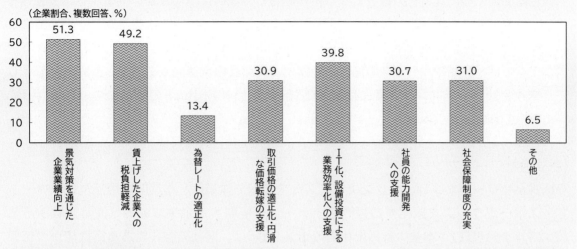

（企業割合、複数回答、%）

資料出所　（独）労働政策研究・研修機構「企業の賃金決定に係る調査」（2022年）の個票を厚生労働省政策統括官付政策統括室にて独自集計
　　（注）　無回答は除く。

第
3
章

コラム2-6	商品やサービスの高付加価値化の取組について

賃金増加のためには、その原資となる付加価値を持続的に増加させ、生産性を向上させることが重要である。相対的に生産性が低く、賃金も低くなっている小売業やサービス業においては、賃金の原資を生み出す高付加価値の商品やサービスを提供することが重要となる。本コラムでは、商品やサービスの高付加価値化と従業員の待遇向上を実現している企業として、株式会社ワークマン及び有限会社ゑびや・株式会社EBILABの取組について紹介していく。いずれの企業の取組もデータを活用し、自社製品やサービスの強みをいかしている。

【株式会社ワークマン】

　株式会社ワークマンは、フランチャイズシステムで作業服、作業関連用品及びアウトドア・スポーツウェアを販売する専門店チェーンを展開する企業である（従業員数365名（2023年1月現在）、本社：群馬県伊勢崎市）。近年は、同社の強みである高機能かつ低価格な製品をいかして、一般の方向けに開発したアウトドア・スポーツウェアを扱うプライベートブランド「WORKMAN Plus（ワークマンプラス）」が人気を博し、高収益を上げている。

　同社は2014年、新たな市場を切り開き、客層を拡大する「中期業態変革ビジョン」を打ち出した。作業服小売市場において国内シェアナンバーワンの地位を確立してきた同社が、客層拡大戦略を進めた背景には、作業服市場においてこれ以上の事業成長が見込めないことや、大手ネット企業の台頭により小売店舗が淘汰されつつあることがあった。事業を展開する領域を「作業服」から「機能性ウェア」に変えることで、客層の拡大へとつなげた。

　同社は2014年から専務取締役の業務改革のもと、新業態開発の手段として「データ経営」を掲げてきた。同社では、社員全員がデータをもとに議論する組織風土をつくるため、2012年より全社員を対象に、表計算ソフトを使用した「データ活用研修」を実施した。研修には社長も参加し、同ソフトを得意とする社員が講師を務めた。また、研修の最後に実施するテストは平均点が90点以上になるよう作成する等、社員の得意意識を醸成する工夫を行っており、こうした工夫により、お互いに分かる範囲を社員同士で教え合う等の相乗効果も生まれているという。同社人事担当者によると、以前は経験や勘が重視されていたが、現在は若手を含む全社員がデータをもとに今後の戦略を議論しており、風通しの良い企業になったという。特に、それまでデータに馴染みのなかった中堅層も、自らデータ分析ツールを作るなど、データ分析による商品づくりが広い層に浸透している。

　「中期業態変革ビジョン」では、創業以来の大改革である客層拡大に向け、社員の自発的な行動を促すため、社員の平均年収を5年間で100万円引き上げることも公表した。実際に2022年3月時点において、2014年と比べて100万円以上のベースアップを実現し、現在の平均年収は約709万円（2022年3月現在）と、小売業で比較的高い給与水準となっている。加えて、2023年4月より、急速な物価高に対応するため、基本給を底上げするベースアップと定期昇給を合わせ、平均約5％の賃上げを実施することを発表している。また、賞与につながる社員の評価方法を、結果より過程を重視するものに改めた。以前は「売上」「粗利」「在庫」を評価の主な指標としていたが、現在は「棚割導入率」等の売上向上までの過程を指標としている。

　新業態の成功や従業員の待遇向上の取組を通じて、新入社員の応募数やフランチャイズ加盟への応募数は増加しているとのことである。また、2018年の新業態店オープン以降、30歳台半ば以上の管理職の退職者は少なく、家庭の事情等によるものを除き、ゼロとなっているという。

　同社人事担当者は、「売上ノルマを設けないなど、社員にストレスがかからないような組織作りを引き続きしていくとともに、社員が働きやすい・評価されやすい環境も作っていきたい」と述べている。

　ＤＸにおいて重要視される企業のトップによる発信からスタートし、社員が使いやすいツールを使用したデータ分析で議論を活発化させるとともに、賃金引上げで社員の自発的な行動を促した同社の取組は、商品の高付加価値化や人材の獲得・維持につながる好事例であるといえよう。

データ活用研修の様子（感染症の感染拡大後はリモート講習を活用）

第3章

【有限会社ゑびや・株式会社EBILAB】

　有限会社ゑびやは創業以来150年以上、伊勢神宮の周辺で観光客向けに飲食・小売店を営業している企業である（従業員数58名（2023年1月現在）、本社：三重県伊勢市）。同社は近年、データやAIを活用し、来客予測やマーケティング効果測定の精度を高めることで、サービス・商品の高付加価値化や売上増加につなげている。また、同社のシステム開発部門を独立させる形で、株式会社EBILAB（従業員数15名（2023年1月現在）、本社：三重県伊勢市）を設立し、自社のために開発した店舗経営ツールの外販を行っている。

　有限会社ゑびやは事業再建のため、2012年よりデジタル化を推進してきた。以前は表計算ソフトで売上管理をしていたが、現在はデータを自動的に分析するITシステム「TOUCH POINT BI」を内部人材の育成を通じて開発し、店舗に導入している。システム開発の狙いは、データ集計の手間を減らし、従業員が店舗の状況を常に把握できるような仕組みを作ることだった。

　「TOUCH POINT BI」は、「来客予測」「店舗分析」「画像解析」「アンケート分析」などから成る。「来客予測」は、過去の売上や気象・曜日、店舗周辺の交通量等の様々なデータをもとに、AIも活用しながら、当日から365日後までの来客数、5日後までのメニュー・材料の予測を行う。「店舗分析」は、レジで収集するPOS（販売時点情報管理）データや売上等の情報を自動集計で一元管理し、分析する。「画像解析」は、店舗内外に設置したカメラで収集した画像から、通行量を測定し入店率を算出する。「アンケート分析」は、WEBアンケートで顧客の声をデータ化し自動集計する。

　「来客予測」の予測的中率は90%以上にのぼるため、食材の仕入れや人材配置、仕込みの最適化につながっているとのことである。また、「店舗分析」「画像解析」を使用して、SNSマーケティング等の影響を分析し、力を入れるべき施策を明確化させたり、価格弾力性の可視化により値段の上昇を許容できる範囲の測定を行ったりしているとのことである。「アンケート分析」は、改善すべき点を客観的に把握できるほか、従業員のモチベーションにもつながっている。調理担当者からは、「これまで知る機会のなかったお客様の反応を知ることができた」という声が多くあったという。同システム導入後の2018年には、2012年に比べ、食材ロスの72.8%の削減を実現しており、売上高は約5倍に増加している。

　また、2020年4月以降、特に感染症の感染拡大期には、同システムを活用して様々な対応を取った。例えば、感染拡大以降、顧客層が変化し、若年層の割合が上昇した。そのため、30歳台以下の顧客が注文しているメニューに基づいた店頭の見せ方や商品開発、販促の方向転換などを、データで効果検証しながら行った。こうした取組の結果、2022年の客数や売上は、前年に比べ増加した。

　同社の正社員の平均年収は2012年と比較し約40%、パートタイム労働者の時給は約20%上昇しており、近隣エリアにおいて比較的高い給与水準を維持している（2023年1月現在）。また、完全週休2日制、法定有給休暇とは別に休暇を取得できる「特別有給休暇制度」も導入している。なお、同システムをきっかけに、従業員の隠れた能力や適性が発見された例もあり、従業員の希望や適性等により、サービス職種からIT系職種への転換も柔軟に実施しているという。

　同社の代表取締役社長は、「今後も、自社のデータ経営の経験をいかし、事業の変革の必要性を感じている企業に対して、データ分析や仕組み作りを一緒にしていきたい」と述べている。同社は、データを活用することで、食材の仕入れや人材配置の最適化を実現し、売上増加につなげてきた。同社の事例は、今後、同様にデジタル化を進めようとしている企業にも参考となる取組であるといえよう。

伊勢神宮への参道沿いに位置する「ゑびや大食堂」

メニュー・材料の予測をもとに仕込みの準備をしているスタッフ

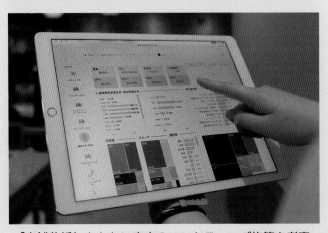

「店舗分析」をもとに店内のマーケティング施策を考案

第3章

第2節　持続的な賃上げに向けて

　第1節では、（独）労働政策研究・研修機構が実施した調査を用いて、賃金を引き上げた企業の特徴等について分析を行った。これにより、賃上げに向けては、企業の業績改善につながる経済成長や、こうした成長の見通しを示すこと、また、価格転嫁等の障壁を取り除いていくことが重要であることが確認できた。労働経済白書においては、過去にも生産性向上と賃上げに資する取組等を分析してきたが、本節では、新たな視点として、スタートアップ等の新規開業、転職によるキャリアアップに加え、希望する非正規雇用労働者の正規雇用転換の三点を取り上げ、これらが賃金に及ぼす影響を確認しつつ、持続的な賃上げに向けた今後の方向性をみていこう。

（1）スタートアップ等の新規開業と賃金の関係

　生産性の向上に向けては、イノベーションによって生じる新しい技術や生産の効率化等により高い付加価値を持続的に実現していくための取組も重要である。イノベーションの担い手は様々であるが、社会課題を成長に変えているスタートアップ企業[8]が活躍しやすい環境を整えていくことは、将来の成長の源泉を確保する観点からも重要である。また、スタートアップ企業の中には、将来の成長を見据えつつ、優秀な人材を確保するために労働者の待遇向上に取り組んでいる企業もあり、雇用の面においても、こうした企業の重要性は今後高まる可能性がある。このため、第2節（1）においては、新規開業の状況も踏まえつつ、スタートアップ企業と賃金との関係を分析していく。

●日本の開業率は国際的にみて低い水準で推移

　主要先進国における開業率の長期的な動向について、第2-（3）-10図（1）より確認しよう。定義の違い等から単純な比較は困難であるものの、開業率は、イギリスやフランス、アメリカでは直近でおおむね10％程度、比較的低いドイツでも7％程度であることが分かる。一方、我が国の開業率は長期的に低い水準で推移しており、2021年でも5％弱となっている。同図（2）より、我が国と同様に事業所ベースの開業率を集計しているアメリカを取り上げ、産業別の開業率の状況を比較すると、どの産業でも、我が国の方が低い水準にあることが分かる。また、生産性が高い情報通信業[9]において日米の差が大きいことが指摘できる。

　各国において、起業活動をする人材はどの程度いるのだろうか。第2-（3）-11図より、2021年の総合起業活動指数（起業活動家が18～64歳の人口に占める割合。Total Early-Stage Entrepreneurial Activity）をみると、日本は、アメリカ、カナダ、イギリス、ドイツ、フランスを下回る水準となっており、我が国では、国際的にみて開業率が低く、かつ、起業を試みる人材のプールも少ないことが分かる。

8　スタートアップ企業とは、一般的に設立10年未満の非上場企業を指す（経済産業省は、「オープンイノベーション促進税制」において、スタートアップ企業の要件を、設立10年未満の国内外非上場企業としている（「経済産業省スタートアップ支援策一覧」（2022年6月版）））。

9　OECD.statからデータが取得できる29か国について、2019年における時間当たり生産性（総付加価値を一人当たり労働時間（雇用者ベース）と就業者数と購買力平価で除したもの）の平均値をみると、全産業では約57ドル、製造業では約68ドルであるが、情報通信業では86ドルと、他産業に比べて高い傾向にある。

第2-(3)-10図　開業率の国際比較

○　日本の開業率は主要先進国の中でも低い水準で推移。
○　産業別にみると、どの産業でみても我が国ではアメリカと比べて低い水準にある。

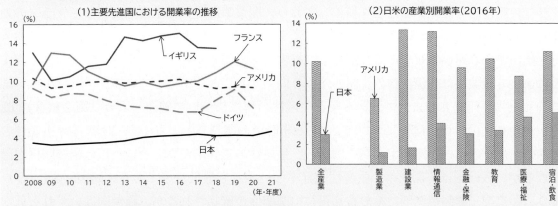

(1)主要先進国における開業率の推移

(2)日米の産業別開業率(2016年)

資料出所　法務省「登記統計」、国税庁「統計年報」、総務省・経済産業省「経済センサス-活動調査」、United States Census Bureau「Business Dynamics Statistics」、EuroStat「Structural Business Statistics」をもとに厚生労働省政策統括官付政策統括室にて作成
(注)　1)(1)におけるイギリス、フランス、ドイツにおける開業率は、全企業に占める開業1年以内の企業、日本、アメリカにおける開業率は、全事業所に占める開業1年以内の事業所である。日本は年度、アメリカ、イギリス、フランス、ドイツは年のデータ。
　　　2)(2)における日本の開業率は、各産業の事業所総数のうち、平成27〜28年に開業した事業所の占める割合とした。ただし調査時点は、平成28年6月1日である。

第2-(3)-11図　各国の総合起業活動指数（2021年）

○　成人人口に占める起業する人の割合（総合企業活動指数：ＴＥＡ）をみても我が国では低い水準。

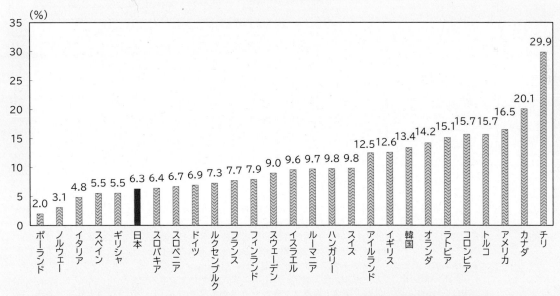

資料出所　Global Entrepreneurship Monitorをもとに厚生労働省政策統括官付政策統括室にて作成
(注)　1)ＴＥＡとは、Total Early-Stage Entrepreneurial Activity（総合起業活動指数）の略であり、各国の起業活動家（下記のように定義する「誕生期」と「乳幼児期」の合計）が成人人口（18〜64歳）に占める割合（％）をいう。
　　　2)「誕生期」は、「独立・社内を問わず、新しいビジネスを始めるための準備を行って」おり、かつ、「まだ給与を受け取っていない」又は「受け取っている場合その期間3カ月未満である」人と定義され、「乳幼児期」は既に会社を所有している経営者で、当該事業からの報酬を受け取っている期間が3カ月以上3.5年未満の人と定義されている。

●開業率は生産性や賃金と正の相関

　開業は生産性にどのような影響を及ぼすだろうか。中小企業庁（2017）においては、開業企業によるＴＦＰ[10]の押し上げ効果は、押し下げ効果を上回るため、全体の参入効果がＴＦＰにプラスの影響を与えていることを指摘しており、開業率の上昇は生産性に対してプラスの効果をもたらす可能性が示唆されている。また、宮川・川上（2006）においても、新規に参入した企業がかなり速いスピードで学習をして経営力を蓄積することや、企業の新規参入を促すことによって産業又は経済全体の生産性がより向上することを指摘している。

　こうした先行研究も踏まえて、開業率と生産性の関係について確認しよう。第2-(3)-12図（1）から、ＯＥＣＤ諸国について、2016年時点の開業率と、2016～2019年の生産性の上昇率の関係をみると、開業率が高い国ほど、生産性の上昇率が高いという正の相関関係が確認できるが、我が国は、開業率・生産性上昇率のいずれも最低水準である。同図（2）（3）により、製造業・非製造業別にみても、正の相関関係が確認されるが、我が国はいずれも低水準となっている。

第2-(3)-12図　開業率と労働生産性の関係

○　開業率と労働生産性上昇率には正の相関がみられる。

開業率と一人当たり労働生産性の関係

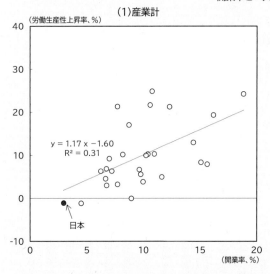

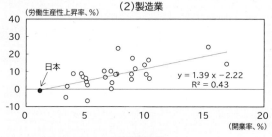

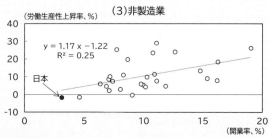

資料出所　OECD. Stat、総務省・経済産業省「経済センサス−活動調査」、United States Census Bureau「Business Dynamics Statistics」をもとに厚生労働省政策統括官付政策統括室にて作成

（注）　1）ＯＥＣＤの28か国を集計したもの。具体的には、アイスランド、アイルランド、アメリカ、イギリス、イタリア、エストニア、オーストリア、オランダ、ギリシャ、スイス、スウェーデン、スペイン、スロバキア、スロベニア、チェコ、デンマーク、ドイツ、日本、ノルウェー、ハンガリー、フィンランド、フランス、ベルギー、ポーランド、ポルトガル、ラトビア、リトアニア、ルクセンブルクである。

　　　　2）開業率は2016年の値、労働生産性上昇率は一人当たり労働生産性の2016～2019年の上昇率である。一人当たり労働生産性は、ＧＤＰを就業者数で除することで算出している。

10　全要素生産性（ＴＦＰ）とは、技術水準等、労働と資本以外の要素による生産性をいう。

　新規開業の増加を通じて、生産性が高まることで、賃金の増加も期待される。2016年の開業率と2016～2019年の一人当たり賃金の増加率について、第2-（3）-13図（1）をみると、開業率と賃金増加率にも正の相関関係がみられる。同図（2）（3）より、製造業・非製造業別にみても、正の相関関係が確認できる。

　開業率と生産性上昇率、賃金増加率の相関関係は、必ずしも因果関係を示すものではないが、イノベーションの担い手となりうるスタートアップ企業が、活発に創業・発展できる環境を整備していくことは、我が国の生産性を高め、結果として、賃金を増加させる可能性がある。

第2-（3）-13図　開業率と賃金の関係

○　開業率と賃金増加率には正の相関がみられる。

開業率と一人当たり名目賃金の関係

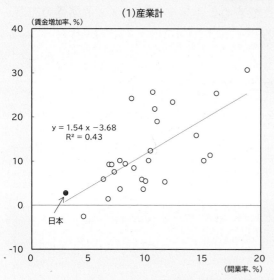

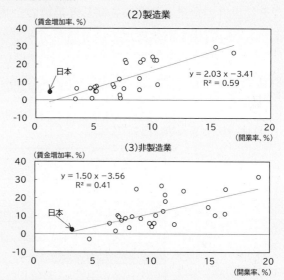

資料出所　OECD. Stat、総務省・経済産業省「経済センサス-活動調査」、United States Census Bureau「Business Dynamics Statistics」をもとに厚生労働省政策統括官付政策統括室にて作成
　（注）　1）OECDの27か国を集計したもの。具体的には、アイスランド、アイルランド、アメリカ、イギリス、イタリア、エストニア、オーストリア、オランダ、ギリシャ、スウェーデン、スペイン、スロバキア、スロベニア、チェコ、デンマーク、ドイツ、日本、ノルウェー、ハンガリー、フィンランド、フランス、ベルギー、ポーランド、ポルトガル、ラトビア、リトアニア、ルクセンブルクである。
　　　　　2）開業率は2016年の値、賃金増加率は計算した一人当たり名目賃金の2016～2019年の増加率である。一人当たり労働生産性は、雇用者報酬を雇用者数で除すことで算出している。

● **スタートアップ企業等では人材採用へのニーズが高い中で賃上げに積極的**

新規開業された企業では、成長見通しが高いことや、人材の確保が喫緊の課題であることから、賃上げ意向そのものが強い可能性もある。

第2-(3)-14図は、(一財)ベンチャーエンタープライズセンターが、ベンチャー企業[11]に対して実施したweb調査において、当面の経営ニーズを尋ねたものである。これをみると、「人材採用」をあげている企業の割合は25％と、「販路拡大」と同程度に高い[12]。設立間もないベンチャー企業にとって、「人材採用」は、最も重要な「資金調達」に次ぐ課題とされていることがうかがえる。

新規創業企業における人材へのニーズは、賃上げへの積極性にも表れている。第2-(3)-15図より、(独)労働政策研究・研修機構が実施した調査を用いて、売上総額、営業利益、経常利益のうち少なくともどれか一つが3年前より上がっている企業に限り、一人当たり定期給与増加率をみてみると、創業15年未満のスタートアップ企業等[13]は、増加率5％以上の割合がそれ以外の企業より高い。同じ好業績の企業と比較すると、スタートアップ企業等の方が、より大きく賃金を引き上げている傾向がみてとれる。

第2-(3)-14図　ベンチャー企業の当面の経営ニーズ

○　ベンチャー企業の当面の経営ニーズを尋ねた結果をみると、「資金調達」「販路拡大」に次いで、「人材採用」が多く挙げられている。

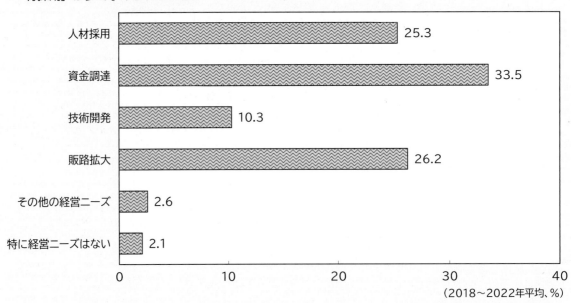

（2018～2022年平均、％）

資料出所　(一財)ベンチャーエンタープライズセンター「ベンチャー白書」をもとに厚生労働省政策統括官付政策統括室にて作成
（注）　1）(一財)ベンチャーエンタープライズセンターによって、設立5年以内のベンチャー企業を対象に実施された「ベンチャー企業の経営環境等に関するアンケート調査」の調査結果。
　　　　2）2018～2022年度に実施された調査の結果の平均値を示している（有効回答数：2018年度151、2019年度215、2020年度121、2021年度119、2022年度113）。

11　ここでいう「ベンチャー企業」とは、設立5年以内の企業を指す。
12　2019年4月16日に行われた第2回「中途採用・経験者採用協議会」においても、中小企業・ベンチャー企業経営者からの提案の中で、「中小企業やベンチャー企業においては、大企業に比して深刻な人手不足に直面しており、労働力の減少等を背景に十分な人手を確保ができていない現状がある。」と指摘されている。
13　一般的にスタートアップ企業の定義は、未上場かつ創業10年未満の企業であるが、ここではサンプルを確保する観点から、上場の有無にかかわらず創業15年未満の企業を「スタートアップ企業等」とした。

第2-（3）-15図　企業存続年数別の一人当たり定期給与増加率

○　企業業績が改善している企業に限ってみると、スタートアップ企業等の方が、賃上げ率が高い傾向。

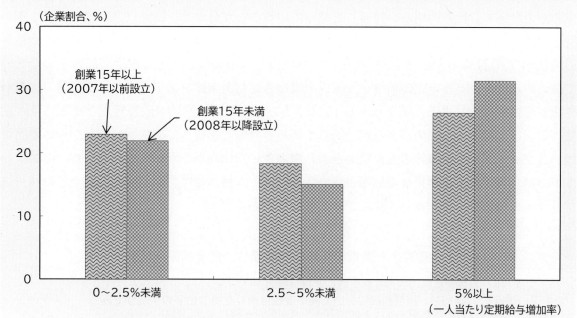

資料出所　（独）労働政策研究・研修機構「企業の賃金決定に係る調査」（2022年）の個票を厚生労働省政策統括官付政策統括室にて独自集計
（注）　1）売上、営業利益、経常利益のどれかが3年前と比較して増加した企業に限る。
　　　　2）定期給与増加率は、2022年6月の一人当たりの定期給与について、前年同月比の増加率をとったもの。無回答は除く。

第3章

　さらに、スタートアップ企業等とそれ以外の企業の業績見通しと賃金の関係についても確認しておこう。第2-(3)-16図（1）より、スタートアップ企業等とそれ以外の企業について、1年後の成長への見通しをみると、スタートアップ企業等では「高まっている」と回答した企業の割合が高く、比較的明るい見通しを持っていることが分かる。同図（2）は、今後1年の売上総額、営業利益、経常利益の増加見込みが5％以上の企業のうち、一人当たりの定期給与の増加率（2021年6月分と2022年6月分を比較した増加率）が5％以上の割合をみたものである。これをみると、定期給与を5％以上増加させた企業は、スタートアップ企業等において総じて高い傾向にある。第2-(1)-17図でもみたとおり、業績の成長見通しが高いほど企業は賃上げに積極的な傾向があるが、同じく明るい見通しを持っていても、創業からの期間が短いスタートアップ企業等の方が賃金をより増加させる傾向がうかがえる。とりわけ、スタートアップ企業等での定期給与増加率が高い背景には、人材への高いニーズが、賃上げやベースアップへの積極的な傾向として現れている可能性がある。

第2-(3)-16図　企業存続年数別の1年後の見通し、賃上げ実施状況

○　スタートアップ企業等の方が成長見通しが高い傾向。
○　売上総額、営業利益、経常利益において高い成長見通しを持つ企業の中だけでみても、スタートアップ企業等は定期給与を5％以上増加させた企業割合が総じて高い傾向。

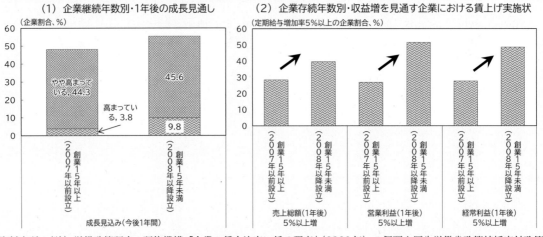

資料出所　（独）労働政策研究・研修機構「企業の賃金決定に係る調査」（2022年）の個票を厚生労働省政策統括官付政策統括室にて独自集計
（注）　1）（1）は、企業存続年数ごとに、現在と比べた今後1年間の成長見込みについて「高まっている」「やや高まっている」と回答した企業割合を集計。
　　　　2）（2）は、今後の企業収益の見通しを尋ね、1年後、5％以上の収益増加を見通す企業について、企業存続年数ごとに、2022年の一人当たり定期給与（6月分）の2021年比の増加率が5％以上であった企業の割合を集計したもの。
　　　　3）いずれも無回答を除く。

●我が国では起業が行いやすい環境が必ずしも整っていない可能性

我が国における開業率については、これまでもその水準の低さが大きな課題として認識されており、政府としても様々な取組を講じてきた[14]ところだが、改めて、我が国の開業率が低い背景についてみてみよう。第2-(3)-17図より、2021年におけるG7の18～64歳における起業活動に関する認識をみると、他の6か国と比較して、「事業機会として認識している」「知識・能力・経験がある」「起業活動が浸透している」の割合が我が国は低く、「失敗への脅威を感じる（失敗することに対する怖れがあり、起業を躊躇している）」の割合が高い。

ベンチャー企業の考える起業に当たっての障害について、第2-(3)-18図（1）をみると、「失敗に対する危惧（起業に失敗すると再チャレンジが難しい等）」が最も多く、次いで「身近に起業家がいない（起業という道を知らない等）」「学校教育（勇気ある行動への低い評価、課題を探し出す教育の欠如等）」が多い。同図（2）より、新規創業に当たって必要と考えられるものをみると、「意識・風土・風潮」が最も多いが、「再チャレンジ・セーフティネット」もほぼ同水準の4割強となっている。

こうした結果を踏まえれば、新規創業の促進にあたっては、起業を身近に受け止められる環境の整備が求められており、これに加えて、失敗しても再チャレンジができるようなセーフティネットも重要であると考えられる。

第2-(3)-17図　起業活動に関する認識（2021年）

○　我が国では、起業を「事業機会として認識している」、起業に必要な「知識・能力・経験がある」「起業活動が浸透している」割合が低い一方で、起業の「失敗への脅威を感じる」割合は高い。

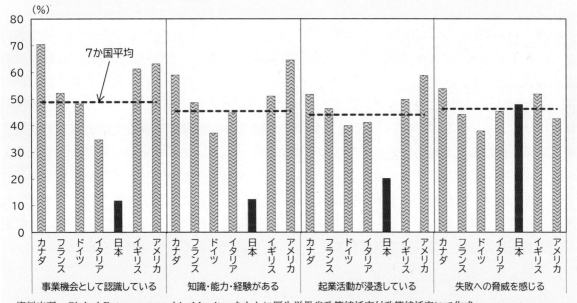

資料出所　Global Entrepreneurship Monitorをもとに厚生労働省政策統括官付政策統括室にて作成
（注）「事業機会として認識している」は「今後6ヶ月以内に、自分が住む地域に起業に有利なチャンスが訪れるか」という問いに対して「訪れる」と回答した成人（18～64歳）人口の割合、「知識・能力・経験がある」は「あなたは新しいビジネスを始めるために必要な知識、能力、経験を持っているか」という問いに対して「持っている」と回答した成人（18～64歳）人口の割合、「起業活動が浸透している」は「過去2年以内に新たにビジネスを始めた人を個人的に知っていますか」という問いに対し「知っている」と回答した成人（18～64歳）人口の割合、「失敗への脅威を感じる」は「あなたは失敗することに対する怖れがあり、起業を躊躇しているか」という問いに対し、肯定した成人（18～64歳）人口の割合を示す。

14　例えば、「日本再興戦略-JAPAN is BACK-」（平成25年6月14日閣議決定）において、開業率を10％台とする目標が掲げられており、これまでも、自治体等が行う創業支援事業への支援や、起業家教育等の起業意識向上に向けた取組、日本政策金融公庫による創業者への融資等の支援を行っている。

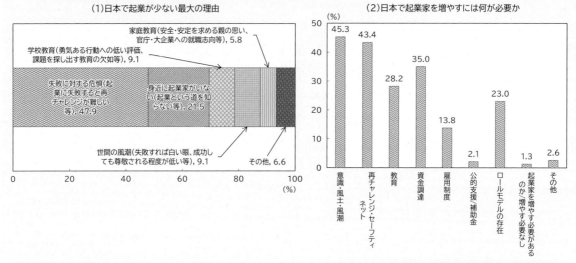

第2-(3)-18図　日本で起業が少ない最大の理由と起業家を増やすために必要なこと

○　「日本で起業が少ない最大の理由」について尋ねた結果をみると、「失敗に対する危惧（起業に失敗すると再チャレンジが難しい等）」が最も多く挙げられている。
○　一方、「日本で起業家を増やすには何が必要か」について尋ねた結果をみると、「意識・風土・風潮」が最も多く挙げられている。

資料出所　（一財）ベンチャーエンタープライズセンター「ベンチャー白書」をもとに厚生労働省政策統括官付政策統括室にて作成
　　（注）　1）（一財）ベンチャーエンタープライズセンターによって、設立5年以内のベンチャー企業を対象に実施された「ベンチャー企業の経営環境等に関するアンケート調査」の調査結果。
　　　　　　2）（1）は、2022年度に実施された調査の結果を示している（有効回答数：121）。（2）は、2018～2022年度に実施された調査の結果の平均値を示している（有効回答数：2018年度112、2019年度140、2020年度131、2021年度130、2022年度121）。

　政府においては、2022年12月に策定した「スタートアップ育成5か年計画」に基づき、スタートアップ企業の振興を図っており、厚生労働省としても、ハローワークにおけるマッチング支援等を通じた人材確保への支援や、副業・兼業[15]の促進等により、希望する労働者が円滑な労働移動ができるような環境の整備を行っている。加えて、セーフティネットの面では、雇用保険において、2022年7月1日より特例を新設[16]し、離職後に事業を開始等した方が、仮に事業を休廃業した場合でも、その後の再就職活動に当たって、基本手当を受給することを可能とする等の支援措置を講じている。高付加価値を実現できるスタートアップ企業が新たに多く生まれれば、我が国経済全体の振興と、その結果としての賃金増加へとつながる可能性もあることから、スタートアップ企業が成長していける環境を整備できるよう、引き続き、起業を支える人材の育成・確保等の環境整備を行っていく必要があるものと考えられる。

15　「働き方改革実行計画」（平成29年3月28日働き方改革実現会議決定）において「副業や兼業は、新たな技術の開発、オープンイノベーションや起業の手段、そして第2の人生の準備として有効である。」としている
16　原則離職の日から1年以内となっている基本手当の受給期間について、事業を開始した方が事業を行っている期間等は、最大3年間受給期間に算入しない特例が新設された。

コラム2-7　スタートアップ企業等における人材活用の取組について

　近年、ＩＴ関連市場の急速な成長に伴い、ＩＴ人材の需要が高まっている。そうしたなか、国内での採用活動に加え、海外のＩＴ人材の採用も積極的に行う企業が増えてきている。本コラムでは、エンジニア等の国内外のＩＴ人材が活躍できる環境を整備するため、人事評価制度の刷新や福利厚生制度の充実等に取り組み、スタートアップ企業から株式市場への上場を果たした株式会社メルカリの取組について紹介していく[17]。

【株式会社メルカリ】

　2013年創業の株式会社メルカリは、主にフリマアプリ「メルカリ」の企画・開発・運用を行う企業である（従業員数2,184名（連結）（2023年2月現在）、本社：東京都港区）。同社は2021年2月、新たな人事評価制度に移行した。その背景には、事業の多角化に伴い、従業員の国籍や経歴が多様化してきたことがある。現在、従業員の国籍は50か国にのぼり、職種別にみると最も多い「エンジニア」の半数を外国籍の従業員が占める。グローバル・スタンダードに近い制度にすることで、人事評価の納得感や透明性の向上を目指している。

　新制度では、「エンジニア」「人事」等のジョブごとにグレード、グレードごとに給与レンジが設定されており、昇給率や賞与に評価が反映される。評価軸は、「該当するグレードに期待される成果の評価」と「バリュー[18]をどれだけ発揮できたかの行動評価」の2本立てに改められた。本人があらかじめ設定した「ＯＫＲ（目標・主要な成果）[19]」に沿って起こしたインパクトの総量が、相対的に評価される。市場価値の変化に迅速に対応するため、給与レンジは半年～1年ごとに見直されており、評価による昇給・昇格は半年ごとに行われている。発揮されたパフォーマンスに対して、職種別の市場報酬水準を踏まえ競争力のある報酬を用意しているとのことである。これらの取組の結果、平均年収は約968万円（2022年6月現在）と、高い水準を保っている。

17　スタートアップ企業とは、一般的に設立10年未満の非上場企業を指すものの、ヒアリングを実施した2023年1月時点で設立10年未満であることや、背景にある事業の急成長や人事制度の動きなども踏まえ、既に上場していた株式会社メルカリに今回お話を伺った。

18　同社は、「新たな価値を生みだす世界的なマーケットプレイスを創る」等のミッションを達成するため、3つのバリュー「Go Bold（大胆にやろう）」「All for One（全ては成功のために）」「Be a Pro（プロフェッショナルであれ）」を掲げている。

19　ＯＫＲ（Objectives and Key Results）とは、「目標」と、目標の達成度を測る「主要な成果」を設定する目標管理手法である。

　また、福利厚生制度も充実させてきた。2016年2月に導入された「merci box（メルシーボックス）」は、出産・育児や介護、病気等で仕事を休まざるをえない際の支援等をまとめた制度である。育休期間中の給与を一定期間保証しているため、男性の育休取得率は84%と高く、平均2か月取得しているという。2021年9月に導入された「YOUR CHOICE」は、オフィス出社やフルリモートワーク勤務等、ワークスタイルを自ら選択できる制度である。日本国内であればどこでも居住・勤務可能とし、通勤交通費は月15万円を上限に支給されている。加えて、多様な人材が活躍できる環境づくりを目指す取組も行われている。2021年11月に導入された「Mercari Restart Program」は、出産・育児、介護等により一度キャリアを離れた方を対象に、3か月程度の有給の就業型インターンシップを提供することで、職場復帰をサポートするプログラムである。

　新たな人事評価制度へ移行後、従業員から「自分がやったことが報われやすくなった」「評価の透明性が上がった」等の声があったという。同社が定期的に実施しているアンケート調査では、「現在の人事評価制度が、自分や会社のパフォーマンスやバリューを強化するような制度だと思うか」と質問した結果、「はい」と回答した割合が、新制度移行前に比べ約20%ポイント上昇した。また、eNPS[20]のスコアが直近の2年間で約40ポイント上昇しており、リファラル採用[21]は中途採用の約4割を占めている。

　同社の執行役員CHRO（最高人事責任者）は、「事業が多角化してきているため、より多様な人材の獲得が事業成長に不可欠となる。海外人材の採用活動は今後も強化していきたい」と述べている。同社の取組は、人事評価制度の刷新や福利厚生制度の充実等により、人事評価の納得感や透明性、社員のエンゲイジメントの向上につなげた好事例であるといえよう。

メルカリ東京オフィス

20　eNPS（Employee Net Promoter Score）とは、「親しい知人や友人にあなたの職場をどれくらい勧めたいか」を尋ね、「職場の推奨度」を数値化したもの。
21　リファラル採用とは、自社の従業員に知人・友人などを紹介してもらう採用手法。通常の中途採用と同様に、面接等を経て採用の可否を決める点に特徴がある。

（2）転職によるキャリアアップと賃金の関係

　労働者が主体的にキャリア形成を行うに当たっては、転職も手段の一つとなる。「働き方改革実行計画」（平成29年3月28日働き方改革実現会議決定）においては、「転職が不利にならない柔軟な労働市場や企業慣行を確立すれば、労働者が自分に合った働き方を選択して自らキャリアを設計できるようになり、付加価値の高い産業への転職・再就職を通じて国全体の生産性の向上にもつながる。」とされている。また、「三位一体の労働市場改革の指針」（令和5年5月16日新しい資本主義実現会議決定）においても、「リ・スキリングによる能力向上支援、個々の企業の実態に応じた職務給の導入、成長分野への労働移動の円滑化、の三位一体の労働市場改革を行い、客観性、透明性、公平性が確保される雇用システムへの転換を図ることが急務である。これにより、構造的に賃金が上昇する仕組みを作っていく。」とされており、内部労働市場と外部労働市場をシームレスにつなげ、社外からの経験者採用にも門戸を開き、労働者が自らの選択によって、社内・社外共に労働移動できるようにしていくことが重要である。

　転職については、厚生労働省（2022）において、「主体的なキャリア形成と労働移動についての課題」として、自己啓発の関係等を中心について分析したが、ここでは、賃金との関係性に特に着目して分析を行う。

第3章

●**転職へのニーズは高いが実現できていない現状**

　まず、転職の現状についてみてみよう。第2-(3)-19図（1）により、常用労働者数に対する転職入職者数の割合を示す転職入職率の推移をみると、1990年代後半以降、上昇傾向で推移している。ただし、一般労働者・パートタイム労働者別にみると、パートタイム労働者では上昇傾向である一方で、一般労働者についてはほぼ横ばいで推移している。同図（2）より、2013年以降の転職等希望者と転職者数の動向についてみると、転職等希望者も転職者も増加しており、2019年までは転職等希望者と転職者の比率も上昇していた。しかし、感染症の影響等もあり、2020年以降、転職等希望者と転職者の比率は大きく低下している[22]。2020～2022年についてみると、転職へのニーズは高い水準で推移している中で、必ずしも転職が実現できていない可能性がある。

第2-(3)-19図　**転職を取り巻く現状**

○　一般労働者の転職入職率はほぼ横ばい。
○　転職等希望者と転職者の比率は2020年以降低下。

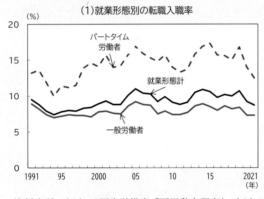

（1）就業形態別の転職入職率

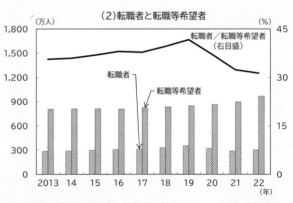

（2）転職者と転職等希望者

資料出所　（1）は厚生労働省「雇用動向調査」、（2）は総務省統計局「労働力調査（詳細集計）」をもとに厚生労働省政策統括官付政策統括室にて作成
　（注）　1）転職等希望の有無については、2012年以前には基礎調査票において調査されていたものの、2013年以降、特定調査票に調査項目が移行されており、連続性を確保する観点から、ここでは2013年以降の結果を示している。
　　　　2）（2）の2013～2016年までの転職等希望者数は、2015年国勢調査基準のベンチマーク人口に基づいた数値。2018～2021年までの転職等希望者数は、2020年国勢調査基準のベンチマーク人口に基づいた数値。

22　2020年、2021年において、転職した理由を「より良い条件の仕事を探すため」とする転職者数が大きく減少している（第1-(2)-22図（2）を参照）。

●**転職を経ると２年後に年収が大きく上昇する確率が高まる**

　転職等希望者が増加する中で、仮に転職した場合に、転職後の賃金はどのように変動するだろうか。

　まず、第２-（３）-20図（１）より、年齢別に転職前後における賃金変動D.I.を確認してみよう[23]。年齢計でみると、おおむね０近辺で推移しているが、年齢別にみると、25～34歳、35～44歳では、一貫して０を上回っており、賃金が増加した者の方が、減少した者よりも多いことが分かる。一方で、45～54歳の転職では、０を下回っており、賃金が減少した者の方が多いことが分かる。

　次に、転職後の長期的な賃金の増減について確認するため、経年的に同一の個人を調査しているパネル調査を用いて、転職が賃金増加に与える影響の推計を行った。具体的には、年収の増加に対して、転職がどの程度インパクトを持つかを確認するため、個人の賃金を少なくとも４年間連続で追跡したデータを用いて、転職があった場合に、転職から２年後、１年後、転職年に、転職前と比べて年収が100万円以上増加する確率を、ロジスティック回帰分析により推計した。同様に、年収が50万円以上及び０万円以上増加する確率でも推計している[24]。同図（２）はロジスティック回帰分析による限界効果をみたものである。「転職年」の場合には、「３年前と比べて年収が増加」する確率は15％程度マイナスになっており、転職した年は、転職前よりも賃金が減少する確率が高くなる（転職は賃金に対してマイナスの影響を及ぼしている）ことが分かる。「転職から１年後」の場合にも、「３年前と比べて年収が増加」した割合は10％程度マイナスになっており、転職が賃金に対してマイナスの影響を及ぼしている。一方で、「転職から２年後」の場合には、「３年前と比べて年収が増加した」割合に有意な差はないため、転職から２年経つと、転職しなかった場合と比べて、転職が賃金に対して及ぼすマイナスの影響は消失している。加えて、「３年前と比べて年収が100万円以上増加」「３年前と比べて年収が50万円以上増加」した割合は有意にプラスとなっており、転職は、転職前の年収を転職から２年で100万円以上増やす確率を７％程度、50万円以上増やす確率を４％程度上昇させることが分かる。このように、転職直後は賃金が減少する確率が高くなるものの、転職２年後には、転職前の企業で勤続するよりも年収が大きく増加する確率が高まると考えられる。

23　賃金変動D.I.は、転職後の賃金が「増加」した者の割合から、転職後に「減少」した者の割合を差し引いたものである。プラスであれば、転職により賃金が増加した者の方が、マイナスであれば減少した者の方が多い。なお、ここでは、転職に伴う雇用形態による変動を除くため、一般労働者から一般労働者への転職のみを集計した。
24　年齢により転職前後の賃金変動に差があることや60歳以上では定年により年収が大きく減少する者もいること、転職により企業規模や雇用形態が変化した場合にも年収は大きく変動することから、年齢、企業規模、産業等についてもコントロールした。推計の詳細は付２-（３）-３表を参照。

第2-(3)-20図　**転職が賃金に及ぼす影響**

○　若年層では、転職により賃金が増加する者の方が減少する者よりも多い。
○　転職により、2年後に年収が100万円以上増加する確率は7％程度、50万円以上増加する確率は4％程度高まる。

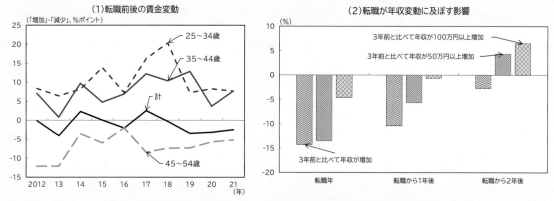

(1)転職前後の賃金変動

(2)転職が年収変動に及ぼす影響

資料出所　（1）は、厚生労働省「雇用動向調査」をもとに厚生労働省政策統括官付政策統括室により作成
　　　　　（2）は、リクルートワークス研究所「全国就業実態パネル調査」の個票を厚生労働省政策統括官付政策統括室にて独自集計
（注）　1）（1）は、一般労働者から一般労働者へ転職した者の転職前後の賃金変動を示している。賃金が「3割以上増加」「1割以上3割未満増加」「1割未満増加」を「増加」として、「3割以上減少」「1割以上3割未満減少」「1割未満減少」を「減少」として、それぞれの年齢別の転職者に占める「増加」から「減少」の者の割合を引いたもの。
　　　　2）（2）は、同一雇用形態間での転職者について、その後の年収が100万円以上、50万円以上、0万円以上増加した者の割合をロジスティック回帰分析にて推計したもの。点線は有意ではない係数を指す。

●**転職により個人の希望が実現する中で、経済全体の生産性も向上する可能性**

　転職による効果は年収以外にも様々考えられる。転職前後における変化を確認するため、同じく同一個人を経年的に追ったパネル調査を用いて、①転職した正規雇用労働者（以下この項において「転職あり労働者」という。）、②継続して勤め続ける正規雇用労働者（以下この項において「転職なし労働者」という。）の2つのグループに分けて、転職前後における満足度や仕事へのモチベーション等の変化について確認しよう[25]。第2-(3)-21図（1）により、生活への満足度が高い労働者の割合をみると、転職あり労働者の方が、転職前の満足度は低いものの、転職後の満足度が上昇している。同図（2）により、キャリア見通しが開けている者の割合をみると、転職あり労働者の方が、転職前では低いが、転職後に大きく高まり、転職なし労働者の割合を逆転している。同図（3）（4）により、成長の実感や仕事への満足度が高い者の割合についてみても、転職あり労働者は10％ポイント近く改善している。最後に、同図（5）（6）より、生き生きと働くことができた、仕事に熱心に取り組んでいた者の割合をみると、転職あり労働者では、転職後、転職なし労働者と同等程度まで改善していることが確認できる。

　転職により、職場環境や待遇、役割が変わることで、生活の満足度やキャリア見通し、成長の実感、仕事へのモチベーションも高まっているものと考えられることから、転職は、個々人の希望の実現に寄与しつつ、仕事へのエンゲイジメントを高め、結果として経済全体の生産性

25　転職前後の状況が混在することを避けるため、どちらのグループについても3年以上連続して回答した者に限って集計している。このため、①転職あり労働者、②転職なし労働者のグループの比較については、①データが集計された1年目は正規雇用であり、2年目に転職し、3年目は転職した会社に勤め続けている者と、②データが集計された1～3年目を通して同じ会社で正規雇用として勤続し続けている者を比較している。なお、4年以上連続して回答している場合には、直近の3年間の回答を用いて集計している。

向上にもつながる可能性[26]があると考えられる。

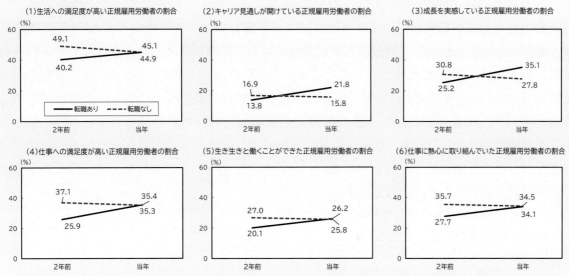

| 第2-（3）-21図 | 正規雇用労働者における転職前後の満足度等の変化 |

○　正規雇用労働者は転職により、生活の満足度等や、キャリア見通し等が改善する可能性。

資料出所　リクルートワークス研究所「全国就業実態パネル調査」の個票を厚生労働省政策統括官付政策統括室にて独自集計

（注）　1）「仕事に熱心に取り組んでいた正規雇用労働者」以外は、2016～2022年における正規の職員・従業員の転職前後のデータを用いて集計している。「仕事に熱心に取り組んでいた正規雇用労働者」のみ、当該調査項目が追加された2017～2022年のデータを用いている。

　　　2）転職前後の満足度等を比較するに当たっては、転職当年には、転職前と後の状況が入り混じることを踏まえ、転職の1年前と転職の1年後の状況を比較している。このため、少なくとも3年連続で回答しているサンプルに限って集計している。なお、4年以上回答している者については、最新年の回答を基準に3年間の回答を用いている。ウェイトバックは行っていない。

　　　3）「生活への満足度が高い正規雇用労働者」は、「生活全般についてどの程度満足していましたか」に対し、「まあ満足していた」「満足していた」と回答した者。

　　　4）「キャリア見通しが開けている正規雇用労働者」は、「今後のキャリアの見通しが開けていた」という項目に対し、「どちらかというとあてはまる」又は「あてはまる」と回答した者。

　　　5）「成長を実感している正規雇用労働者」は、「仕事を通じて、「成長している」という実感を持っていた」という項目に対し、「どちらかというとあてはまる」又は「あてはまる」と回答した者。

　　　6）「仕事への満足度が高い正規雇用労働者」は、「仕事そのものに満足していた」という項目に対し、「どちらかというとあてはまる」又は「あてはまる」と回答した者。

　　　7）「生き生きと働くことができた正規雇用労働者」は、「生き生きと働くことができていた」という項目に対し、「どちらかというとあてはまる」又は「あてはまる」と回答した者。

　　　8）「仕事に熱心に取り組んでいた正規雇用労働者」は、「仕事に熱心に取り組んでいた」という項目に対し、「どちらかというとあてはまる」又は「あてはまる」と回答した者。

26　厚生労働省（2019）においては、ワーク・エンゲイジメントの向上が、生産性を高める可能性が指摘されている。

第3章

●希望する人が転職しやすい環境の整備が重要

　転職による年収の増加や、生活の満足度やキャリア見通し、仕事へのモチベーション等の改善について確認したが、こうした転職の利点が示唆される中で、なぜ実際に転職に踏み出す者は大きく増えていないのだろうか。ここでは、転職を希望しつつ転職しなかった理由をみてみよう。第2-(3)-22図（1）より、20～40歳台の正社員・正職員であって、情報収集以上の転職活動をしたが転職していない者について、転職しなかった理由をみると、「転職活動をする時間がない」に次いで「賃金や処遇の条件に対して希望に合うものが少ない」があげられており、希望する処遇と求人とのミスマッチがうかがわれる。また、「自分に合う業種がわからない」「自分に合う職種がわからない」等、自分の職務経験やキャリアへの理解不足を感じる人も多い[27]。同図（2）より、45～74歳の中高年層において、転職を希望しつつ転職しなかった理由をみると、「新しい環境に不安だったから」が最も多くあげられている。転職には様々なプラスの効果があると考えられるが、会社の文化や求められる役割の違い等への不安が中高年層では強いことがうかがえる。

第2-(3)-22図　希望しつつも転職をしなかった理由

○　20～40歳台では自分の職務経験やキャリアをどういかせば良いのかが分からないという人が一定割合存在。
○　中高年層では、新しい環境への不安が転職を躊躇させる主因。

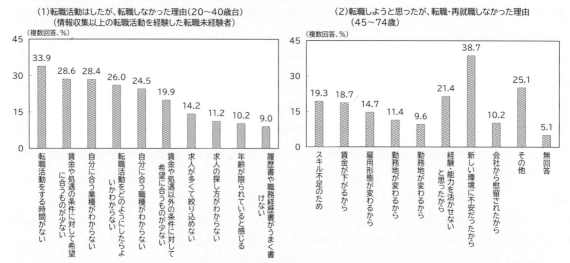

資料出所　（1）は（株）リクルート「就業者の転職や価値観等に関する実態調査2022」、（2）は（独）労働政策研究・研修機構「中高年齢者の転職・再就職調査」をもとに厚生労働省政策統括官付政策統括室にて作成
　（注）　1）「就業者の転職や価値観等に関する実態調査2022」は、2022年3月に20～65歳の就業者を対象に行われた調査であり、そのうち有効回答数は13,240人である。なお、（1）は、「正社員・正職員」（サンプルは8,808人）のうち、20～40歳台（サンプルは830人）を集計したものであり、「転職活動はしたが、転職しなかった理由」のうち上位10項目を表示している。
　　　　　2）「中高年齢者の転職・再就職調査」は、2015年1～2月に45～74歳の中高年齢者を対象に行われた調査であり、そのうち有効回答数は5,357人である。「転職・再就職しなかった理由」については、「転職・再就職経験がない場合、転職・再就職をしようと思ったことがありますか。」に対し、「しようと思ったことはある」と回答した者だけを集計している。

　転職は個々人の年収を大きく増加させる可能性があるほか、仕事へのモチベーションの改善等を通じて、企業の生産性向上にも資する可能性がある。しかし、自分のキャリアや職務経験

27　厚生労働省（2022）においても、主体的な転職やキャリアチェンジ（職種間の労働移動）に当たってのキャリアの見通しや自己啓発の重要性が指摘されており、キャリアの棚卸し等を通じた自律的なキャリア形成の意識を高めること等が必要となることが示唆される。

への深い理解が必要であり、また中高年層では、環境を変えることに対する不安等もあることが分かった。

　これまでも政府としては、希望する人が転職しやすい労働市場を整備する観点から、ジョブ・カードの活用やハローワークを通じた就職相談、job-tag[28]を通じた職業に必要なスキルやその職業の性質の見える化、「職場情報総合サイト（しょくばらぼ）」を通じた職場情報の開示等に取り組んでおり、引き続き、円滑な労働移動が可能な労働市場の確立に向け、必要な取組を講じていくことが重要である。

28　job-tag（職業情報提供サイト（日本版O-NET））とは、厚生労働省が公表するWebサイトであり、様々な職業の仕事内容、就業までのルート、労働条件、求められるスキル・知識などを、分かりやすい解説文や動画、数値データで紹介している。

コラム2−8　ジョブ型人事制度導入の取組について

　近年、いわゆるジョブ型人事制度が注目されている。濱口（2021）によると、「ジョブ型とは、まず最初に職務（ジョブ）があり、そこにそのジョブを遂行できるはずの人間をはめ込」[29]む雇用システムであり、欧米社会等で広く浸透している。我が国においても、ホワイトカラーの処遇と職務の明確化等の観点から導入の動きがある中で、政府は、日本企業と海外企業との賃金格差の縮小等に向け、個々の企業の実態に合った職務給の導入を促すこととしている[30]。

　厚生労働省では、労働政策審議会労働政策基本部会において、2022年2月以降、労働政策の中長期的課題を審議する中で、リスキリング、ジョブ型人事制度等についても取り上げており、2023年4月にコラム2−8表のように、各企業の人事制度について整理している。本コラムでは、ここで取り上げられた企業のうち、ジョブ型人事制度を導入している企業として、株式会社日立製作所の取組について紹介していく。

【コラム2−8表　各企業の人事制度】

	就社型（メンバーシップ型）	ヒアリングでわかった各企業の取組事例				就職型（ジョブ型）
		伊藤忠商事	KDDI	アフラック	日立製作所	
採用	新卒採用での育成が基本。潜在能力を重視、社風に合うか。	採用力を活かした新卒採用での育成が主体であったが、多様な経験を有する即戦力キャリア採用も増加傾向。	新卒採用と同等の割合にキャリア採用を拡大。新卒採用は一部インターンシップを活用し、スキル・経験を確認。	新卒は潜在能力を重視、経験者は即戦力となるスキルを重視。新卒でもチャレンジしたい領域が明確な場合は、内定時に初期配属を確約する制度を活用し、主体的なキャリア形成を支援。	経験者および新卒採用についても一部を除いてスキル・経験を重視。新卒は潜在能力も重視。	欠員補充が基本。ポストに見合う職務経験を重視。
人事権	人事部門にて管理。	部門ごとの管理を基本。（全社重要役職を除く）	部署ごとに管理を基本。一部を人事部門にて管理。	部署（部門）ごとに管理を基本。人事部門は各部門を支援・コンサルティングし、全社最適の観点で配置を実現。	部署ごとに管理を基本。チェック機能など一部を人事部門にて管理。	部署ごとに管理。
職務・配置	職務・勤務地等が限定されない。→人事異動が容易。様々な部署の社内異動やグループ内企業を異動。職種転換も頻繁。→ジェネラリスト指向→社内異動（内部労働市場）中心	職務・勤務地等が限定されない。（「原語」制により、人材育成・配置の責任部門を特定）・部門主体で本社・海外・出向派遣等のローテーションを実施し、ジェネラリストを育成・本人希望に基づく異動手段として、「チャレンジ・キャリア制度」を実施	一部で公募制を実施。ジョブに必要な人材が社内にいない場合は社外から獲得。・社内異動（内部労働市場）中心。・スペシャリスト指向一部の新卒採用者には内定時に初期配属を確約するなど、若手の希望を考慮。	一般社員含め全てのポストの職務記述書を策定し、職務を明示。主体性を重視した公募制を実施し、社内外から当該ジョブに最適な人材を獲得。他方、コアビジネスの理解と自身の適性を見極めるために、キャリア初期は会社主導の異動も組み合わせたジョブローテーションを実施。	職務記述書により職務を明示。一部で公募制を実施。社内外から当該ジョブに最適な人材を獲得。→人事異動は本人の意思を考慮。（人事権は会社が保持）→スペシャリスト指向	職務・勤務地等を限定（職務記述書を作成）。ポストの公募により配置。→異動は新規雇用。→転籍・再就職が頻繁。→スペシャリスト指向→外部労働市場中心
評価	社内資格による評価が基本。	個人の能力・成果に基づく評価。	KDDI版ジョブディスクリプション（グレード定義×専門領域定義）に基づき、成果や挑戦、能力を評価。	職務記述書に明示された職務の大きさに応じてグレード（職務等級）を定め、それに応じて評価。	一般職は職能等級、管理職は職務等級。管理職・一般職ともに、目標の達成度・成果に基づく評価を実施。	業界・職種横断資格による評価を考慮。
育成	会社によるキャリア形成OJTが基本。社内研修は階層別研修が基本。近年は選抜研修。	部門が各社員の配置・育成に責任を持ちつつ、人事・総務部キャリアカウンセラーによる定期的な面談等により、各社員の主体的なキャリア形成を最大限に支援。	社員の自律的キャリア形成を促進。DXを中心とした社内大学を設立しDX人材育成を強化。	管理職の支援のもと、個人主導の自律的キャリア形成を促進。パーソナライズされた能力開発支援と、会社主導（全社共通・各部門ごと）の能力開発支援の両輪で人材育成を実施。	個人主導の自律的キャリア構築を促進。会社は個人の自主的な取組に伴走してキャリア形成を支援。（職務・スキルの見える化、キャリア開発の機会付与、リスキル教育実施）	キャリア自立が必要。Off-JT（教育機関との連携、インターン、有期雇用での実務経験、職業コミュニティーでの交流など）を重視。

資料出所　労働政策審議会労働政策基本部会　報告書「変化する時代の多様な働き方に向けて」参考資料（2023年4月26日公表）より引用

29　ジョブ型雇用の定義は濱口（2021）による。

30　新しい資本主義のグランドデザイン及び実行計画2023改訂版（令和5年6月16日閣議決定）においては、「職務給の個々の企業の実態に合った導入等による構造的賃上げを通じ、同じ職務であるにもかかわらず、日本企業と外国企業の間に存在する賃金格差を、国ごとの経済事情の差を勘案しつつ、縮小することを目指す。」とされている。

【株式会社日立製作所】

　世界有数の総合電機メーカーである株式会社日立製作所（従業員数322,525名（連結）（2023年3月現在）、本社：東京都千代田区）は、「ジョブ型人財マネジメント」への転換を進めている。転換を進める理由は、多様な人材が場所・時間の制約を超え、一体となって事業を推進していくためとのことである。背景には、ＤＸの進展等によりビジネスがグローバル化していることに加え、世界的に高度人材獲得競争が激化するなど、事業環境の変化がある。また、少子高齢化の進行等の日本が抱える社会課題に加え、従業員の価値観やライフスタイル等が多様化していることが挙げられる。同社ではこれらの状況を踏まえ、年齢・性別・国籍等の属性によらず、従業員本人の意欲・能力に応じた「適所適財」の配置により、組織・個人双方の成長を目指しているという。

　同社は、2011年からグループ・グローバル共通の「人財マネジメント基盤」の整備を進めてきた。グループ・グローバルに人材情報を把握するため、2012年度に「グローバル人財データベース」の構築を開始し、社員約25万名（当時）の人材情報をデータベース化しており、各種人材施策のアプリケーションに活用している。

　処遇制度については、管理職を対象にジョブ型を踏まえた制度を導入しており、今後は一般社員にも導入していくことを検討しているとのことである。具体的には、管理職を対象に、2013年度にグループ・グローバル共通の役割グレード「日立グローバル・グレード」を導入し、翌2014年度に役割（職責）をベースとする処遇制度への改定を行った。同社人事担当者によると、管理職は給与制度の改定前から職能と職位に応じて報酬を決定していたため、給与はスライドになったケースが主だったが、役割を改めて評価した結果、給与が増加したケースや減少したケースもあったという。この改定によって、年齢や経験年数に関わりなく、若手や外部の経験者、外国人などを含めた「適所適財」の配置がしやすくなったという。

　また、2021年度に管理職を対象に、ポジションごとに職務概要や必要なスキル等を明示した「職務記述書（ジョブディスクリプション）」を導入し、2022年7月より一般社員にも対象を広げている。採用については、新卒・中途ともに、職務を起点としたジョブ型採用を強化しており、2022年度の中途採用比率は約43％となっている。中途採用時には社内公募も同時に実施しており、社員の自らの意思による異動の機会拡充や社内の人材の流動性の向上を図っている。

　これまでは会社主導の人事異動などを通じたキャリア形成を主としてきたが、「ジョブ型人財マネジメント」においては、従業員が自律的にキャリアを築いていく必要があるという。同社は、従業員の意識・行動変革のため、各種施策を展開している。例えば、職務記述書導入を契機とした上長と部下間のキャリア対話の強化や、ＡＩを活用して従業員の自律的な学びを促す「学習体験プラットフォーム」の導入を実施している。2023年度にはキャリアについて相談できる社内キャリアエージェントの設置等も予定されている。

第3章

　「ジョブ型人財マネジメント」への転換に当たっては、従業員から戸惑いの声もあった。そのため、同社は2017年より、春季交渉以外にも、人事担当役員が出席する「Next100労使委員会」[31]を計11回開催するなど、労働組合との議論を積極的に行ってきた。また、従業員からの「ジョブ型に転換すると、チームワークが低下してしまうのではないか」等の疑問や懸念については、階層別の対話やeラーニング等を実施し、丁寧なコミュニケーションを図っている。

　同社人事担当者は、「ジョブ型人財マネジメントへの転換にあたっては、従業員の意識・行動の変革が重要だが、これらを急に変えることはできない。今後も労働組合と協議を重ねたり、教育機会を設けたりしながら、着実に転換を進めていく」と述べている。同社は、従業員の納得を得られるよう時間をかけて取組を進めており[32]、こうした労使での対話や学習支援の仕組みの構築などの丁寧な対応は、今後、同様にジョブ型人事制度への転換を進めようとしている企業にとって参考となるといえよう。

「人財マネジメント基盤」確立の経緯（株式会社日立製作所）

31　「Next100労使委員会」とは、同社の労使が次の100年を見据え、人材関連テーマについて中長期の視点で幅広く労使で議論する場である。
32　労働政策審議会労働政策基本部会報告書「変化する時代の多様な働き方に向けて」（令和5年4月26日公表）においては、ジョブ型人事の導入において、①ポストに見合った人材を広く社内外から求める、②キャリアアップに伴う再教育支援の仕組み、③労働者一人ひとりのキャリア志向に対応する、④職務以外の情報共有や組織貢献意欲を促す仕組み等の配慮も必要であるとしている。また、同報告書では、導入に当たっては事前に丁寧な労使コミュニケーションを行うことが必要としている。

186

（3）正規雇用を希望する非正規雇用労働者の正規雇用転換に向けて

最後に、非正規雇用労働者の正規雇用への転換について取り上げよう。非正規雇用労働者については、「正規の仕事がないため」に就いている者の割合は低下傾向にある[33]ものの、正規雇用労働者と比べた賃金格差が大きいことや能力開発機会が乏しいこと等の課題も指摘[34]されており、その待遇の改善は賃金の底上げを図る観点から重要である。厚生労働省においては、最低賃金の引上げや正規雇用労働者と非正規雇用労働者との不合理な待遇差の解消を目指す、いわゆる同一労働同一賃金の着実な実施により、非正規雇用労働者の待遇改善に向けた政策を講じているが、これらについては、第3節において取り扱うこととし、ここでは、非正規雇用労働者の正規雇用への転換について取り上げる。

●正規雇用労働者の増加は、男女ともに正規雇用からの離職が減少したことも影響

正規・非正規雇用労働者数の推移について確認すると、既に第1-（2）-6図（2）でみたように、ここ10年では正規・非正規ともに増加傾向となっている。特に女性の正規雇用労働者数は、感染症により雇用情勢が一時的に悪化した2020～2021年を経ても一貫して増加傾向にある。

正規雇用労働者数が増加する要因としては、大きく分けて、①正規雇用での新規就業者の増加、②正規雇用からの離職者の減少の2つが考えられる。総務省統計局「労働力調査」が2か月連続で同一サンプルを調査していることを利用して、これら2つの動きについて確認してみよう[35]。

まず第2-（3）-23図（1）～（4）により、男性についてみると、非正規雇用から正規雇用への移行確率や、非労働力・失業から正規雇用への移行確率は低下していることから、正規雇用への転換が進んでいることは確認できない。ただし、正規雇用から非正規雇用、正規雇用から非労働力・失業への移行確率も低下しており、正規雇用を離職する割合が経年的に低下していることは確認できる。男性の正規雇用労働者が増加している背景には、正規雇用労働者が非正規雇用や、非労働力や失業へと移行することが減少してきたことが背景にあるものと考えられる[36]。

同図（5）～（8）により、女性についてみると、おおむね男性と同様の傾向であるが、非労働力・失業から正規雇用への移行確率のみ長期的に上昇している。女性の正規雇用労働者が増加した背景については、男性と同様に正規雇用から非正規雇用や非労働力・失業への移行が減少傾向であることが一因であるが、これに加えて、失業や非労働力から新たに正規雇用として就業する者が増加したことも要因として考えられる。

33　第1-（2）-10図を参照。
34　付2-（3）-4図より、正社員と比べて非正規雇用労働者の手当を受けられる割合や、教育訓練を受講できる割合が低いことが確認できる。
35　具体的には、前月と今月で就業状態が異なっている者の数を、前月の就業状態における合計数で除すことにより「移行確率」を定義し、その動向を確認している。なお、季節性を除去する観点から、各月の移行確率について12か月移動平均を計算している。
36　詳細は付注2を参照。

第2-（3）-23図　雇用・就業形態間の移行確率

○　男性では、正規と非正規間、正規と非労働力・失業間の移行確率は低下傾向。
○　女性では、非労働力・失業から正規への移行割合が上昇傾向。

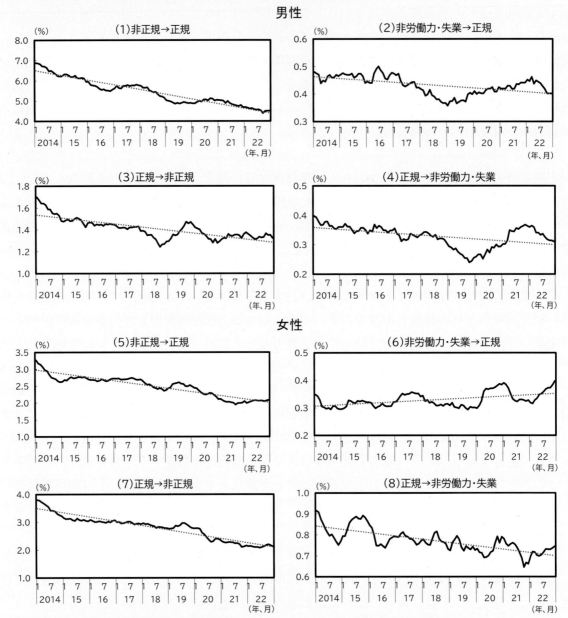

資料出所　総務省統計局「労働力調査（基本集計）」をもとに厚生労働省政策統括官付政策統括室にて作成
　（注）　1）各月の移行確率の12か月移動平均を用いている。
　　　　　2）移行確率の算出は下記のとおり。

$$移行確率 = \frac{t\,月のフローデータ}{t-1\,月のストックデータ}$$

例えば、非正規→正規の移行確率は、

$$移行確率 = \frac{t-1\,月に非正規雇用であって、t\,月に正規雇用で働いている者}{t-1\,月に非正規雇用であって、t\,月に回答した者}$$

として計算される。

●正規雇用転換により年収が増加するほか、自己啓発やキャリア見通しにも望ましい影響が生ずる可能性

非正規雇用労働者が正規雇用に転換すると、転換した労働者にはどのような変化が生じるだろうか[37]。ここでは、同一個人を複数年にわたって追跡したパネル調査を用いて、①正規雇用へ転換した非正規雇用労働者（以下「転換労働者」という。）と、②非正規雇用を継続した者（以下「継続労働者」という。）の２つのグループに分けて、それぞれ年収や自己啓発、キャリア見通しの変化をみてみよう[38]。

第２-（３）-24図（１）により、転換労働者と継続労働者について、平均年収の変化をみると、継続労働者の年収はほぼ横ばいである一方で、労働時間の増加や職務の内容や責任の変化等により、転換労働者の年収は150万円程度増加している[39]。同図（２）により、キャリア見通しが開けている労働者の割合についてみても、正規雇用転換した場合には上昇している。転換労働者については、転換前からキャリアの見通しが開けている割合は高いが、転換後にはその割合が更に高まっている。すなわち、より安定した正規雇用へ転換する中で、長期的にも自分のキャリアについての見通しを持つようになったものと考えられる。同図（３）より、成長を実感している労働者割合の変化をみても、継続労働者では成長の実感が下がっている一方で、転換労働者では上昇している。正規雇用転換による職務の内容や責任の変化等によって、より成長を感じられるようになったものと考えられる。最後に、同図（４）より、自己啓発活動を行うようになった労働者の割合についてみても、転換労働者では増加しており、キャリア見通しが開け、賃金も増加する中で、より自己啓発を行うようになったことがうかがえる。

こうした傾向を踏まえれば、非正規雇用労働者の正規雇用転換は、年収を増加させるだけではなく、安定した雇用に移ることにより、キャリアの見通しを開かせ、より成長を実感できるようにし、自己啓発の取組を高める可能性がある。

第3章

---

37 正規雇用への転換に向けては、2013年に５年以上同一の職で働く非正規雇用労働者が本人の申込みにより無期雇用へ転換されるルールの規定が施行されている。厚生労働省においては、キャリアアップ助成金などを通じて、希望する非正規雇用労働者の正規雇用への転換を促している。

38 なお、本図においても、第２-（３）-21図と同様、転換前と転換後の状況が混在することを防ぐため、どちらのグループについても３年以上連続して回答した者に限って集計している。このため、例えば、①非正規雇用から正規雇用へ転換した者の年収については、データが集計された１年目は非正規雇用であり、２年目に正規雇用に転換し、３年目は正規雇用として勤めている者と、②データが集計された１～３年目を通して非正規雇用として勤続している者を比較している。

39 労働時間の短いパートタイム労働者が、正規雇用転換によりフルタイムとなることで、労働時間が変化することによる効果を含むことに留意が必要。

第2-(3)-24図　非正規雇用から正規雇用に転換した労働者の年収等の変化

○　非正規雇用労働者は、正規雇用転換により、年収だけではなく、成長の実感等も改善する傾向。

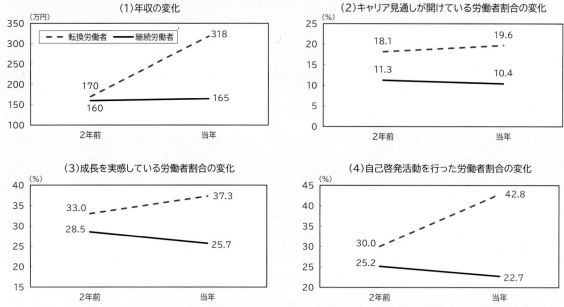

資料出所　リクルートワークス研究所「全国就業実態パネル調査」の個票を厚生労働省政策統括官付政策統括室にて独自
集計

（注）　1）「転換労働者」とは非正規雇用から正規雇用に転換した者、「継続労働者」とは非正規雇用を継続した者を
指す。

2）非正規雇用から正規雇用に転換する労働者については、転換した年の年収、キャリア見通し等について、
転換前・後の雇用形態におけるものが混在していることから、転換した前年と翌年（すなわち、「2年前」
と「当年」）の回答を用いて比較している。非正規を継続した労働者についても、転換した労働者と比較で
きるよう、おなじく2年前と当年を比較した。なお、数年連続で回答している者について、最新年の回答を
基準に3年連続の回答を使用している。ウェイトバックは行っていない。

3）「成長を実感している労働者」は、「仕事を通じて、「成長している」という実感を持っていた」に対し、
「どちらかというとあてはまる」又は「あてはまる」と回答した者である。

4）「キャリアの見通しが開けている労働者」は、「今後のキャリアの見通しが開けていた」という項目に対し、
「どちらかというとあてはまる」又は「あてはまる」と回答した者である。

5）「自己啓発活動をするようになった労働者」は、「自己啓発活動の有無」に対し、「行った」と回答した者で
ある。自己啓発は、「自分の意志で、仕事に関わる知識や技術向上のための取り組み」であり、例えば、本
を読む、詳しい人に話を聞く、自分で勉強する、講座を受講する等を指す。

　　第1-(2)-10図でもみたとおり、雇用情勢が改善する中で、正規雇用を希望するものの正
規雇用の仕事がないために非正規雇用労働者として働く、いわゆる不本意非正規雇用労働者に
ついては大きく減少してきた。このため、現状においては、自らの希望として非正規雇用を選
択している者が多いものと考えられるが、同一個人を複数年にわたって追跡したパネル調査で
みても、正規雇用に転換することによって、年収だけではなく、キャリア見通しや自己啓発に
も望ましい影響が生ずる可能性があることを確認できた。引き続き、正規雇用を希望する非正
規雇用労働者については、企業内での転換や正規雇用の仕事への転職が行えるよう、キャリア
アップ助成金等を通じた支援や、ハローワークにおける正社員就職に向けたきめ細かな就職支
援等を着実に行っていくとともに、非正規雇用労働者が増加する中にあっては、本章第3節で
分析しているような最低賃金の着実な引上げや、同一労働同一賃金の遵守の徹底等を通じた非
正規雇用労働者の待遇改善に取り組んでいくことが重要である。

| コラム2-9 | 正規雇用転換の取組について |

労働者一人ひとりが能力を発揮しつつ働き続けるには、雇用が安定していることが重要である。2013年に有期雇用労働者の無期転換ルールが施行されたが、非正規雇用労働者のキャリアアップのため、法定より早期の無期転換や正規雇用労働者への転換を積極的に実施している企業もある。本コラムでは、その例として、高品質かつ付加価値の高いサービスを提供するため、契約社員の正規雇用転換を実施した明治安田生命保険相互会社、及び、非正規雇用労働者の多い小売業において、パートタイム労働者のより一層の活躍のために、正社員登用制度を導入している株式会社イトーヨーカ堂の取組について紹介していく。

【明治安田生命保険相互会社】

明治安田生命保険相互会社（従業員数47,415名（2022年3月現在）、本社：東京都千代田区）は、2022年3月末時点で約620万名の契約者を抱える大手生命保険会社である。これまでも契約社員のキャリアアップを目的として正社員への登用を積極的に推進してきたが、2021年4月、一人ひとりの実績及び意欲・適性に基づく成長・活躍を一層後押しすることを企図し、内勤の契約社員約2,500名（ほぼ全員が女性）のうち、原則として希望者全員を正社員である「総合職（地域型）」に登用することとした。そして、2022年12月までに、2,154名（2021年4月1,877名、2022年277名）が登用された。

本取組の背景には、同社の強みである保険契約者へのアフターフォローの充実に力を入れたいという思いに加え、デジタル化により契約社員が担う事務が減少していることや、同社の従業員は相対的に若年層が少ない年齢構成であり、中長期的に総合職の要員数の減少が見込まれることへの危機感があった。保険契約者へのアフターフォロー等の高品質かつ付加価値の高いサービスを提供するためには、定型的な事務処理にとどまらず、事務サービスを中心とした幅広い職務への対応が必要であるとのことである。

このため、本取組の実施後は、コラム2-9-①表のように、「（法人）事務サービス・コンシェルジュ」や「（法人）事務担当」、取組に伴い新設された「事務アシスタント」等に登用している。

【コラム2-9-①表　正社員移行後の職務と登用人数】

職務	業務内容	登用人数※
（法人）事務サービス・コンシェルジュ	主に支社・営業所、法人部で事務・サービス業務に従事。お客さまを訪問し、手続き支援等も実施	736人
（法人）事務担当	主に本社・法人部で事務業務に従事	547人
事務アシスタント	事務補佐。従来の契約社員が担う役割に近い業務内容。正社員化にともない新設した職務	665人
その他	チーフ・コンシェルジュ、教育育成スタッフなど上記よりも上位職のスタッフ	18人

※2021年度、2022年度に契約社員から総合職（地域型）に移行した2,154人のうち、出向・退職済みを除く職員の2022年12月現在の登用人数

資料出所　明治安田生命保険相互会社提供資料より引用

　正社員移行後も転居を伴う異動はないが、評価制度が変更となる。処遇体系は、職務によって異なり、「事務アシスタント」は契約社員に類似した給与重視型だが、「（法人）事務サービス・コンシェルジュ」「（法人）事務担当」は総合職と同様に給与・賞与バランス型となり、年収は平均10％上昇する。また、退職金も支給される。勤務体系は、固定時間制からコアタイムなしのフレックスタイム制に変更となる。

　「（法人）事務サービス・コンシェルジュ」が担う対面サービスには、顧客から「分かりやすかった」「すぐに手続きできて良かった」等の声が届いており、従業員のモチベーションの向上にもつながっている。

　今後も、総合職として「（法人）事務サービス・コンシェルジュ」にとどまらず、上位職を目指してより一層挑戦してもらうため、一人ひとりに寄り添った人材教育や、上位職の活躍機会を増やす工夫をしていきたいと同社人事担当者は述べている。

　大手生命保険会社で初めて[40]2,000名規模の契約社員の正社員化を実施した同社の取組は、人手不足の中で、待遇の改善を通じて、事業の安定的な継続やサービスの高付加価値化につながっている好事例であり、今後積極的に正規雇用転換を進めていこうとする企業にとって参考となる取組であるといえよう。

2014年4月に正社員転換して、現在、グループマネジャーとして働く女性

40　明治安田生命保険相互会社調べ（2020年5月末時点）。

【株式会社イトーヨーカ堂】

　株式会社イトーヨーカ堂（従業員数約31,200名、うちパートタイム労働者約25,000名、契約社員約700名（2023年2月現在）、本社：東京都千代田区）は、関東地方を中心に総合スーパーを運営する企業であり、これまでも「平成27年度 第1回パートタイム労働者活躍推進企業表彰[41]」にて最優良賞（厚生労働大臣賞）を受賞するなど、非正規雇用労働者の雇用管理の改善に向けた取組等で注目されている。

　同社は、コラム2-9-②図のように、2007年よりパートタイム労働者の契約社員への登用制度、2014年より契約社員の正社員への登用制度を導入している。まず、「ステップアップ選択制度[42]」において「リーダー」に認定されたパートタイム労働者が、契約社員（フィールド社員）登用試験に挑戦できる。そして、契約社員として1年半以上勤務した方が、年に1回開催されている正社員登用試験（筆記試験・面接）に挑戦できる。同制度を利用し、これまでに約980名が契約社員に、約210名が正社員に登用されている（2023年2月現在）。

【コラム2-9-②図　パートタイム労働者の正社員への登用制度】

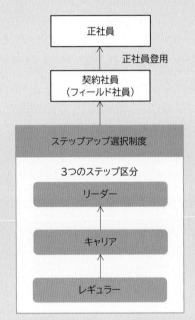

資料出所　株式会社イトーヨーカ堂「CSR活動報告2016」をもとに厚生労働省政策統括官付政策統括室にて作成

41　厚生労働省では、他の模範となる、パートタイム労働者の活躍推進に取り組んでいる企業などを表彰し広く国民に周知することにより、企業の取組を促進することを目的として、「パートタイム労働者活躍推進企業表彰」を実施していた（平成29年度まで）。

42　「ステップアップ選択制度」とは、パートタイム労働者を働き方・業務能力・技術・技能等に合わせて「レギュラー」「キャリア」「リーダー」の3つに区分し、評価や上長の推薦等によりステップアップできる制度である。本人の意思により、ステップアップを希望しないことも選択できる。

　同制度は、労働組合の要望と会社の考え方が合致し、導入に至った。パートタイム労働者の半数以上を占める常用パートタイム労働者（週20時間以上勤務）は、ユニオンショップ協定により労働組合に加入しており、非正規雇用労働者の労働組合組織率は6割を超えている。労働組合は組合員であるパートタイム労働者の処遇改善や、より活躍する機会の創設を要望しており、会社としても、採用を取り巻く状況が厳しさを増す中で、事業に不可欠な存在であるパートタイム労働者に正社員としてもっと活躍して欲しいと考えていたとのことである。

　同社では、パートタイム労働者にも、レジ打ちや商品陳列といった定型業務だけでなく、婦人服などの商品の発注や値下げ等の役割を積極的に任せている。契約社員・正社員への登用後はフルタイム勤務となり、そうした役割に加え、売場のリーダーとしてパートタイム労働者をまとめるマネジメント業務を担ったり、部門の責任者のもとで販売・人員配置計画などにも参画したりすることとなる。正社員登用後は、転居を伴う異動の可能性があるものの、退職金が支給されることとなる。

　同社人事担当者によると、パートタイム労働者の中には、接客やリーダーシップ等の能力が際立っている方や、ステップアップを希望する方が多々おり、同制度の導入によりそうした優秀な人材の確保につながっているそうである。特に、子育てが一段落した主婦等、もっと働きたいという意欲と経験のあるベテランのパートタイム労働者の活躍の機会が広がっており、パートタイム労働者から正社員登用された従業員が、店長や売場責任者にキャリアアップする事例が出てきている。

　一方、家計を補助する目的で、夫の扶養範囲内で短時間のみ働くことを希望する方も多く、正社員登用制度への応募者数は年々減少している。同社人事担当者は、「パートタイム労働者全員が昇給や正社員化を望んでいるわけではないことを踏まえた上で、今後も労働組合と議論を重ねながら制度を運用していきたい」と述べている。同社の取組は、労使双方が地に足のついた議論を丁寧に進めた結果、進んできたものといえる。

　小売業において、スーパーは地域の生活とも特に密接な関係にある。従業員数の多くを占める非正規雇用労働者の正社員へのキャリアアップの仕組みは、地域の安定した雇用を支える基盤ともなりうる取組であり、今後の進展にも注目したい。

店舗での様子（イメージ）

第3節 政策による賃金への影響

第2節では、開業支援や希望する人の転職支援、非正規雇用労働者の正規雇用への転換を取り上げ、持続的な賃上げに必要な取組等について確認してきた。賃金は労使の交渉を通じて決定されるという前提を踏まえれば、政策的に直接介入することは望ましくないが、労使の交渉力の違い等を踏まえ、労働者の生活の安定等に資するよう、賃金等について法律により規定する政策も例外的に行われている。本節では、労使の議論を踏まえつつ国が賃金の最低額を定めることとされている最低賃金制度と、雇用形態による不合理な待遇差を設けることを禁止する同一労働同一賃金を取り上げ、こうした制度が賃金に及ぼす影響について確認していく。

（1）最低賃金引上げの影響

最低賃金法（昭和34年法律第137号）では、国が賃金の最低限度を定め、使用者は、最低賃金額以上の賃金を支払わなければならないと規定されている。最低賃金には、地域別最低賃金と特定最低賃金の2種類があり、前者は、産業や職種にかかわりなく、都道府県内の事業場で働く全ての労働者とその使用者に対して適用される一方で、特定最低賃金は、特定地域内の特定の産業の基幹的労働者とその使用者に対して適用される。本白書においては、ほぼ全ての労働者に適用される地域別最低賃金に着目して分析を進めていくこととし、地域別最低賃金を指して単に「最低賃金」と呼ぶこととする。

なお、労働者の生活の向上に向け、これまで「できる限り早期に全国加重平均1000円」を目指して引上げに向けた取組が行われてきており[43]、こうした中で、最低賃金が特にパートタイム労働者の賃金にどの程度影響しているのか、シミュレーション等も用いながら分析する。

---

43 経済財政運営と改革の基本方針2022（令和4年6月7日閣議決定）においては、「最低賃金の引上げの環境整備を一層進めるためにも事業再構築・生産性向上に取り組む中小企業へのきめ細かな支援や取引適正化等に取り組みつつ、景気や物価動向を踏まえ、地域間格差にも配慮しながら、できる限り早期に最低賃金の全国加重平均が1000円以上となることを目指し、引上げに取り組む。」とされている。さらに、経済財政運営と改革の基本方針2023（令和5年6月16日閣議決定）においては、「最低賃金については、昨年は過去最高の引上げ額となったが、今年は全国加重平均1,000円を達成することを含めて、公労使三者構成の最低賃金審議会で、しっかりと議論を行う。」とされている。なお、2023（令和5）年度の地域別最低賃金は、全国加重平均で対前年度43円引上げの1,004円となった。

●**最低賃金は特にパートタイム労働者に与える影響が大きい**

　まず、これまでの最低賃金の推移をみてみよう。第2-(3)-25図（1）から、最低賃金額の最高額・最低額・全国加重平均額の推移をみると、2007年以降、引上げのペースが加速する中で最高額と最低額の差が徐々に拡大し、2007年には121円であった最高額と最低額の差が、2013年には200円を超えた。最低賃金額は、地域における労働者の生計費等を考慮して、都道府県ごとに決定されていること等からこうした差が生じているが、同図（2）において、最高額と最低額の比率を確認すると、2015年以降、地域間における最低賃金水準の格差は縮小傾向で推移している[44]。

第2-(3)-25図　最低賃金額の推移

○　最低賃金額は上昇傾向で推移。
○　最も高い都道府県と最も低い都道府県における最低賃金の比率は、2015年以降低下傾向。

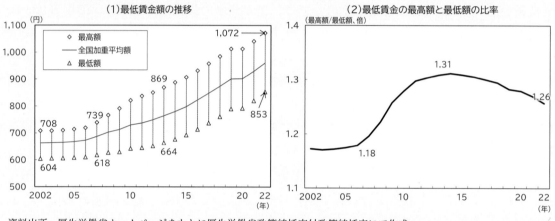

資料出所　厚生労働省ホームページをもとに厚生労働省政策統括官付政策統括室にて作成

　こうした最低賃金の引上げは、労働者の分布にどのような影響を及ぼしているだろうか。ここでは、フルタイム・パートタイム労働者別に、最低賃金近傍の労働者割合とその変化をみてみよう。第2-(3)-26図は、フルタイム・パートタイム労働者別に、各年・各地域の最低賃金から＋300円以内に収まる労働者の分布を示したものである。フルタイム労働者についてみると、最低賃金から＋50円近辺の労働者割合は上昇しているものの、その程度は小さく、賃金分布に大きな変化はみられない。一方で、パートタイム労働者についてみると、長期的に最低賃金から＋100円以内の労働者の割合が上昇しており、特に、2015年以降では、2014年以前と比べ最低賃金から＋20円以内の労働者割合が大きく上昇していることが分かる。最低賃金が引き上げられてきた中で、近年では、最低賃金近傍に位置するパートタイム労働者の割合が大きく上昇した結果、最低賃金の引上げは過去と比べて、特にパートタイム労働者の賃金に対して大きな影響を及ぼすようになっているものと考えられる。

44　最低賃金の決定に当たっては、1978（昭和53）年度から、地域別最低賃金の全国的整合性を図るため、中央最低賃金審議会が、毎年、地域別最低賃金額改定の「目安」を作成し、地方最低賃金審議会へ提示している。各都道府県は、A～Dランクのいずれかに割り振られており、それぞれのランクごとに引上げ額の目安が示される（令和4年度は、Aランクで6都府県、Bランクで11府県、Cランクで14道県、Dランクで16県となっている。）。なお、目安は、地方最低賃金審議会の審議の参考として示すものであって、これを拘束するものでないこととされている。また、2023（令和5）年4月6日の第65回中央最低賃金審議会において、ランク数について、従来の4ランクから3ランクとすることが適当であるという中央最低賃金審議会目安制度の在り方に関する全員協議会報告が取りまとめられている。

| 第2-(3)-26図 | 最低賃金近傍の労働者割合① |

○　フルタイム労働者では最低賃金近傍の労働者は微増。
○　パートタイム労働者について、経年的に最低賃金から＋100円以内の労働者の割合が上昇しており、特に2015年以降では、最低賃金から＋20円以内の労働者が大きく増加。

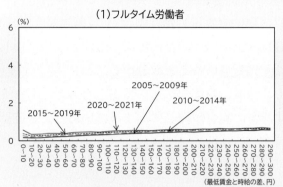 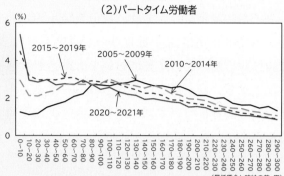

資料出所　厚生労働省「賃金構造基本統計調査」の個票を厚生労働省政策統括官付政策統括室にて独自集計
（注）　1）時給が取得できない労働者についても分母である雇用者数に含めている。
　　　　2）フルタイム労働者は、就業形態が「一般」、又は、雇用形態が「正社員・正職員のうち雇用期間の定め無し」の者を指す。パートタイム労働者はそれ以外の全ての雇用者を指す。

最低賃金の水準が地域によって異なるため、最低賃金近傍の労働者割合について、フルタイム・パートタイム労働者別に地域を分けて確認してみよう。第2-(3)-27図は、最低賃金＋100円以内に位置する労働者の割合をみたものである。フルタイム労働者については、全ての地域において最低賃金近傍の労働者割合が10％未満であり、2005～2009年から2020～2021年にかけて上昇しているものの、地域差はほとんどみられない。一方、パートタイム労働者については、2005～2009年において既に最低賃金近傍に多くの労働者が位置していた北海道・東北、九州・沖縄を除き、全地域で最低賃金近傍の労働者割合は急上昇しており、これは、最低賃金引上げに伴って、最低賃金近傍のパートタイム労働者の割合がほぼ全国的に上昇したためと考えられる。その結果、2005～2009年にみられたような地域差は縮小し、2020～2021年には、どの地域においても30％台の水準となっている。

| 第2-(3)-27図 | 最低賃金近傍の労働者割合② |

○　どの地域でみても、フルタイム労働者では最低賃金近傍の労働者は微増。
○　パートタイム労働者については、2005～2009年において既に最低賃金近傍に多くの労働者が位置していた北海道・東北、九州・沖縄を除き、全地域で最低賃金近傍の労働者割合は大きく上昇。

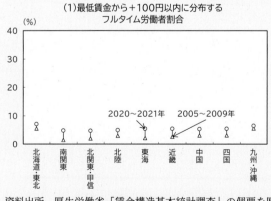 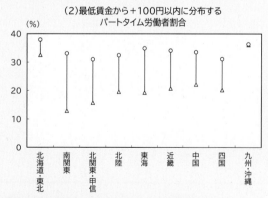

資料出所　厚生労働省「賃金構造基本統計調査」の個票を厚生労働省政策統括官付政策統括室にて独自集計
（注）　1）時給が取得できない労働者についても分母である雇用者数に含めている。
　　　　2）フルタイム労働者は、就業形態が「一般」、又は、雇用形態が「正社員・正職員のうち雇用期間の定め無し」の者を指す。パートタイム労働者はそれ以外の全ての雇用者を指す。

　第2-（3）-28図より、産業別に最低賃金近傍の労働者割合をみてみよう。フルタイム労働者では、2020～2021年の平均でみると、「宿泊業，飲食サービス業」を除いてどの産業でも10％未満であり、大半の労働者が最低賃金＋100円より高い時給に位置している。また、2005～2009年から2020～2021年にかけての大幅な割合の上昇はみられない。一方、パートタイム労働者については、最低賃金＋100円以内に位置する労働者割合が、「製造業」「卸売業，小売業」「宿泊業，飲食サービス業」では2020～2021年平均で40％を上回る水準に達しており、また、どの産業においても割合が大きく上昇していることが分かる。

　以上から、最低賃金が引き上げられている中で、地域、産業別に違いはあるものの、パートタイム労働者については、最低賃金近傍に位置する者の割合が総じて高まっていることが確認できる。

第2-（3）-28図　最低賃金近傍の労働者割合③

○　産業別にみると、フルタイム労働者でも「卸売業，小売業」や「宿泊業，飲食サービス業」では最低賃金近傍の労働者割合は上昇。
○　パートタイム労働者については、「製造業」「卸売業，小売業」「宿泊業，飲食サービス業」では2020～2021年平均で約50％近い水準に達しており、また、どの産業においても割合が大きく上昇。

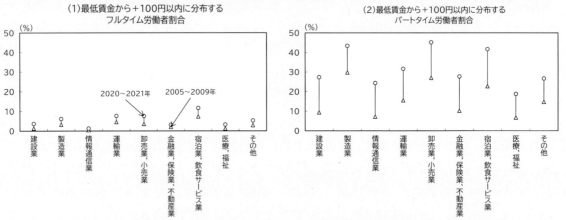

資料出所　厚生労働省「賃金構造基本統計調査」の個票を厚生労働省政策統括官付政策統括室にて独自集計
　（注）　1）時給が取得できない労働者についても分母である雇用者数に含めている。
　　　　　2）フルタイム労働者は、就業形態が「一般」、又は、雇用形態が「正社員・正職員のうち雇用期間の定め無し」の者を指す。パートタイム労働者はそれ以外の全ての雇用者を指す。

●**今後の最低賃金の引上げは、最低賃金＋75円以内のパートタイム労働者割合を上昇させる可能性**

　最低賃金の引上げは重要な政策課題であるが、今後、継続して最低賃金を引き上げていくと、特に影響が大きいパートタイム労働者の賃金分布は、どのように変化することが見込まれるだろうか。ここでは、2012～2021年までの10年間のデータを用いて最低賃金の引上げがパートタイム労働者の賃金分布に及ぼす影響についてシミュレーションを行った。まず、2012年以降のデータについて、都道府県・産業別[45]のパネルデータを作成し、25円刻みでの最低賃金近傍の労働者割合について、最低賃金を説明変数として推計を行った[46]。次に、推計によって得られた係数を用いて、全国加重平均の最低賃金が1,000円、1,200円へと上昇したときに、最低賃金近傍の労働者分布がどのように変化するかについて、シミュレーションを行った。第2-（3）-29図（1）では、2017～2021年の5年間における実際の分布と、同時期の最低賃金の全国の平均値（870円）からシミュレーションした分布を比較したものである。多少のずれはあるものの、シミュレーションから得られた分布は、実際の賃金分布に近い形となっていることが確認できる。同図（2）より、仮に最低賃金が1,000円、1,200円となった場合のシミュレーション結果をみると、最低賃金が上がるにつれて、最低賃金＋75円以下の労働者割合が大きく上昇する一方で、最低賃金＋125円以上に位置する労働者の割合が低下し、その程度は、最低賃金から離れるほど小さくなることが確認できる。本シミュレーションの解釈には十分な留意が必要である[47]が、今後、最低賃金がより最低賃金近傍のパート労働者に及ぼす影響が大きくなっていく可能性がある。

第2-（3）-29図　**最低賃金がパートタイム労働者の賃金分布へ与える影響**

○　シミュレーションによれば、今後の最低賃金の引上げは、最低賃金＋75円以内のパートタイム労働者割合を上昇させる可能性。

（1）2017～2021年の時給分布と、同時期の最低賃金の全国平均（870円）からシミュレーションした分布の比較

（2）最低賃金の引上げによる分布変化のシミュレーション

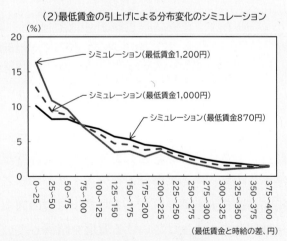

資料出所　厚生労働省「賃金構造基本統計調査」の個票を厚生労働省政策統括官付政策統括室にて独自集計

45　第2-（3）-28図において「製造業」「卸売業，小売業」「宿泊業，飲食サービス業」において最低賃金近傍のパートタイム労働者割合が高いことを踏まえ、これらの産業と、それ以外の産業の2つに区分している。

46　推計結果は付2-（3）-5表のとおり。

47　本シミュレーションは、実際のデータから推計した係数を用いているため、係数そのものが変化する可能性を考慮していないことや、経済や雇用状況が推計で用いた2012～2021年の状況と大きく異なる場合には必ずしもシミュレーションで示したとおりの分布にならない可能性が高いこと等から、その結果の解釈には相応の留意が必要である。

●**最低賃金１％の引上げは、パートタイム労働者下位10％の賃金を0.8％程度引き上げる可能性**

　最低賃金の引上げは、パートタイム労働者の賃金額にどの程度影響するであろうか。第２-（３）-29図と同じくパネルに整理したデータを用いて[48]、それぞれ最低賃金の１％の引上げが、パートタイム労働者の賃金水準に与える影響を確認しよう[49]。第２-（３）-30図は、最低賃金が１％上昇した場合に見込まれる、10～50％タイルまでの時給の上昇幅を示したものである[50]。10％タイルは、時給額が下から10％に位置する者の賃金水準を、50％タイルは、ちょうど真ん中に位置する者の水準（中位値）を示している。これをみると、最低賃金が１％上昇した場合、10％タイルのパートタイム労働者の賃金を0.85％増加させる一方で、50％タイルでは0.73％増加させる結果となっており、最低賃金に近い時給で働く者ほど、最低賃金引上げの影響を大きく受けることが分かる。

最低賃金がパートタイム労働者の賃金水準へ与える影響

○　最低賃金１％の引上げは、パートタイム労働者下位10％の賃金を0.8％程度、中位層においても0.7％程度引き上げる可能性。

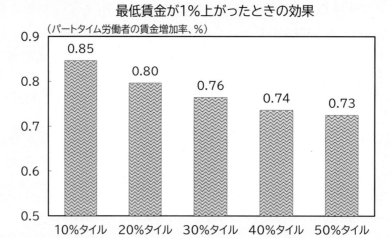

最低賃金が1％上がったときの効果

資料出所　厚生労働省「賃金構造基本統計調査」の個票を厚生労働省政策統括官付政策統括室にて独自集計

　ここまでみてきたように、最低賃金は、その近傍に位置する割合が高いパートタイム労働者に対して特に大きな影響を及ぼしており、近年では最低賃金近傍のパートタイム労働者割合が高まる中で、その影響はより大きくなっている可能性がある。このように、最低賃金が果たす役割が近年大きくなっている中で、賃金の底上げに向け、地域の実情等を踏まえつつ、着実に最低賃金を引き上げていける環境を整備していくことが重要である。

48　パートタイム労働者の賃金分布については、特に近年の変化が大きいことに鑑みて2012～2021年のデータを用いてシミュレーションを行ったが、各パーセンタイルの賃金額の推計に当たっては、厚生労働省「賃金構造基本統計調査」において、雇用形態（正規・非正規）別の賃金額が取得できる2005年以降のデータを用いている。

49　同様の分析は、内閣府（2017）でも行われているが、ここでは県や産業ごとに状況が異なることを踏まえ、これらの固定効果を取り除くため、パネル化したデータを用いて推計している。

50　その他の結果については、付２-（３）-６表を参照。最低賃金より遠くなるほど、おおむね最低賃金の各パーセンタイルの賃金への説明力が低下していることが確認できる。

コラム2−10　最低賃金が労働市場に及ぼす影響について

　これまでみてきたように、最低賃金の引上げは、特にパートタイム労働者の賃金分布や水準に大きな影響を与える可能性がある。一方で、パートタイム労働者の賃金やその雇用だけではなく、パートタイム労働者の仕事に求められる生産性が相対的に上昇することで、労働市場における労働力の最適配置が変化する等、労働市場全体にその影響が及ぶ可能性もある。ここでは、一つの試みとして、マクロモデルを用いたシミュレーションを行う。本シミュレーションは、正規・非正規雇用労働者の２種類の労働者が存在する労働市場を考えており、モデルの簡略化のため、最低賃金は非正規雇用労働者にのみ設定されること、非労働力人口は存在しないものと仮定している。また、最低賃金が引き上げられた場合、生産性がその水準に見合わない仕事は消失するものとする。さらに、正規雇用と非正規雇用の生産性は代替可能であるものと仮定している。なお、本分析については、あくまでも、単純化のために一定の仮定を置いた上でのマクロの試算であることから、その結果については相当の幅をもってみる必要があり、またその解釈に当たっても、こうした限界を十分に踏まえる必要がある[51]。

　本シミュレーションでは、労働者全体の生産性が毎年１％[52]上昇する中で、最低賃金が毎年３％上昇することで、正規及び非正規雇用労働者の①求人倍率、②雇用者数、③失業者数、④賃金等にどのようなメカニズムでどのような影響を与えるかを確認した。シミュレーションの結果はコラム２−10図のとおりであるが、最低賃金が上昇することで、得られた結果は以下のとおりである。

1. 非正規雇用労働者の仕事で求められる生産性の水準が上がり、失業者は、相対的に正規雇用の仕事に就きやすく、非正規雇用の仕事に就くのが難しくなる

2. 非正規雇用労働者の一部は失業するが、正規雇用の仕事に就きやすくなったため、非正規雇用労働者の一部は正規雇用労働者を目指すこととなる

3. このため、失業者数は毎年0.03〜0.24％程度増加するものの、労働者全体の生産性が毎年１％上昇する中で、正規雇用・非正規雇用ともに求人倍率は上昇し、正規雇用労働者数は毎年0.3％程度増加する

4. 賃金については、労働者全体の生産性が上昇する中で正規雇用労働者は毎年0.9％程度、非正規雇用労働者は毎年2.5％程度上昇する

51　本シミュレーションでは、Pessarides（2000）によるサーチ＆マッチングモデルに基づき、正規・非正規雇用労働者の２種類の労働者が労働市場に存在するよう拡張したMiyamoto（2016）のモデルをベースとしている。詳細については付注３を参照。

52　ＧＤＰを就業者数と労働時間で除して生産性を計算すると、2010〜2019年のマンアワーの生産性の平均成長率は毎年１％である。

　最低賃金が現実の経済・労働市場に与える影響については、様々な要因が複雑に絡み合っており、前提となる仮定（生産性や求人コスト等）や時代的背景（労働力人口や産業構造の変化等）によっても大きく異なることから、一概にこうした効果が全ての場合に当てはまるわけではないが、最低賃金の引上げは、生産性の上昇を伴う場合においては、必ずしも雇用の減少を意味するものではなく[53]、また、その効果は、非正規雇用労働者だけではなく、正規雇用労働者の雇用や賃金等を含む労働市場全体に波及するものと考えられる。

　労働者の生活の向上に向け、最低賃金を着実に引き上げていくにあたっては、雇用を損なわぬよう、生産性の向上を支援する取組も重要となることが示唆される。

【コラム2-10図　最低賃金の引上げが労働市場に与える影響のシミュレーション】
労働生産性が毎年1％、最低賃金が毎年3％上昇した場合のシミュレーション

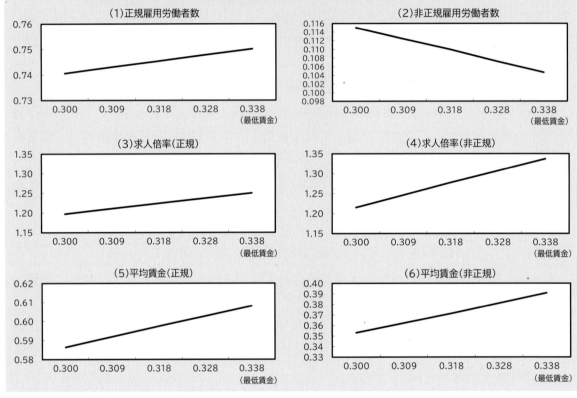

コラム2-11 最低賃金の引上げ等が被用者保険の適用水準近傍のパートタイム労働者の年収分布に及ぼす影響について

これまでみてきたように、最低賃金の引上げは、賃金水準が比較的低い層のパートタイム労働者の時給を引き上げる効果を持つ。しかしながら、一部のパートタイム労働者において、時給が上昇したにもかかわらず、引き続き健康保険や厚生年金（本コラムにおいては被用者保険という。）の適用を受けず、被扶養者や第3号被保険者にとどまることを目的に、被扶養者の年収要件である130万円や、短時間労働者の適用要件の一つである月額賃金8.8万円（年収換算約106万円）の水準よりも低くなるよう、労働時間を調整するいわゆる「就業調整」が行われているという指摘がある[54]。本コラムでは、被用者保険の適用水準近傍に位置するパートタイム労働者に着目し、最低賃金の引上げや、2016年10月に行われた短時間労働者への被用者保険の適用拡大[55]による労働者の動向について確認していく。

まず、コラム2-11-①図から、パートタイム労働者の時給、月額賃金（現金給与総額）、月間総労働時間の推移をみると、パートタイム労働者の時給は一貫して増加傾向にある一方で、月額賃金は緩やかな増加にとどまり、月間総労働時間は減少している。

【コラム2-11-①図　パートタイム労働者の時給、現金給与総額、月間労働時間の推移】

○　パートタイム労働者の時給は一貫して上昇傾向にある一方で、現金給与総額（月額）は横ばい。
○　この背景には、月間総労働時間が減少していることがある。

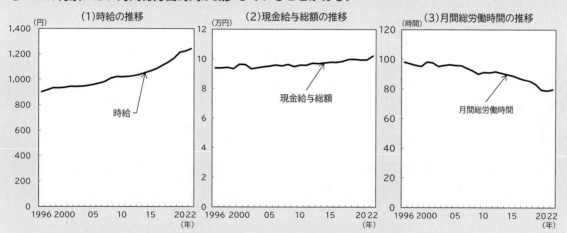

資料出所　厚生労働省「毎月勤労統計調査」をもとに厚生労働省政策統括官付政策統括室にて作成
　（注）　1）調査産業計のパートタイム労働者について、事業所規模5人以上の数値。
　　　　　2）ここでいう「現金給与総額」とは、きまって支給する給与（定期給与）と特別に支払われた給与（特別給与）の合計であり、月当たりの額である。
　　　　　3）時給、現金給与総額、月間総労働時間は、時系列データとして公表されている指数とそれぞれの基準値を用いて算出したもの。

54　厚生労働省「令和3年パートタイム・有期雇用労働者総合実態調査」によれば、配偶者がいる女性のパートタイム労働者のうち、21.8％が過去1年間（2020年10月～2021年9月）で就業調整を行ったと回答している。

55　被用者保険の適用については、長らく、①所定労働時間及び所定労働日数が通常の就労者のおおむね4分の3以上（おおむね週労働時間が30時間以上）であるかどうかにより判定するという運用が行われてきたが、2016年10月以降、短時間労働者への被用者保険の適用拡大により、①週所定労働時間20時間以上、②月額賃金8.8万円以上（年収換算約106万円以上）、③勤務期間1年以上見込み（2022年10月からは2月超見込み）、④学生ではないこと、⑤従業員500人超の企業で勤務していること（2022年10月からは100人超の企業、2024年10月からは50人超の企業）という5つの要件を全て満たす短時間労働者についても、被用者保険に加入することになる。

　次に年収分布をみてみよう。これ以降は、大企業（本コラムにおいては従業員500人以上の企業をいう）と、中堅・中小企業（本コラムにおいては従業員500人未満の企業をいう）に分けて分析を行っていく。コラム2-11-②図において、2016年と2021年の二時点におけるパートタイム労働者の年収分布の変化をみると、大企業においては、110～150万円の層の減少幅が大きく、中堅・中小企業においては、60～100万円の層の減少幅が大きい。一方、適用水準を大きく下回る50万円未満と大きく上回る200万円以上の層は、大企業及び中堅・中小企業ともに増えている。

　大企業と中堅・中小企業で傾向の異なる、50～200万円の層の年収分布を詳しくみてみると、大企業においては、2016年と2021年のいずれの時点でも、100万円前後の層が10%弱と相対的に高い割合を示しているものの、被用者保険の適用水準である月額賃金8.8万円（年収換算約106万円）を少し超えた110～140万円の層については、2021年の方が割合が低い。一方、適用拡大が2021年時点で実施されていない中堅・中小企業においては、2016年と2021年の間にやや右側にグラフがシフトしているものの、130万円未満の各層の分布がそれぞれ5%超となっている。130万円以上の各層は2016年、2021年ともに5%未満であり、年収が高い層になるにつれて逓減する傾向は変化していない。

【コラム2-11-②図　パートタイム労働者の年収分布】

○　大企業及び中堅・中小企業において、適用水準を大きく超える層と下回る層の割合が上昇。

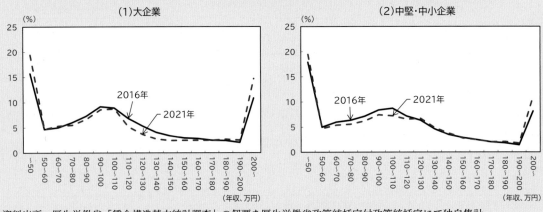

資料出所　厚生労働省「賃金構造基本統計調査」の個票を厚生労働省政策統括官付政策統括室にて独自集計

　また、コラム2-11-③図により、年収別に勤続年数1年未満の者の割合（2016～2021年の平均）をみると、大企業、中堅・中小企業どちらにおいても、年収が低いほどこの割合が高いことが確認できる。年収が低い層における平均労働時間は短い[56]ことから、新たにその会社に雇い入れられた者が比較的短時間で働いている現状がみてとれる。50万円未満の層については、コラム2-11-②図で示されているとおり、大企業、中堅・中小企業ともに割合が増加していることを踏まえると、雇用情勢が改善する中にあって、新規に働く者がより短時間で労働参加しており、パートタイム労働者の総労働時間の減少に寄与している可能性がある。

【コラム2-11-③図　勤続1年未満の者の割合（2016～2021年の平均)】

○　大企業、中堅・中小企業どちらにおいても、年収が低いほど、勤続1年未満の者の割合が高い。

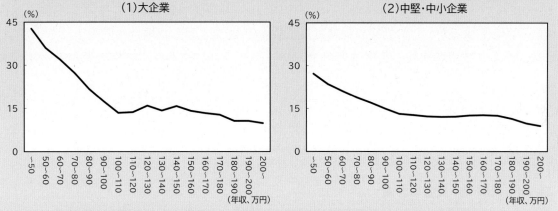

（1）大企業　　　　　　　　　（2）中堅・中小企業

資料出所　厚生労働省「賃金構造基本統計調査」の個票を厚生労働省政策統括官付政策統括室にて独自集計

56　年収50万円未満の層の月当たり所定内労働時間は、大企業、中堅・中小企業ともに20時間程度である。一方で、年収が100万円を超える層では、月当たり所定内労働時間の平均はおおむね110時間程度である。

ここまでみてきたとおり、パートタイム労働者の年収分布の変化については、最低賃金の引上げや新規雇用者の割合、加えて大企業においては被用者保険の適用拡大等、様々な要因が寄与しているものと考えられる。これらの要因が被用者保険の適用水準近傍のパートタイム労働者の年収分布に及ぼす影響を考えるため、大企業について、各事業所の①年収106～130万円かつ週20～30時間で働くパートタイム労働者割合と、②年収130万円以上又は週30時間以上働くパートタイム労働者割合を被説明変数として、最低賃金引上げや適用拡大等が与えた影響を、下限0、上限1と設定したトービットモデルを用いて推計した。推計結果は、付2-（3）-7表にあるとおりだが、これをみると、最低賃金の引上げは、各事業所における①年収106～130万円かつ週20～30時間で働くパートタイム労働者割合を低下させる一方で、②年収130万円以上又は週30時間以上働くパートタイム労働者割合を上昇させていることが分かる。適用拡大が行われた2017年以降に1をとる2017年ダミーについては、①年収106～130万円かつ週20～30時間で働くパートタイム労働者割合を低下させているが、この効果の程度は最低賃金が10％上昇した場合の効果よりも小さい。本推計から、被用者保険の適用水準近傍のパートタイム労働者は、被用者保険の適用拡大により、減少した可能性はあるものの、この効果は最低賃金引上げによるものよりも小さく、また、最低賃金の引上げは、適用水準を大きく超えて働くパートタイム労働者の割合を上昇させる可能性[57]があることが示唆される[58]。

（2）同一労働同一賃金の影響

働き方改革を推進するための関係法律の整備に関する法律（平成30年法律第71号）により、大企業は2020年4月1日から、中小企業は2021年4月1日から、短時間・有期雇用労働者に対する不合理な待遇差を設けることが禁止された[59]。こうした、いわゆる同一労働同一賃金については、同一企業内における雇用形態間の不合理な待遇差をなくし、どのような雇用形態を選択しても待遇に納得して働き続けられるようにすることで、多様で柔軟な働き方を選

---

57 なお、これらは、全てクロスセクションデータを用いており、必ずしも同一個人の労働時間の変化を追ったものではなく、最低賃金が上がる中で、個人が労働時間をどのように変化させたかについては分からない。このため、付2-（3）-8図においては、リクルートワークス研究所「全国就業実態パネル調査」のデータを用いて、①2016年調査において2015年12月時点の労働時間が週20時間以上30時間未満であるパートタイム労働者に該当する者であって、②2015年12月時点で500人以上企業に勤め、かつ、③2017年調査、2018年調査においても同一企業に勤めている者について、その労働時間の状況を確認した。これによると、2015年12月時点で大企業に勤め、2017年12月時点でも同一企業に勤めるパートタイム労働者については、短時間労働者への被用者保険の適用範囲が拡大された後であっても、約60％は週の労働時間が20～30時間と変わっていない。また、約16％が労働時間を週20時間未満に減少させた一方で、約23％が労働時間を週30時間以上に増加させており、一部就業調整を行っている可能性はあるものの、付2-（3）-7表で得られた結果と同じく、最低賃金が引き上げられる中で、労働時間を増加させている者が一定数存在することが示唆される。ただし、本結果については、あくまで①～③の条件に該当するサンプル数200程度の結果であることには留意が必要である。

58 本コラムにおける分析を踏まえれば、1．雇用情勢が改善し働き方が多様化する中で、極めて短時間で働く者が増加しており、これが総労働時間を押し下げている可能性があること、2．大企業を中心に、被扶養者や第3号被保険者の範囲内に収入や労働時間を抑えるための「就業調整」を行う者が存在する可能性は否めないものの、一方で、最低賃金の着実な引上げにより時給が上昇する中で、適用水準の賃金を得やすくなった結果、当該範囲を超えて働く者も増加していること、3．2の結果は最低賃金引上げや適用拡大の影響等も踏まえて行った推計からも裏付けられること、の3点を指摘できる。

59 なお、派遣労働者については、企業規模にかかわらず2020（令和2）年4月1日から適用されている。

択できるようにすることを目指して施行されたものである。賃金等の待遇は、労使によって決定されることが基本であり、不合理な待遇差の解消に向けては、各社の状況と労使での議論を通じて具体的な対応が決定されるものであるが、ここでは、同一労働同一賃金について、賃金決定にどのように影響を及ぼしているかみていく[60]。

●同一職業内でみると、正規雇用労働者と非正規雇用労働者の時給比は勤続年数が上がると拡大する傾向

まず、第2-(3)-31図より、同一職業内における正規・非正規雇用労働者の勤続年数ごとの時給比の現状についてみてみよう。ここでは、2020、2021年のデータを用いて、職業[61]ごとに同じ勤続年数の範囲の正規・非正規雇用労働者それぞれの時給の平均を計算し、その比率を示している。正規・非正規雇用労働者の時給比については、勤続0～4年ではほとんどの職業で1.2倍程度の範囲内だが、職種による違いはあるものの、勤続年数が長いほど、大きくなる傾向がみてとれる。

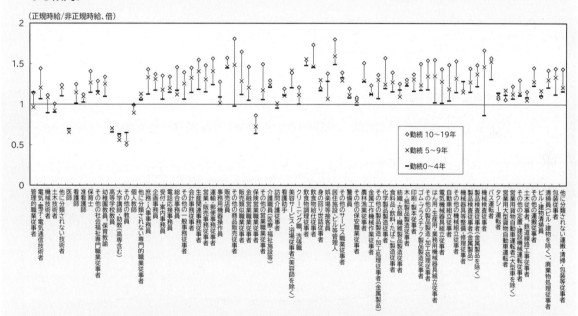

第2-(3)-31図　同一職業・勤続年数における正規・非正規雇用労働者間の時給比

○　同一職業内で比較すると、勤続年数が長くなるほど正規・非正規雇用労働者間の時給比は大きくなる傾向。

資料出所　厚生労働省「賃金構造基本統計調査」の個票を厚生労働省政策統括官付政策統括室にて独自集計
　（注）　2020、2021年のデータを用いて作成したもの。各職業・各勤続年数・各雇用形態（正規・非正規）区分におけるサンプルが全て300以上ある職業だけを用いている。

[60]　なお、同一労働同一賃金の効果については、厚生労働省ＥＢＰＭの推進に係る若手・中堅プロジェクトチームが2023（令和5）年1月16日に公表したＥＢＰＭ分析レポート「同一労働同一賃金の効果検証」の内容を基にしている。
[61]　職業については、賃金構造基本統計調査において、一定のサンプル数が確保できるものに限って分析している。

●同一労働同一賃金は正規・非正規雇用労働者の時給比を約10％縮小させた可能性

　次に、同一労働同一賃金による効果について、以下の２つの観点から検討する。一つ目は、同一事業所内における正規・非正規雇用労働者の時給比への影響である。同一労働同一賃金の施行により、同一企業内における不合理な格差の解消に向けた取組が講じられれば、正規・非正規雇用労働者の時給比が縮小する可能性がある。同一企業における全事業所の正規・非正規雇用労働者の時給の平均をとると、都道府県による賃金水準の差異の影響を含んでしまうことから、ここでは同一事業所内における状況に着目して分析する。二つ目は、賞与支給の有無の影響についてである。同一労働同一賃金が適用された2020年以降の大企業において、事業所ごとに非正規雇用労働者への賞与の支給状況を確認する。

　同一労働同一賃金の施行については、短時間・有期雇用労働者を対象に、2020年度から大企業においてのみ適用され、中小企業における適用時期である2021年度より１年早く施行されたことから、この違いを利用して、2020年時点において同一労働同一賃金が施行された「処置群」と、施行されていなかった「対照群」を設定し、これら２つの群における動向を比較することで政策の効果を確認する[62]。

　第２-（３）-32図より、処置群と対照群それぞれにおける事業所内の正規・非正規雇用労働者の時給比をみると、どちらも長期的には同じように低下しているものの、2020年においては、特に処置群において縮小していることが分かる。

第２-（３）-32図	正規・非正規雇用労働者の時給比の推移

○　処置群と対照群における正規・非正規雇用労働者の時給比は低下傾向。

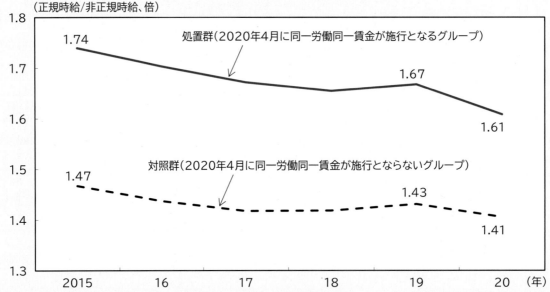

資料出所　厚生労働省「賃金構造基本統計調査」、総務省・経済産業省「経済センサス-活動調査」の個票を厚生労働省
　　　　　ＥＢＰＭの推進に係る若手・中堅プロジェクトチームにて独自集計

62　処置群と対照群の具体的な設定方法等については付注４を参照。

　処置群における時給比の縮小は、同一労働同一賃金によるものと考えてよいだろうか。施策の効果を測定するに当たっては、「①（同一労働同一賃金が2020年度から適用された）処置群における2019年以前〜2020年にかけての変化」をみるだけでは足りず、「②仮に施策がなかった場合に処置群において生ずる変化」を差し引かねばならない。これは、正規・非正規雇用労働者の時給比には、施策以外にも経済や雇用状況等の様々な要因が影響を与えうるからである。ただし、①についてはデータから観測できるものの、②については現実には起きなかった事象であり、データで直接的に観測できない。このため、施策の影響を受けなかった対照群を設定し、この対照群における2019年以前〜2020年にかけての変化を、「②仮に施策がなかった場合に処置群において生ずる変化」とみなすことで、施策効果の抽出を試みる差の差の分析を行っている[63]。

　差の差の分析による推計結果は、第2-（3）-33図に示すとおりであるが、同一労働同一賃金の効果を示す「2020年×大企業ダミー」の係数は-0.0692となっており、これは、正規・非正規雇用労働者の時給比を0.0692縮めたことを示している。第2-（3）-32図でみたとおり、2019年時点において処置群における正規・非正規雇用労働者の時給比は1.67であるので、時給差は0.67程度と計測される。推計された0.0692は、おおむね時給差の約10％に相当する。このため、この分析に基づけば、同一労働同一賃金の適用は、正規・非正規雇用労働者の時給差をおおむね10％縮小させる効果があったものと考えられる。なお、最低賃金や有効求人倍率は時給比に対してマイナスに寄与していることから、最低賃金が引き上げられ、雇用情勢の改善に伴い有効求人倍率が上昇している中にあって、今後も正規・非正規雇用労働者の時給比の縮小傾向は続いていくものと考えられる。

第3章

63　差の差の分析とは、施策の影響を受ける群（処置群）と、影響を受けない群（対照群）を設定し、施策の実施前後において、処置群の変化と対照群の変化を比較することで、施策の影響を把握する手法である。差の差の分析では、対照群の動きを施策が生じなかった場合における処置群の動きとみなしていることから、分析を行うに当たっては、施策の実施前において、処置群と対照群はデータがとれる限り同じような動きをしているというプリトレンドの仮定が満たされていることを確認する必要がある。また、差の差の分析は、その特性上、全ての事業所に同一労働同一賃金が適用された2021年以降の分析に用いることはできない。このため、代わりにOaxaca-Blinder分解を用いて、各年における変化の違いを説明可能部分と説明不可能部分に分解することで、同一労働同一賃金の効果の測定を試みる分析も行っている。これらの詳細は付注4を参照。

第2-(3)-33図　正規・非正規雇用労働者の時給比の推計結果

○　同一労働同一賃金は正規・非正規雇用労働者の時給差を約10％縮小させた可能性。

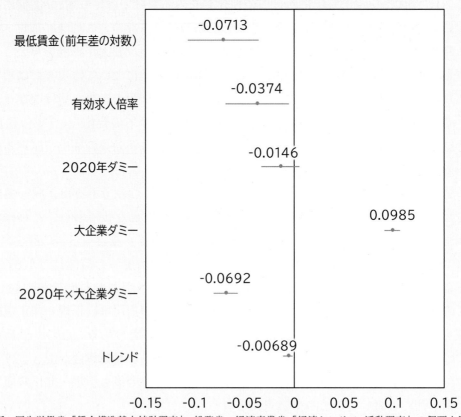

資料出所　厚生労働省「賃金構造基本統計調査」、総務省・経済産業省「経済センサス-活動調査」の個票を厚生労働省
　　　　　ＥＢＰＭの推進に係る若手・中堅プロジェクトチームにて独自集計

●**同一労働同一賃金は非正規雇用労働者への賞与支給事業所割合を約5％上昇させた可能性**

　　正規・非正規雇用形態間の時給差については、同一労働同一賃金の適用により、不合理な待遇差が解消されることを通じて縮小している可能性を確認したが、同一労働同一賃金の適用による効果については、時給以外の待遇にも表れている可能性がある。次に、賞与に着目し、非正規雇用労働者への支給状況を確認しよう。第2-（3）-34図より、処置群・対照群別に、一人以上の非正規雇用労働者に対して1円以上の賞与を支給した事業所の割合をみると、2019～2020年にかけては、対照群では低下している一方で、処置群においては上昇がみられる。

| 第2-（3）-34図 | 非正規雇用労働者への賞与支給事業所割合の推移 |

○　非正規雇用労働者への賞与支給事業所割合は上昇傾向。

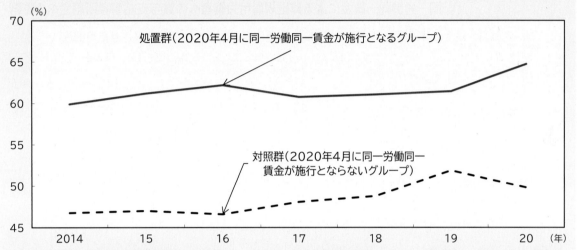

資料出所　厚生労働省「賃金構造基本統計調査」、総務省・経済産業省「経済センサス-活動調査」の個票を厚生労働省ＥＢＰＭの推進に係る若手・中堅プロジェクトチームにて独自集計

第3章

　同一労働同一賃金が賞与支給事業所割合に与えた効果を測定するに当たって、2014～2019年にかけて、処置群と対照群が同じような動きをしているとはみえず、差の差の分析を用いることはできない。このため、事業所単位において、一人以上の非正規雇用労働者に賞与を１円以上支払った事業所を１、それ以外を０とした変数に対するロジスティック回帰の手法を用いて、事業所が非正規雇用労働者等に対して賞与を「支給する」確率を推計した。第2-（3）-35図は、限界効果を示したものであるが、同一労働同一賃金が適用された2020年かつ処置群におけるダミー変数の係数が0.05であることから、同一労働同一賃金はおおむね５％程度賞与支給事業所割合を増加させたものと推計される。ただし、本推計結果は、支給事業所に対して影響しうる他の要素を考慮できていない点については留意が必要である[64]。

第2-（3）-35図　**同一労働同一賃金による非正規雇用労働者への賞与支給事業所割合への影響**

○　同一労働同一賃金は非正規雇用労働者への賞与支給事業所割合を約５％上昇させた可能性。

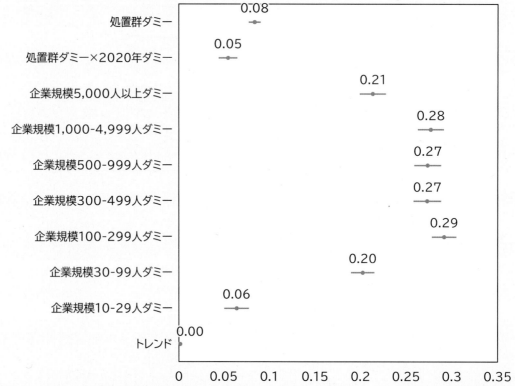

資料出所　厚生労働省「賃金構造基本統計調査」、総務省・経済産業省「経済センサス-活動調査」の個票を厚生労働省ＥＢＰＭの推進に係る若手・中堅プロジェクトチームにて独自集計

64　例えば、2019～2020年にかけて、中小企業におけるパート等への賞与支給事業所割合が低下しており、これは感染症拡大に伴う影響等による可能性がある。なお、賞与については、支給事業所割合だけではなく、支給額についても重回帰分析を行ったが、同一労働同一賃金が非正規雇用労働者への賞与支給額に対して影響を及ぼしたという結果は得られなかった。詳細は付注４を参照。

第4節　小括

　本章では、企業への調査を基に賃上げしている企業の特徴等を確認するとともに、今後の賃上げに向けた方向性や、最低賃金と同一労働同一賃金が賃金に及ぼす影響を分析した。

　まず、賃上げ企業の特徴についてみると、企業は足下だけではなく先行きの業績も踏まえて賃金を決定しており、業績やその見通しが高いほど賃金を上げている傾向が強いことを確認した。加えて、価格転嫁と賃上げの状況についても分析し、価格転嫁を行いやすい企業ほど賃金を上昇させる傾向があることも分かった。賃金制度と賃上げの関係についても、今後「職務給」を重視しようとしている企業ほど、賃上げに積極的であり、人手不足感が比較的弱くなっている可能性が示唆された。

　次に、スタートアップ等の新規開業、転職によるキャリアアップ、非正規雇用労働者の正規雇用転換の3つの観点から今後の方向性を確認した。新規開業についてはOECD諸国で比較すると、新規開業と生産性上昇率、賃金増加率の間には正の相関がある一方で、我が国では開業率が低く、これには社会的な風潮が影響している可能性があることが分かった。このため、ニーズの強いマッチング支援や、起業が不利にならない仕組みの構築等の起業を行いやすい環境整備を行っていく必要があることを指摘した。また、転職については、転職して2年程度経過すると年収が大きく増加する確率が上昇すること、転職により生活の満足度や仕事へのモチベーションが上昇すること等、転職による正の効果がある可能性を示した。その上で、転職の希望は底堅いものの、転職が実現できていない理由として、希望する処遇と求人とのミスマッチや、自分の職務経験やキャリアへの理解不足のほか、特に中高年層では、勤務環境を変えることに対する不安等があることから、希望する人の転職を支援するため、ジョブ・カードの活用やハローワークを通じた就職相談、job-tagを通じた職業に必要なスキルやその職業の性質の見える化等に取り組む必要があることを指摘した。さらに非正規雇用労働者の正規雇用転換は、年収を大きく増加させる効果があるほか、自己啓発やキャリア見通しにも望ましい影響が生ずる可能性があることから、まずは希望する人の正規雇用転換を促すことが重要であることを確認した。

　最後に、最低賃金引上げと同一労働同一賃金が賃金に及ぼす影響について分析した。最低賃金については、特に最低賃金＋75円以内のパートタイム労働者割合を上昇させる可能性があるほか、最低賃金1％の引上げは、パートタイム労働者下位10％の賃金を0.8％程度、中位層においても0.7％程度引き上げる可能性があることが分かった。また、同一労働同一賃金の施行は、正規・非正規雇用労働者の時給差を約10％縮小させた上、非正規雇用労働者に対して賞与を支給する事業所の割合を約5％上昇させた可能性が確認できた。

　このように、最低賃金制度や同一労働同一賃金は、賃金水準や賃金分布に対して様々な影響を及ぼしうるものであることが分かった。重要なことは、「持続的な賃上げ」を通じて労働者の生活の向上を図ることであり、労使の議論を踏まえつつ、政府全体としても、賃金の底上げや生産性向上に向けた取組を進めていくことが求められる。

まとめ

まとめ

第Ⅰ部 労働経済の推移と特徴

　2022年の我が国の経済は、引き続き感染症の影響がみられたものの、感染防止策と経済社会活動の両立が図られ、経済活動は徐々に正常化に向かった。2022年1-3月期においては、一部地域にまん延防止等重点措置が発出され、飲食店等に営業時間短縮等が要請されていたこともあり、民間消費が抑制され、実質GDPはマイナス成長となった。4-6月期においては、3年ぶりに行動制限のない大型連休を迎え、個人消費が回復したことなどから、民間最終消費支出がプラスに寄与し、プラス成長となった。7-9月期、10-12月期は、前年のような全国的な行動制限が求められなかったことで、消費の大幅な落ち込みには至らず、おおむね横ばいとなった。

　雇用情勢は、2021年以降、感染拡大前と比べて求人数の回復に遅れがみられる産業もあるものの、経済社会活動が徐々に活発化する中で持ち直している。また、求人の回復基調が続く中で、女性や高齢者等の労働参加が着実に進展している。ただし、少子高齢化に起因する我が国の労働供給制約や経済社会活動の回復などに伴う人手不足の問題も再び顕在化している。2022年において、新規求人数は対前年で2年連続増加、年平均の完全失業率は前年差0.2%ポイント低下の2.6%、有効求人倍率は前年差0.15ポイント上昇の1.28倍となった。

　労働時間の動向をみると、感染拡大等による2020年の大幅な落込みから回復し、月間総実労働時間は前年に比べて増加した。一方で、働き方改革の取組の進展等を背景に、感染拡大前の2019年と比較して低い水準となった。

　賃金の動向をみると、経済活動の正常化等に伴い、現金給与総額では前年と比べて増加し、感染拡大前の2019年を上回った。また、最低賃金の引上げや同一労働同一賃金の取組の進展、人手不足などに伴うパートタイム労働者の所定内給与の増加などもみられ、春季労使交渉においては例年と比べても高い水準での賃上げに向けた動きがみられた。一方で、名目賃金が大きく増加する中でも、実質賃金が前年比でマイナスとなるなど、物価上昇による影響もみられた。

　このように、2022年の労働経済は、感染防止策と経済社会活動の両立が図られ、経済活動が徐々に正常化に向かう中、飲食、宿泊等のサービス消費やインバウンドの回復、長期的に続く人手不足の状況を背景に持ち直しがみられた。一方で、資源価格の高騰等に伴う物価上昇による経済活動の停滞や実質賃金の減少に加え、感染拡大前の水準まで求人等が回復していないこと等、引き続き動向を注視していく必要がある。

第1章　賃金の現状と課題

●我が国における賃金等の動向

　1990年代後半以降、我が国の名目賃金は、①名目生産性は他国に比べて伸び悩み、②パートタイム労働者の増加等により労働時間が減少し、かつ、③労働分配率が低下傾向にあり付加価値の分配そのものが滞ることで、賃金の伸びが抑制されてきた。また、実質賃金についてみると、交易条件の悪化も賃金の押し下げ要因となっている。我が国において賃金を持続的に上げていくためには、しっかりとイノベーションを生むことができる土壌を整え、名目でも実質でも生産性を持続的に上昇させていくことが重要である。

●我が国において賃金が伸び悩んだ背景

　我が国において、生産性の上昇ほど賃金が増加しなかった背景には、経済活動により得られた付加価値の在り方が変わってきたことが考えられる。この点について、①企業の利益処分が変化してきたこと、②労使間の交渉力が変化してきたこと、③雇用者の様々な構成が変化してきたこと、④日本型雇用が変容していること、⑤労働者が仕事に求めるニーズが多様化していることの5点について、ここ25年のそれぞれの変化や賃金に及ぼしてきた影響を分析したところ、これらの要素は全て名目賃金に対して押し下げる方向に寄与している可能性があることが確認された。

第2章　賃金引上げによる経済等への効果

●賃上げによる企業や労働者への好影響（ミクロの視点）

　個々の企業への効果についてみると、求人賃金を最低賃金よりも5％以上高い水準に設定すると、最低賃金水準と比べて、募集人数一人当たりの被紹介件数を1か月以内では約5％、3か月以内では約10％増加させている。加えて、賃上げは、労働者の仕事へのモチベーション向上等を通じて、企業や個人の生産性向上にも寄与する可能性があることを示した。

●賃上げによる経済等への好影響（マクロの視点）

　経済全体への影響についてみると、フルタイム労働者の定期給与・特別給与の1％の増加が、それぞれ約0.2％、約0.1％ずつ消費を引き上げる効果をもつ可能性があることや、産業連関表を用いた分析では、賃金・俸給額が1％増加したときに、約2.2兆円の生産増加と、約5,000億円の雇用者報酬のさらなる増加をもたらしうることを確認した。加えて、賃金の増加は希望する人の結婚を後押しする効果がある可能性を示し、婚姻数の増加を通じて、社会全体として少子化問題を克服する観点からも賃上げが重要であることを指摘した。

第3章　持続的な賃上げに向けて

●企業と賃上げの状況について

　賃上げを実施した企業の特徴についてみると、企業は足下だけでなく先行きの業績見通しも踏まえて賃金を決定しており、業績や見通しが高いほど賃金を上げている傾向が強いことを確認した。加えて、価格転嫁と賃上げの状況についても分析し、価格転嫁が行いやすいほど賃金

を増加させる傾向があることも分かった。賃金制度と賃上げの関係についても、今後「職務給」を重視しようとしている企業ほど、賃上げに積極的であり、人手不足感が弱くなっている可能性が示唆された。

● **持続的な賃上げに向けて**

　スタートアップ等の新規開業、転職によるキャリアアップ、非正規雇用労働者の正規雇用転換の３つの観点から今後の方向性を確認した。

（１）新規開業については、ＯＥＣＤ諸国で比較すると、新規開業と生産性上昇率、賃金上昇率の間には正の相関があり、国内企業に行ったアンケート調査でも、創業15年未満のスタートアップ企業等においてより高い賃上げが行われていることが確認された。このため、起業を行いやすい環境整備やマッチング支援などを行う必要性を指摘した。

（２）転職して２年程度経過すると年収が大きく増加する確率が上昇すること、転職により生活の満足度や仕事へのモチベーションが上昇すること等、転職による正の効果がある可能性を示した。一方、転職希望がありながら、実現に至らない理由として、希望する処遇と求人とのミスマッチや、自分の職務経験やキャリアへの理解不足や、中高年層等で、勤務環境の変化への不安等があることから、ハローワークを通じた就職相談、ジョブ・カードやjob-tagを通じたスキルや職業特性の見える化等に取り組む必要があることを指摘した。

（３）非正規雇用労働者の正規雇用転換は、年収を大きく増加させる効果があるほか、自己啓発やキャリア見通しにも望ましい影響が生ずる可能性があり、希望する人の正規雇用転換を促すことが重要であることを確認した。

● **政策による賃金への影響**

　最低賃金引上げと同一労働同一賃金が賃金に及ぼす影響について分析した。

（１）最低賃金については、特に最低賃金＋75円以内のパートタイム労働者割合を上昇させる可能性があるほか、最低賃金１％の引上げは、パートタイム労働者下位10％の賃金を0.8％程度引き上げる可能性があることが分かった。

（２）同一労働同一賃金の施行は、正規・非正規雇用労働者の時給差を約10％縮小させた上、非正規雇用労働者への賞与支給事業所割合を約５％上昇させた可能性が確認できた。

　このように、最低賃金制度や同一労働同一賃金は、賃金水準や賃金分布に対して様々な影響を及ぼしうるものであることが分かった。重要なことは、「持続的な賃上げ」を通じて労働者の生活の向上を図ることであり、労使の議論を踏まえつつ、政府全体としても、賃金の底上げや生産性向上に向けた取組を進めていくことが求められる。

付属統計図表

付1-(2)-1図　失業期間別・年齢階級別にみた完全失業者割合の推移

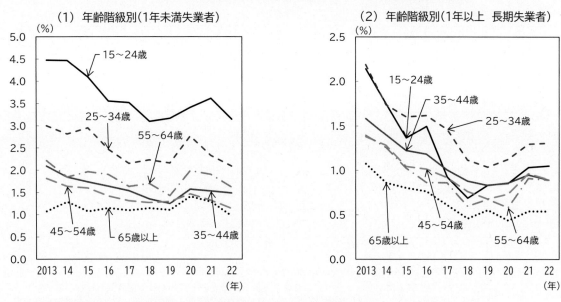

（1）年齢階級別（1年未満失業者）　　　（2）年齢階級別（1年以上　長期失業者）

資料出所　総務省統計局「労働力調査（詳細集計）」をもとに厚生労働省政策統括官付政策統括室にて作成
　（注）　年齢階級ごとに労働力人口に占める失業者の割合を集計。

付1-(3)-1図　パートタイム労働者の時給の推移

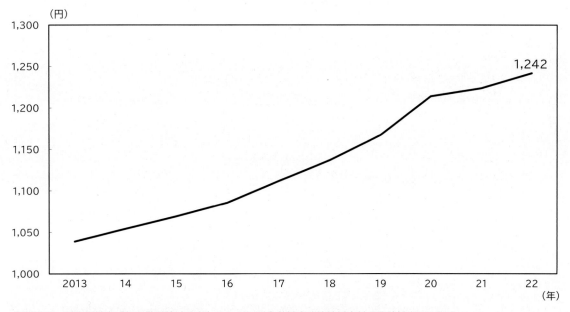

資料出所　厚生労働省「毎月勤労統計調査」をもとに厚生労働省政策統括官付政策統括室にて作成
　（注）　1）調査産業計、事業所規模5人以上の値を示している。
　　　　　2）パートタイム労働者の所定内給与指数、所定内労働時間指数にそれぞれの基準数値（2020年）を乗じ、
　　　　　　100で除し、時系列接続が可能となるように修正した実数値を用いている。

付2-（1）-1図　実質労働生産性と実質賃金の国際比較（マンアワーベース）

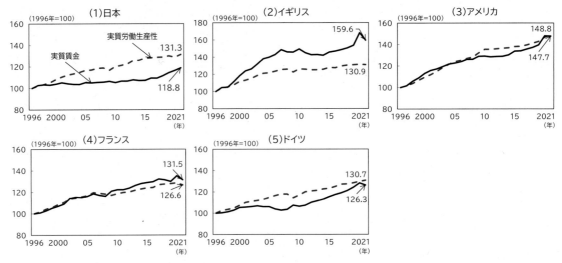

資料出所　OECD. Statをもとに厚生労働省政策統括官付政策統括室にて作成
　（注）　1）マンアワーの実質労働生産性は、ＧＤＰを就業者数と就業者の一人当たり労働時間及びＧＤＰデフレーターで除して算出。マンアワーの実質賃金は、雇用者報酬を雇用者数と雇用者の一人当たり労働時間及び民間最終消費支出デフレーターで除して算出。
　　　　　2）日本については、就業者一人当たり労働時間が公表されていないため、これについて雇用者一人当たりの労働時間で代用している。アメリカについても、1996年、1997年の就業者一人当たり労働時間が公表されていないため、全期間にわたり、雇用者一人当たりの労働時間で代用している。

付2-（1）-2図　産業別一人当たり実質賃金の国際比較

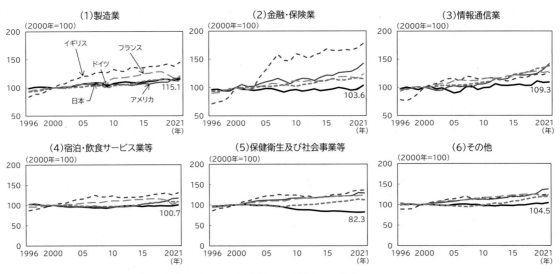

資料出所　OECD. Statをもとに厚生労働省政策統括官付政策統括室にて作成
　（注）　1）一人当たり実質賃金は、雇用者報酬を雇用者数と民間最終消費支出デフレーターで除して作成。
　　　　　2）1996～1999年のアメリカの雇用者数のデータは取得できないため、アメリカのみ2000～2021年のデータを用いている。
　　　　　3）産業分類は、国際標準産業分類（ISIC Rev.4）に基づいている。「宿泊・飲食サービス業等」は宿泊・飲食サービス業と卸売・小売業並びに自動車及びオートバイ修理業、「保健衛生及び社会事業等」は保健衛生及び社会事業と公務及び国防，強制加入社会保険事業，教育を指す。
　　　　　4）「その他」は、産業計から、製造業、金融・保険業、情報通信業、宿泊・飲食サービス業等、保健衛生及び社会事業等の雇用者報酬、雇用者数を差し引いて算出したもの。

付2-(1)-3図　実質労働生産性・失業率と実質賃金の関係

(1)一人当たり実質労働生産性上昇率と実質賃金増加率

(2)失業率と一人当たり実質賃金増加率

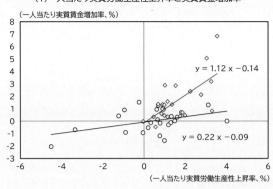
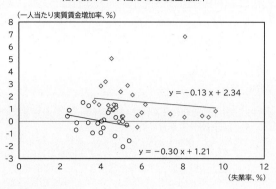

資料出所　OECD. Statをもとに厚生労働省政策統括官付政策統括室にて作成

付2-(1)-4図　成長見通しと一人当たり定期給与・賞与の関係

(1)一人当たり定期給与増加率

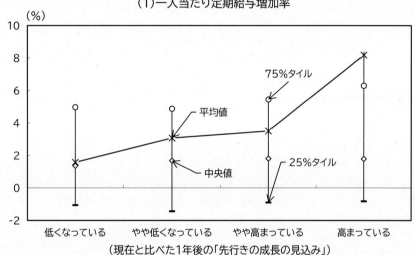

(現在と比べた1年後の「先行きの成長の見込み」)

(2)一人当たり賞与(夏季)増加率

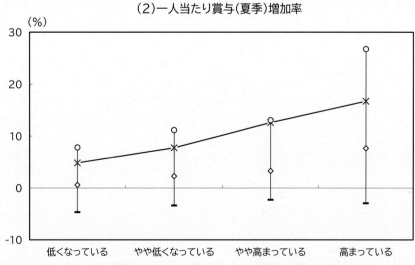

(現在と比べた1年後の「先行きの成長の見込み」)

資料出所　(独)労働政策研究・研修機構「企業の賃金決定に係る調査」(2022年)の個票を厚生労働省政策統括官付政策
統括室にて独自集計

付2-(1)-5表　内部留保の見通しと賃上げの状況

(%)

| | 内部留保（今後1年間） | | | |
	増加させたい	現状維持	減少させたい	合計
ベースアップ実施企業割合	35.3	37.4	29.9	36.1
ベースアップ以外の賃上げ実施企業割合	58.1	56.4	59.1	57.3
賃上げ未実施企業割合	6.6	6.2	11.0	6.6
合計（回答企業数）	100.0 (883)	100.0 (1070)	100.0 (127)	100.0 (2080)

資料出所　（独）労働政策研究・研修機構「企業の賃金決定に係る調査」（2022年）の個票を厚生労働省政策統括官付政策
　　　　　統括室にて独自集計
　（注）　1）「今後1年間（2023年）、現在（2022年12月末調査時点）と比べて、内部留保（利益剰余金）をどうした
　　　　　　いと思いますか」についての回答ごとに、2022年の賃金引上げ状況について集計したもの。「ベースアップ
　　　　　　以外の賃上げ実施企業割合」は、「定期昇給」「賞与（一時金）の増額」「諸手当の改定」「新卒者の初任給の増
　　　　　　額」「再雇用者の賃金の増額」「非正規雇用者・パート労働者の昇給」「その他」の賃上げ施策を何らか一つ以
　　　　　　上実施した企業から「ベースアップ」実施企業を除いた企業の全回答企業に占める割合。
　　　　　2）無回答は除く。

付2-(1)-6表　企業収益と賃上げの状況

（1）　企業収益（3年前比）状況別の賃金増加率（2022年）

(%)

| | 企業収益（感染拡大前（2019年12月以前）比） | | | | |
| | 感染拡大前より悪化し以前の水準に戻っていない | 感染拡大前より悪化したが以前の水準に戻った | 感染拡大前の水準を上回っている | 感染拡大前後で業績は変化しなかった | わからない |
	平均値	平均値	平均値	平均値	平均値
一人当たり定期給与増加率	3.3	2.7	5.1	2.3	1.7
一人当たり夏季賞与増加率	8.3	15.0	15.0	5.5	8.0

（2）　企業収益（3年前比）状況別の賃上げ実施状況（2022年）

(%)

| | 企業収益（感染拡大前（2019年12月以前）比） | | | | |
	感染拡大前より悪化し以前の水準に戻っていない	感染拡大前より悪化したが以前の水準に戻った	感染拡大前の水準を上回っている	感染拡大前後で業績は変化しなかった	わからない
ベースアップ実施企業割合	31.2	38.9	43.0	36.6	35.4
賞与（一時金）の増額企業割合	26.6	44.4	58.4	43.6	34.3
回答企業数	568	171	228	310	62

資料出所　（独）労働政策研究・研修機構「企業の賃金決定に係る調査」（2022年）の個票を厚生労働省政策統括官付政策
　　　　　統括室にて独自集計
　（注）　1）（1）は、現在（2022年12月末調査時点）の企業収益の状況（感染拡大前（2019年12月以前）比）につ
　　　　　　いての回答ごとに、企業の2022年の一人当たり定期給与（6月分）及び夏季賞与について、2021年比の増
　　　　　　加率の平均値を集計したもの。
　　　　　2）（2）は、現在（2022年12月末調査時点）の企業収益の状況（感染拡大前（2019年12月以前）比）につ
　　　　　　いての回答ごとに、2022年にベースアップ又は賞与（一時金）の増額を実施した企業割合を集計したもの。
　　　　　3）いずれも無回答は除く。

付2-(1)-7表　市場の集中度や労働組合組織率が賃金に与える影響

	(1)	(2)	(3)	(4)	(5)
生産性	0.0393***	0.0390***	0.0386***	0.0360***	0.0358***
	(0.000148)	(0.000146)	(0.000145)	(0.000138)	(0.000138)
パート・アルバイト比率		-0.705***	-0.673***	-0.210***	-0.216***
		(0.00286)	(0.00285)	(0.00289)	(0.00289)
ハーフィンダール・ハーシュマン指数			3.427***	-1.491***	**-1.523***
			(0.0527)	(0.0614)	(0.0613)**
組合加入率			0.464***	0.147***	**0.147***
			(0.00361)	(0.00403)	(0.00403)**
200人以上事業所ダミー					0.409***
					(0.0241)
150-200人事業所ダミー					0.468***
					(0.0266)
100-150人事業所ダミー					0.441***
					(0.0160)
50-100人事業所ダミー					0.411***
					(0.00757)
産業ダミー	なし	なし	なし	あり	あり
定数項	4.271***	4.431***	4.367***	4.597***	4.593***
	(0.00218)	(0.00225)	(0.00227)	(0.0406)	(0.0406)
サンプル数	2,218,470	2,218,470	2,218,470	2,218,470	2,218,470
決定係数	0.031	0.057	0.067	0.203	0.205

資料出所　厚生労働省「労働組合基礎調査」をもとに厚生労働省政策統括官付政策統括室にて作成
　　　　　総務省・経済産業省「経済センサス−活動調査」の個票を厚生労働省政策統括官付政策統括室にて独自集計

付2-(1)-8図　卒業者に占める就職者の割合等

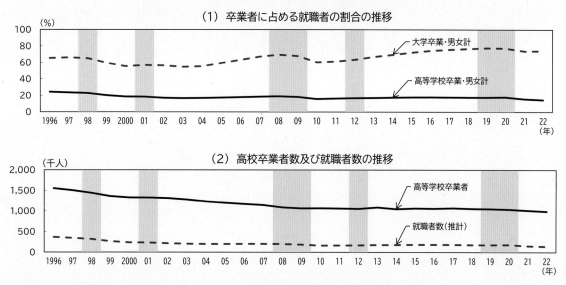

（1）卒業者に占める就職者の割合の推移

（2）高校卒業者数及び就職者数の推移

資料出所　文部科学省「学校基本調査」をもとに厚生労働省政策統括官付政策統括室にて作成
　（注）　1）グラフのシャドーは、当年の3月が景気後退期に該当する場合を表している。
　　　　　2）（2）の就職者数（推計）は、「高等学校卒業者数」に「卒業者に占める就職者の割合」を乗じて算出している。

付2-(1)-9図　一般労働者の平均年齢の推移

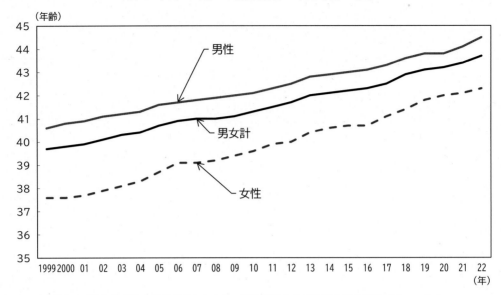

資料出所　厚生労働省「賃金構造基本統計調査」をもとに厚生労働省政策統括官付政策統括室にて作成
　（注）　本図中で使用している「一般労働者」は、厚生労働省「賃金構造基本統計調査」における「一般労働者」を指す。

付2-(1)-10図　男女別・年齢別の希望職業割合

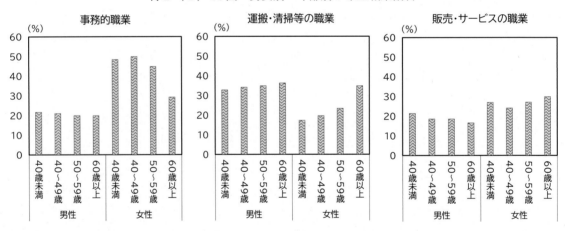

資料出所　厚生労働省行政記録情報（職業紹介）をもとに厚生労働省政策統括官付政策統括室にて作成
　（注）　全て2022年1～3月の有効求職者に限り、このうち、希望職業を少なくとも一つ以上選択した求職者について分析したもの。

付2-(2)-1表　被紹介確率の推計結果（限界効果）

	被紹介1か月以内 フルタイム	被紹介1か月以内 フルタイム	被紹介1か月以内 パート	被紹介1か月以内 パート	被紹介1か月以内 パート	被紹介2か月以内 フルタイム	被紹介2か月以内 フルタイム	被紹介2か月以内 フルタイム	被紹介2か月以内 パート	被紹介2か月以内 パート	被紹介2か月以内 パート	被紹介3か月以内 フルタイム	被紹介3か月以内 フルタイム	被紹介3か月以内 フルタイム	被紹介3か月以内 パート	被紹介3か月以内 パート	被紹介3か月以内 パート
求人賃金ダミー（最低賃金×1.05倍）	0.00954*** (0.00360)	0.0568*** (0.00334)	0.00497** (0.00211)	-0.0123*** (0.00207)	-0.0152*** (0.00205)	0.0282*** (0.00492)	0.0983*** (0.00465)	0.0856*** (0.00464)	-0.0147*** (0.00277)	-0.0342*** (0.00278)	-0.0372*** (0.00276)	0.0361*** (0.00544)	0.114*** (0.00519)	0.0983*** (0.00518)	-0.0338*** (0.00303)	-0.0526*** (0.00307)	-0.0550*** (0.00307)
完全週休2日ダミー	0.195*** (0.00200)	0.156*** (0.00191)	0.114*** (0.00255)	0.0632*** (0.00236)	0.0596*** (0.00234)	0.283*** (0.00271)	0.241*** (0.00264)	0.246*** (0.00265)	0.168*** (0.00329)	0.101*** (0.00313)	0.0965*** (0.00311)	0.307*** (0.00299)	0.271*** (0.00294)	0.276*** (0.00295)	0.182*** (0.00358)	0.112*** (0.00344)	0.108*** (0.00343)
時間外労働ダミー	-0.0526*** (0.00234)	-0.0655*** (0.00218)	-0.0581*** (0.00218)	-0.0500*** (0.00241)	-0.0531*** (0.00239)	-0.0870*** (0.00320)	-0.104*** (0.00303)	-0.0903*** (0.00303)	-0.0788*** (0.00341)	-0.0708*** (0.00321)	-0.0734*** (0.00320)	-0.0994*** (0.00354)	-0.120*** (0.00338)	-0.102*** (0.00338)	-0.0842*** (0.00372)	-0.0806*** (0.00355)	-0.0819*** (0.00354)
ボーナスダミー	0.0988*** (0.00252)	0.128*** (0.00239)	0.120*** (0.00240)	0.123*** (0.00217)	0.107*** (0.00219)	0.157*** (0.00342)	0.206*** (0.00331)	0.192*** (0.00331)	0.174*** (0.00307)	0.178*** (0.00293)	0.157*** (0.00296)	0.184*** (0.00378)	0.239*** (0.00368)	0.222*** (0.00369)	0.184*** (0.00337)	0.192*** (0.00326)	0.172*** (0.00328)
労働組合ダミー		0.0619*** (0.00305)			0.109*** (0.00289)			0.0938*** (0.00426)			0.169*** (0.00394)			0.100*** (0.00477)			0.177*** (0.00439)
300-999人企業ダミー		0.0522*** (0.00337)			-0.0188*** (0.00321)			0.0977*** (0.00468)			-0.00497 (0.00433)			0.122*** (0.00521)			0.000776 (0.00480)
100-299人企業ダミー		0.0656*** (0.00319)			0.00487 (0.00324)			0.126*** (0.00442)			0.0320*** (0.00436)			0.157*** (0.00492)			0.0435*** (0.00483)
100人未満企業ダミー		0.120*** (0.00292)			0.0450*** (0.00286)			0.222*** (0.00405)			0.104*** (0.00386)			0.271*** (0.00452)			0.135*** (0.00428)
創業25年以上ダミー		0.0274*** (0.00202)			0.0372*** (0.00221)			0.0447*** (0.00279)			0.0555*** (0.00295)			0.0526*** (0.00310)			0.0618*** (0.00326)
職業ダミー	なし	あり	なし	あり	あり	なし	あり	あり	なし	あり	あり	なし	あり	あり	なし	あり	あり
産業ダミー	なし	あり	なし	あり	あり	なし	あり	あり	なし	あり	あり	なし	あり	あり	なし	あり	あり
都道府県ダミー	なし	あり	なし	あり	あり	なし	あり	あり	なし	あり	あり	なし	あり	あり	なし	あり	あり
サンプル数	820,361	820,361	485,558	485,558	485,558	820,361	820,361	820,361	485,558	485,558	485,558	820,361	820,361	820,361	485,558	485,558	485,558

* p<0.10　** p<0.05　*** p<0.01

資料出所　厚生労働省行政記録情報（職業紹介）の個票を厚生労働省政策統括官付政策統括室にて独自集計
（注）　求人賃金ダミーは最低賃金×1.05倍よりも低い求人賃金の下限をとっている求人を0、それ以外で1をとるダミー変数を指す。
　　　　職業ダミー、産業ダミー、都道府県ダミーは、それぞれ大分類ごとに作成しているもの。

付2-(2)-2図　男女別の結婚相手の条件として重視・考慮する割合

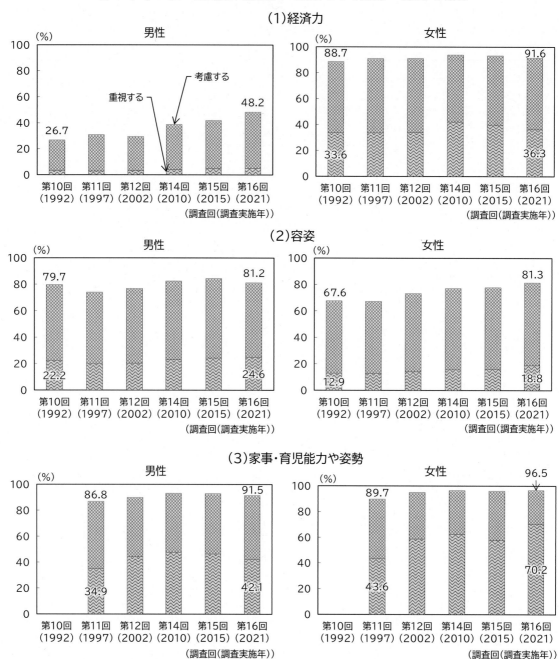

(1)経済力

(2)容姿

(3)家事・育児能力や姿勢

資料出所　国立社会保障・人口問題研究所「出生動向基本調査」をもとに厚生労働省政策統括官付政策統括室にて作成
(注)　1) 対象は「いずれ結婚するつもり」と回答した18～34歳の未婚者。
　　　2) 設問「あなたは結婚相手を決めるとき、次の①～⑧の項目について、どの程度重視しますか。」に対し、
　　　　「③相手の収入などの経済力（経済力）」「⑤相手の容姿（容姿）」「⑧家事・育児に対する能力や姿勢（家事・
　　　　育児の能力や姿勢）」に、「1. 重視する」「2. 考慮する」と回答した者の割合。
　　　3) 第10回（1992年）調査では、設問に「家事・育児の能力や姿勢」の項目がなかったことに留意が必要。
　　　4) 第13回（2005年）調査は、設問がなかったため、図に含めていない。

付2-(2)-3表　結婚確率の推計結果（限界効果）

	男性			女性		
年収200～300万円 ダミー	0.0532*** (0.00747)	0.0343*** (0.00741)	0.0343*** (0.00740)	-0.0294*** (0.00597)	-0.0564*** (0.00614)	-0.0561*** (0.00614)
年収300～400万円 ダミー	0.106*** (0.00777)	0.0815*** (0.00766)	0.0822*** (0.00768)	0.0309*** (0.00729)	-0.0118 (0.00721)	-0.0110 (0.00722)
年収400～500万円 ダミー	0.146*** (0.00895)	0.118*** (0.00880)	0.120*** (0.00886)	0.0831*** (0.0106)	0.0342*** (0.0102)	0.0359*** (0.0102)
年収500万円以上 ダミー	0.189*** (0.0110)	0.162*** (0.0106)	0.164*** (0.0106)	0.145*** (0.0172)	0.0875*** (0.0164)	0.0897*** (0.0164)
（始点における年齢が） 26歳以上ダミー	0.0150** (0.00724)	0.0145** (0.00715)	0.0140** (0.00713)	0.0516*** (0.00846)	0.0518*** (0.00815)	0.0514*** (0.00815)
正規雇用ダミー		0.0638*** (0.00705)	0.0635*** (0.00706)		0.177*** (0.00740)	0.177*** (0.00740)
首都圏在住ダミー			-0.0429*** (0.0113)			-0.0278** (0.0128)
サンプル数	12,100	12,100	12,100	17,215	17,215	17,215

資料出所　厚生労働省「21世紀成年者縦断調査（平成24年成年者）」の個票を厚生労働省政策統括官付政策統括室にて独
　　　　自集計

付2-(3)-1図　価格転嫁率と企業収益等

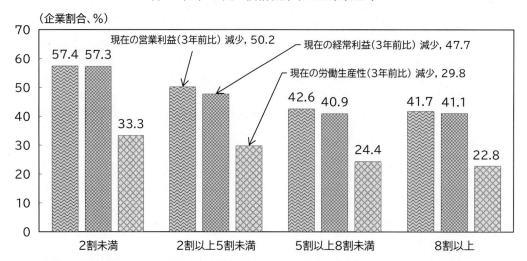

資料出所　（独）労働政策研究・研修機構「企業の賃金決定に係る調査」（2022年）の個票を厚生労働省政策統括官付政策統括室にて独自集計

（注）　企業の2022年の主な商品・サービスにおける仕入れ等コスト上昇分の価格転嫁率の状況ごとに、営業利益、経常利益、労働生産性について3年前（感染拡大前、2019年12月以前）から現在（2022年12月末）の状況変化が「減少（「大幅に減少・低下」「やや減少・低下」の合計）」した企業割合を集計したもの。無回答は除く。

付2-(3)-2表　価格転嫁、内部留保と総人件費の状況

(1) 内部留保と価格転嫁

（回答企業数）

		内部留保の変化（3年前比）						
		増加	やや増加	変わらない	やや減少	減少	（3年前から現在に至るまで、）内部留保はほとんど無い	合計
価格転嫁の状況（2022年）	10割(すべて価格転嫁出来ている)	17	16	15	6	7	3	64
	8割以上10割未満	70	74	45	12	32	5	238
	5割以上8割未満	89	124	61	42	47	21	384
	2割以上5割未満	49	84	57	33	37	24	284
	2割未満	38	79	54	37	86	35	329
	仕入れコストが上昇したので将来的には価格転嫁したいが、全く価格転嫁出来ていない	74	160	118	84	154	81	671
	仕入れコストは上昇したが、価格転嫁するつもりはない	19	36	36	17	25	11	144
	仕入れコストは上昇していない	17	28	27	3	13	7	95
	合計	373	601	413	234	401	187	2209

(2) 総人件費と内部留保

（回答企業数）

		総人件費の状況（3年前比）					
		大幅に増加・上昇	やや増加・上昇	ほぼ横ばい	やや減少・低下	大幅に減少・低下	合計
内部留保の状況（3年前比）	増加	40	203	73	57	6	379
	やや増加	43	339	142	72	6	602
	変わらない	26	212	125	51	5	419
	やや減少	7	118	68	39	11	243
	減少	25	138	99	105	43	410
	（3年前から現在にいたるまで、）内部留保はほとんど無い	13	77	52	45	12	199
	合計	154	1087	559	369	83	2252

(3) 総人件費と価格転嫁

（回答企業数）

		総人件費の状況（3年前比）					
		大幅に増加・上昇	やや増加・上昇	ほぼ横ばい	やや減少・低下	大幅に減少・低下	合計
価格転嫁の状況（2022年）	10割(すべて価格転嫁出来ている)	4	27	14	15	3	63
	8割以上10割未満	16	122	59	34	8	239
	5割以上8割未満	27	200	97	60	9	393
	2割以上5割未満	21	149	62	47	10	289
	2割未満	31	149	77	68	16	341
	仕入れコストが上昇したので将来的には価格転嫁したいが、全く価格転嫁出来ていない	42	322	180	115	30	689
	仕入れコストは上昇したが、価格転嫁するつもりはない	8	70	46	17	2	143
	仕入れコストは上昇していない	9	45	29	14	3	100
	合計	158	1084	564	370	81	2257

資料出所　（独）労働政研究・研修機構「企業の賃金決定に係る調査」（2022年）の個票を厚生労働省政策統括官付政策統括室にて独自集計

（注）　内部留保（現在（2022年12月末調査時点）と3年前（2019年12月以前）の比較）、総人件費（現在（2022年12月末調査時点）と3年前（2019年12月以前）の比較）、価格転嫁（過去1年間（2022年）の自社の主な商品やサービスの仕入れ等コストの上昇分について、販売価格やサービス料金への価格転嫁の状況）について尋ね、それぞれ回答をクロス集計したもの。いずれも無回答は除く。

付2-(3)-3表　転職が賃金に及ぼす影響（推計結果）

	100万円以上増加	50万円以上増加	増加
年齢	-0.00391***	-0.00655***	-0.00683***
	(-12.26)	(-17.15)	(-16.65)
２年前に転職	0.0598***	0.0405*	-0.0231
	(3.45)	(1.85)	(-0.98)
１年前に転職	-0.0120	-0.0592***	-0.101***
	(-0.65)	(-2.69)	(-4.55)
同年に転職	-0.0505**	-0.137***	-0.140***
	(-2.47)	(-5.72)	(-6.17)
２年前に自己啓発を実施	0.0181***	0.0217***	0.0182**
	(2.99)	(2.89)	(2.23)
１年前に自己啓発を実施	0.0197***	0.0142*	0.0239***
	(3.21)	(1.87)	(2.91)
同年に自己啓発を実施	0.0107*	0.0289***	0.0322***
	(1.76)	(3.86)	(3.97)
サンプル数	22,283	22,283	22,283

資料出所　リクルートワークス研究所「全国就業実態パネル調査」の個票を厚生労働省政策統括官付政策統括室にて独自集計

（注）　このほか、60歳以上ダミー、女性ダミー、雇用形態ダミー（正規の職業・従業員、パート・アルバイト、労働者派遣事業所の派遣社員、契約社員、嘱託）、企業規模ダミー（4人以下、5～9人、10～19人、20～29人、30～49人、50～99人、100～299人、300～499人、500～999人、1,000～1,999人、2,000～4,999人、5,000人以上）、転職回数ダミー、複数回転職ダミー（連続4年以内）、産業ダミー（大分類）、同一企業規模ダミー、同一産業ダミー、コーホートダミーを説明変数に加えている。

付2-(3)-4図　雇用形態別の各種制度・教育訓練の実施状況

(1)各種制度の実施状況

「正社員に実施」割合を100とし、うち「無期雇用パートタイム」「有期雇用パートタイム」「有期雇用フルタイム」にも実施した企業割合

(2)教育訓練の実施状況

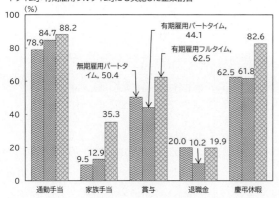

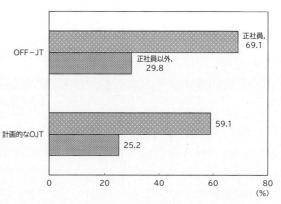

資料出所　（1）は厚生労働省「令和3年パートタイム・有期雇用労働者総合実態調査（事業所調査）」、（2）は厚生労働省「令和3年度能力開発基本調査（事業所調査）」をもとに厚生労働省政策統括官付政策統括室にて作成

（注）　1）OFF-JTは、「業務命令に基づき、通常の仕事を一時的に離れて行う教育訓練（研修）をいい、例えば、社内で実施する教育訓練（労働者を1か所に集合させて実施する集合訓練など）や、社外で実施する教育訓練（業界団体や民間の教育訓練機関など社外の教育訓練機関が実施する教育訓練に労働者を派遣することなど）」を含む。

2）計画的なOJTは、「日常の業務に就きながら行われる教育訓練（OJT）のうち、教育訓練に関する計画書を作成するなどして教育担当者、対象者、期間、内容などを具体的に定めて、段階的・継続的に実施する教育訓練をいう。例えば、教育訓練計画に基づき、ライン長などが教育訓練担当者として作業方法等について部下に指導することなど」を含む。

付2-(3)-5表　最低賃金のパートタイム労働者の賃金分布への影響（推計結果）

	最低賃金からの距離																
	0～ 25円	25～ 50円	50～ 75円	75～ 100円	100～ 125円	125～ 150円	150～ 175円	175～ 200円	200～ 225円	225～ 250円	250～ 275円	275～ 300円	300～ 325円	325～ 350円	350～ 375円	375～ 400円	400円 以上
最低賃金（対数）	0.194***	0.0848***	0.0442***	-0.00615	-0.0449***	-0.0681***	-0.0517***	-0.0515***	-0.0204***	-0.0267***	-0.0288***	-0.0285***	-0.0323***	-0.0228***	-0.0122***	-0.00265	0.0735***
	(0.0106)	(0.00866)	(0.00813)	(0.00704)	(0.00693)	(0.00640)	(0.00578)	(0.00528)	(0.00486)	(0.00443)	(0.00422)	(0.00411)	(0.00398)	(0.00340)	(0.00295)	(0.00234)	(0.0166)
定数項	-1.212***	-0.492***	-0.217***	0.115**	0.372***	0.518***	0.403***	0.394***	0.181***	0.216***	0.224***	0.217***	0.239***	0.173***	0.0988***	0.0329***	-0.261**
	(0.0703)	(0.0575)	(0.0539)	(0.0467)	(0.0459)	(0.0424)	(0.0384)	(0.0350)	(0.0323)	(0.0294)	(0.0280)	(0.0273)	(0.0264)	(0.0226)	(0.0196)	(0.0155)	(0.110)
サンプル数	940	940	940	940	940	940	940	940	940	940	940	940	940	940	940	940	940
決定係数	0.285	0.102	0.034	0.001	0.047	0.118	0.086	0.101	0.020	0.041	0.052	0.054	0.072	0.051	0.020	0.002	0.023
同一主体のサンプル数	94	94	94	94	94	94	94	94	94	94	94	94	94	94	94	94	94

*** p<0.01, ** p<0.05, * p<0.1

資料出所　厚生労働省「賃金構造基本統計調査」の個票を厚生労働省政策統括官付政策統括室にて独自集計

付2-(3)-6表　最低賃金のパートタイム労働者の賃金水準への影響（推計結果）

	平均値	10%タイル	20%タイル	30%タイル	40%タイル	50%タイル	60%タイル	70%タイル	80%タイル	90%タイル
最低賃金（対数）	5.481*	2.787***	4.385***	4.773***	4.780***	4.326***	3.667***	2.573**	2.528	3.932
	(2.879)	(0.552)	(0.612)	(0.670)	(0.733)	(0.848)	(1.008)	(1.255)	(1.574)	(3.828)
最低賃金の2乗（対数）	-0.334	-0.143***	-0.265***	-0.296***	-0.299***	-0.267***	-0.218***	-0.136	-0.132	-0.223
	(0.214)	(0.0410)	(0.0454)	(0.0497)	(0.0544)	(0.0629)	(0.0748)	(0.0931)	(0.117)	(0.284)
有効求人倍率	-0.0113	0.00579***	0.00391**	0.00268	0.00177	0.000123	0.000809	0.000823	0.000608	-0.0179
	(0.00830)	(0.00159)	(0.00176)	(0.00193)	(0.00211)	(0.00245)	(0.00291)	(0.00362)	(0.00454)	(0.0110)
60歳以上割合	-1.038***	-0.502***	-0.589***	-0.592***	-0.547***	-0.511***	-0.566***	-0.595***	-0.670***	-1.282***
	(0.280)	(0.0538)	(0.0596)	(0.0652)	(0.0713)	(0.0826)	(0.0982)	(0.122)	(0.153)	(0.373)
定数項	-14.22	-5.331***	-10.50***	-11.67***	-11.57***	-9.935***	-7.670**	-3.927	-3.650	-8.551
	(9.644)	(1.851)	(2.050)	(2.244)	(2.455)	(2.841)	(3.379)	(4.204)	(5.273)	(12.83)
サンプル数	1,504	1,504	1,504	1,504	1,504	1,504	1,504	1,504	1,504	1,504
決定係数	0.363	0.946	0.927	0.908	0.887	0.844	0.782	0.681	0.555	0.161
同一個体のサンプル数	94	94	94	94	94	94	94	94	94	94

*** p<0.01, ** p<0.05, * p<0.1

資料出所　厚生労働省「賃金構造基本統計調査」の個票を厚生労働省政策統括官付政策統括室にて独自集計

付2-(3)-7表　最低賃金引上げの影響（推計結果）

	①年収106万～130万円かつ 週20～30時間で働く パートタイム労働者割合			②年収130万円以上又は 週30時間以上働く パートタイム労働者割合		
	(1)	(2)	(3)	(4)	(5)	(6)
最低賃金 （対数）	-0.127*** (0.00652)	-0.132*** (0.00646)	-0.135*** (0.0185)	0.190*** (0.0131)	0.283*** (0.013)	0.112** (0.0375)
2017年以降ダミー	-0.0122*** (0.0014)	-0.00812*** (0.00139)	-0.00721*** (0.00217)	-0.000305 (0.00289)	-0.0151*** (0.00286)	0.000524 (0.00443)
勤続1年未満労働者割合	0.00404 (0.00258)	-0.00603* (0.00268)	-0.00556* (0.00268)	-0.360*** (0.00532)	-0.266*** (0.00541)	-0.268*** (0.00542)
産業ダミー	なし	あり	あり	なし	あり	あり
都道府県ダミー	なし	なし	あり	なし	なし	あり
サンプル数	89,532	89,532	89,532	89,532	89,532	89,532

資料出所　厚生労働省「賃金構造基本統計調査」の個票を厚生労働省政策統括官付政策統括室にて独自集計

付2-(3)-8図　適用拡大前後におけるパートタイム労働者分布の変化

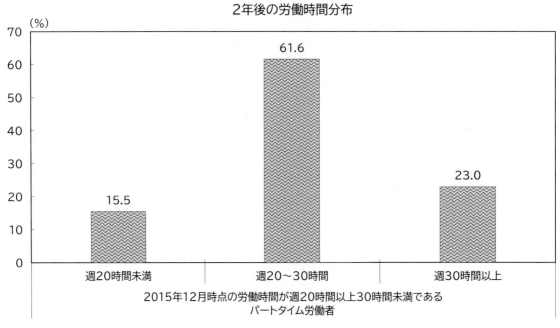

2年後の労働時間分布

2015年12月時点の労働時間が週20時間以上30時間未満である
パートタイム労働者

資料出所　リクルートワークス研究所「全国就業実態パネル調査」の個票を厚生労働省政策統括官付政策統括室にて独自集計

236

付注1　生産・雇用誘発効果の推計について
（第2-（2）-10図関係）

　全労働者の賃金が1％上昇した場合の生産・雇用誘発効果については、以下の手順で計算を行った。大まかな流れとしては、①賃金が1％増加したときの全体の消費の増額分を計算、②37部門ごとの消費の増額分を計算、③37部門ごとの国内消費の増額分を計算、④37部門ごとの生産額の増額分を計算（生産増加額の1次波及効果）、⑤生産の増額による雇用者報酬の増額分を計算（雇用者報酬増加額の1次波及効果）、⑥もう1度③～⑤を計算することで2次波及効果分を計算、という手順で計算している。具体的には以下のとおり。

①　全労働者の賃金が1％上昇した場合の全体の雇用者報酬額の増加分については、内閣府「国民経済計算」における2021年の賃金・俸給額244.336兆円を用いて、2.44兆円と計算。これによる消費の増額分については、2021年の総務省「家計調査」における勤め先収入（約48.0万円）と消費支出（約26.4万円）の比率である0.55を乗じて、1.34兆円と計算。

②　2015年総務省「産業連関表」における統合大分類（37部門）の民間最終支出額を用いて、各部門における民間最終支出額の構成割合を計算。これに消費支出の増額分1.34兆円を乗ずることで、各部門における民間最終消費支出の増額分を計算。

③　これら消費の増額分には、輸入品に費やされる部分も含まれるため、必ずしも全ての消費額が国内製品の需要に回るわけではない。このため、国内需要のうち国内生産により賄われている割合（自給率）に、民間最終消費支出の増額分に乗ずることで、部門ごとの国内における消費の増加分を計算する。自給率については、国内生産額から輸出額を引いた額を需要合計で除すことで部門別に計算している。

④　部門ごとの消費増額に逆行列係数（$[I-(I-\hat{M})A]^{-1}$）を乗ずることで、生産の増加額（生産額の1次波及効果）を推計する。※$\hat{M}$は輸入係数の対角行列

⑤　当該生産波及額に、雇用者報酬が生産額に占める割合（生産・雇用者所得比率）を乗ずることで、37部門ごとに雇用者所得の増額分（雇用者所得の1次波及効果）を計算する。

⑥　37部門ごとの雇用者所得の増加分を用いて、③～⑤をもう一度繰り返し、2次波及効果を算出。

　なお、本産業連関分析に当たっては、生産や消費が増加することによる物価や生産・雇用者所得比率の変化等については考慮していない。

付注2　正規雇用と非労働力・失業、非正規雇用間の移行確率について
(第2-(3)-23図関係)

　第2-(3)-23図においては、男女別に正規雇用と非労働力・失業、非正規雇用間の移行確率を示しているが、特に男性において、正規雇用から非労働力・失業、非正規雇用への移行確率と、非労働力・失業、非正規雇用から正規雇用への移行確率がどちらも低下している中で、正規雇用労働者が増加していることについて、解説する。
　それぞれの移行確率については、

①正規雇用から非労働力・失業、非正規雇用への移行確率

　　：「前月は正規雇用であったが、今月に非労働力・失業または非正規雇用になった者の総数」
　　　を前月の正規雇用労働者数で除したもの、

$$① = \frac{\text{t月の正規雇用から非労働力・失業、非正規雇用への移行者数}}{\text{t-1月の正規雇用労働者数}}$$

②非労働力・失業、非正規雇用から正規雇用への移行確率

　　：「前月は非労働力・失業または非正規雇用であったが、今月に正規雇用になった者の総数」
　　　を前月の非労働力・失業者、非正規雇用労働者数で除したもの、

$$② = \frac{\text{t月の非労働力・失業、非正規雇用から正規雇用への移行者数}}{\text{t-1月の非労働力・失業、非正規雇用労働者数}}$$

として定義される。いわば移行確率はフローの概念であり、例えば、①正規雇用から非労働力・失業、非正規雇用への移行確率については、前月に正規雇用として働いていた者のうち、翌月に正規雇用の仕事を辞め、働かなくなったか、求職活動をして失業者になったか、非正規雇用として働き始めた者の割合である。
　一方で、第1-(2)-6図(2)でみた正規・非正規雇用労働者数の推移は、毎月ごとの正規・非正規雇用労働者数をカウントした、いわばストックの概念である。ストックである正規雇用労働者数における前月から翌月への変化は、①が示す正規から流出する者と、②が示す正規に流入する者の2つに大別され、概念上はこれらの差が、正規雇用労働者数の変化として表される。
　図1を踏まえて男性において、正規雇用から非労働力・失業、非正規雇用への移行確率と、非労働力・失業、非正規雇用から正規雇用への移行確率がどちらも低下している中で正規雇用者数が増加している背景について考えると、
・①と②がどちらも減少しているが①の減少幅の方が大きい
・このため、②-①が正の値となり、
・その結果として正規雇用者数が増加している
と考えられる。すなわち、男性の正規雇用労働者が増加している主因としては、男性が非労働力・失業や非正規雇用の状況から正規雇用に転換しやすくなったというよりはむしろ、男性の正規雇用労働者において非労働力・失業、非正規雇用への移行が減少傾向であること（正規雇用労働者が職を辞す確率が低下してきたこと）が背景にあるものと考えられる。

図1　正規雇用と非労働力・失業、非正規雇用間移行の模式図
①正規雇用から、非労働力・失業、非正規への移行確率
②非労働力・失業、非正規から正規雇用への移行確率

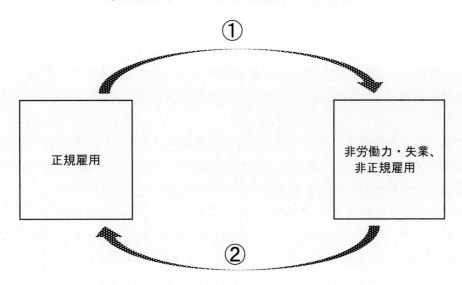

付注3　最低賃金が労働市場に及ぼす影響のシミュレーションについて
（コラム2-10関係）

1．モデルのイメージについて

　本シミュレーションでは、Pissarides（2000）及びMiyamoto（2016）に基づき、正規・非正規雇用労働者の2種類の労働者が存在するサーチ＆マッチングモデルを構築し、生産性が毎年1％、最低賃金が3％ずつ上昇する中での、労働市場の変化を確認した。

　モデルを構築するに当たり、主な前提として、

① 　モデルでは、正規雇用労働者と非正規雇用労働者、正規雇用労働者を目指す失業者と、非正規雇用労働者を目指す失業者の4種類の労働力が存在。非労働力は存在しない。

② 　賃金は、その仕事の生産性と、求人倍率から決定される。

③ 　仕事の生産性は0から1まで一様に分布しており、生産性が低い仕事はそもそも仕事として成り立たず、企業が廃止する。この仕事が成り立つか成り立たないかの境目の生産性を、「留保生産性」という。

④ 　最低賃金は非正規雇用労働者にのみ適用される。まず最低賃金を非正規雇用労働者の平均賃金の8割程度の水準に設定し、その後、毎年3％ずつ上がっていくことを想定。

の4つを置いている。

　最低賃金は非正規雇用労働者にのみ適用されるものと設定しているが、これは第2-(3)-26図～第2-(3)-28図でみたように、最低賃金近傍の労働者はパートタイム労働者が多くを占めるためである。

　図1は、最低賃金が上昇した場合の留保生産性と賃金の変化のイメージを示したものである。最低賃金が上昇した場合、その最低賃金において成り立つ生産性である留保生産性が上昇し、新たな最低賃金額において決定された留保生産性以下の非正規の仕事は消失することになる。

図1　最低賃金が上昇した場合の留保生産性と賃金の変化のイメージ

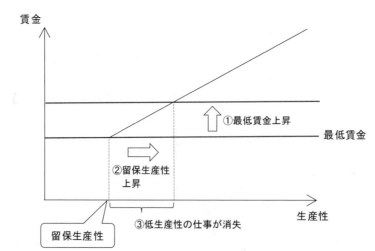

　ただし、最低賃金は、必ずしも非正規雇用労働者の雇用や賃金にのみ影響を与えるわけではない。図2は、最低賃金が上昇した場合の、労働市場全体への波及経路のイメージを示したものであるが、最低賃金が上がった場合、非正規雇用の仕事の留保生産性は上昇するが、一方で、正規に求められる仕事が増加し、結果として正規の留保生産性が低下する（正規雇用に就きやすくなる）効果も考えられる。加えて、最低賃金の引上げは、非正規の仕事で求められる生産性が上昇することで、非正規の仕事に就きづらくなる。これは非正規を希望する失業者を増加させる一方で、もともと非正規雇用を志向していた失業者のうち一部は、就きやすくなった正規雇用を志向するようになることも考えられる。

　このように、本モデルにおいては、最低賃金引上げの影響は、必ずしも非正規雇用労働者だけではなく正規雇用労働者にも影響を及ぼす。

図2　最低賃金引上げによる波及効果

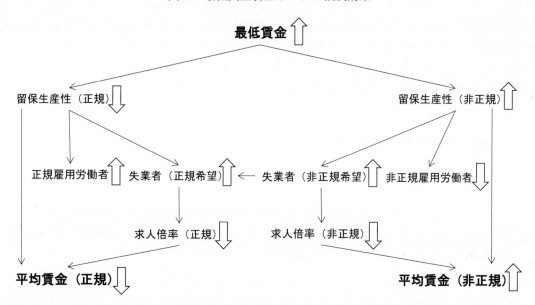

２．モデルの前提について

　以下では、具体的なモデルの前提について概略していく。

　２種類の労働者（正規雇用労働者及び非正規雇用労働者）及び２種類の失業者（正規雇用を希望する失業者と非正規雇用を希望する失業者）の計４種類の労働主体が存在する労働市場を考える。それぞれの人数は、正規雇用労働者：e_P、非正規雇用労働者：e_T、正規雇用を希望する失業者：u_P、非正規雇用を希望する失業者：u_Tとして表し、

$$e_P + e_T + u_P + u_T = 1$$

とする（添え字のPはPermanent Workerを、TはTemporary Workerを指す。）。また、非正規雇用労働者と、非正規の仕事を探している失業者を合わせてϕと定義する。企業は１社当たり１人労働者を雇用することができるが、求人を出す前に、正規雇用労働者を雇うか、非正規雇用労働者を雇うかをあらかじめ決める。求人を出すにあたって、それぞれγ_P、γ_Tのコストを払うものとする。失業者は正規・非正規のどちらの仕事を希望するかあらかじめ決めた上で、求職を行う。労働市場全体で正規・非正規それぞれ新たに成立する仕事の数（m_P、m_t）

は、以下の式に基づき、求人数（v_P、v_t）と求職者数に応じて決定される。

$$m_i = 0.5 v_i^{0.5} u_i^{0.5},\ i = P, T$$

　求人倍率は、

$$\theta_i = \frac{v_i}{u_i},\ i = P, T$$

として表せる。求人と求職者がマッチングすると、その仕事の生産性が0から1まで、一様分布に従いランダムで割り振られる。仮に割り当てられた生産性が低い場合、たとえ求人と求職者がマッチングしていても企業にとって利益を生むものにならないため、当該仕事は成立しない。仕事が成立するか成立しないか（企業にとって利益を生むか生まないか）の境目の生産性を「留保生産性」と定義し、正規雇用労働者・非正規雇用労働者についてそれぞれR_{P0}、R_Tとする。

　企業は、正規雇用労働者を解雇する場合のみ、解雇コストfを支払うものとする。正規雇用労働者・非正規雇用労働者の賃金は企業と労働者の交渉（ナッシュ交渉）により決まる。ここでは、正規雇用労働者と非正規雇用労働者は同じ競争力（η）を持つものとする。労働者を雇った企業は、労働力だけを用いて中間財を生産するが、企業が正規雇用労働者を雇用した場合にはタイプPの財を、非正規雇用労働者を雇用した場合にはタイプTの財を生産する。タイプPとタイプTの生産量は、以下の式のように、それぞれの仕事の生産性（x）と労働投入量（e_P、e_T）とTFP（A）により決定される。このモデルにおいては資本については考えない。

$$y_i = A \int_0^{e_i} x_i(s)\,ds,\ i = P, T$$

　最終財（Y）は2種の中間財から以下の式に基づき生成される。最終財・中間財ともに完全競争市場で取引されるが、最終財の価格は1で一定とする。中間財の価格（P_P、P_T）は中間財を販売する企業が利潤最大化を図る中で導出される。

$$Y = y_P^{\alpha} y_T^{1-\alpha}$$

　成立した仕事については、ポワソン比率δ_P、δ_Tに従いある種のショック（Idiosyncratic Shock）が到来し、その場合は、新しい生産性が再度ランダムに仕事に割り当てられる。仮に生産性が「留保生産性」を下回れば、その仕事は消失することとなる。正規雇用労働者については、解雇コストの存在により、新しく生まれた仕事とすでにある仕事では「留保生産性」が異なることから、既存の仕事の「留保生産性」をR_Pとおく。仕事が消失した場合、当該労働者は失業者となり、正規雇用か非正規雇用どちらかを選択して新たな仕事を探すこととなる。ただし、正規雇用を志向する場合には、教育等費用（c）を負担する必要がある。失業中は、失業給付（z）を一律で受け取る。

　企業、労働者、失業者は、それぞれ自らの価値関数（Value Function）に基づいて行動を決めるが[1]、新たに失業する者と、新たに失業から就業に移行する者の数がつり合う点（均衡点）において、賃金や就業者数等の内生変数が決定されるものとする。なお、最低賃金（$\underline{w}$）については、非正規雇用労働者にのみ適用されるものと仮定している。正規・非正規雇用労働者の賃金[2]と、最低賃金については、以下のように表される。

$$w^P(x)=\eta A P^P x + z(1-\eta) + \eta \theta^P \gamma_P + (1-\beta)\eta f$$

$$w^{P0}(x)=\eta A P^P x + z(1-\eta) + \eta \theta^P \gamma_P - \beta \delta_P \eta f$$

$$w^T(x)=\eta A P^T x + z(1-\eta) + \eta \theta^T \gamma_T$$

$$\underline{w}=\eta A P^T R^T + z(1-\eta) + \eta \theta^T \gamma_T$$

3．シミュレーションに当たって設定した外生変数とシミュレーション結果
　シミュレーションに当たって設定したパラメーター（外生変数）については、図3のとおり[3]。

図3　設定した外生変数

外生変数		設定した値
α	弾力性	0.9
β	割引率	0.99
γ_P	求人コスト（正規雇用）	0.299
γ_T	求人コスト（非正規雇用）	0.13
δ_P	ポワソン比率（正規雇用）	0.045
δ_T	ポワソン比率（非正規雇用）	0.11745
η	労働市場における交渉力	0.5
c	教育等費用	20
f	解雇コスト（正規雇用）	0.1
z	失業給付	1

　これらのパラメータとモデルを用いて算出された内生変数については、図4のとおりである。なお、ここでいうシミュレーションとは、生産性が1％上昇する中で、最低賃金が3％ずつ引き上がった場合における内生変数の変化をみたものを指しており、内生変数の値は、全て均衡点におけるものである。

1　詳細はPissarides（2000）における第2章及び第9章、Miyamoto（2016）を参照。本モデルは、主にMiyamoto（2016）におけるモデルを基にしている。
2　正規雇用労働者については、解雇コストが存在するため、新たに正規として雇用される者と継続して雇用されている者の賃金水準は異なる。
3　なお、外生変数については、厚生労働省「一般職業紹介状況」「毎月勤労統計調査」「雇用動向調査」、総務省統計局「労働力調査」等を踏まえ、求人倍率、正規・非正規雇用労働者の賃金差、失業率が現実のデータが示す水準と乖離しないように設定している。

図4　シミュレーション結果

| 外生変数 | | 内生変数 | | | | | | | | | | | | | | | |
| TFP | 最低賃金額 | 財価格 | | 求人倍率 | | 留保生産性 | | | 非正規比率 | 失業者数 | | 生産量 | | 賃金水準 | | |
A	$\underline{w}$	P_P	P_T	θ_P	θ_T	R_{P0}	R_P	R_T	φ	u_P	u_T	y_P	y_T	w_{P0}	w_P	w_T
0.96	0.300	0.7551	0.4852	1.1972	1.2152	0.5540	0.5615	0.7343	0.1827	0.0767	0.0677	0.5536	0.0957	0.5823	0.5864	0.3531
0.97	0.309	0.7535	0.4950	1.2107	1.2461	0.5545	0.5620	0.7414	0.1803	0.0767	0.0678	0.5614	0.0949	0.5878	0.5919	0.3621
0.98	0.318	0.7519	0.5046	1.2242	1.2773	0.5551	0.5625	0.7481	0.1779	0.0767	0.0679	0.5692	0.0942	0.5933	0.5974	0.3712
0.99	0.328	0.7500	0.5159	1.2372	1.3071	0.5557	0.5630	0.7559	0.1755	0.0767	0.0682	0.5771	0.0932	0.5986	0.6027	0.3811
1.00	0.338	0.7482	0.5270	1.2502	1.3371	0.5562	0.5635	0.7631	0.1732	0.0767	0.0685	0.5849	0.0923	0.6040	0.6081	0.3909

付注4　同一労働同一賃金の効果分析について
（第2−（3）−32図〜第2−（3）−35図関係）

１．分析の概要と活用したデータについて
（分析の概要）

　同一労働同一賃金の実現を目指した不合理な待遇差の解消に向けた取組により、

　分析１．雇用形態間での時給比が縮小しているか（第2−（3）−32、33図関係）

　分析２．待遇の改善が期待されるパートタイム・有期雇用労働者等において賞与、期末手当
　　　　　等特別給与の支給状況に改善がみられるか（第2−（3）−34、35図関係）

について確認した。分析にあたり、１については差の差の分析を、２についてはロジスティック回帰分析を用いている。

　分析１について、正規・非正規雇用労働者間の時給比が同一労働同一賃金の施行によりどのような影響を受けたかを測定するに当たって、単に施策の実施前後において比較するだけでは、施策による影響なのか、その他の要因による影響なのかを判断することが難しい。このため、ここでは、施策の影響を受ける群（以下「処置群」という。）と、影響を受けない群（以下「対照群」という。）に分け、施策の実施前後において、処置群の変化と、対照群の変化を比較することで、施策の影響を把握することとした。なお、処置群と対照群を分ける基準として、常用労働者数と資本金の２つの指標があるが、図１に示すとおり、常用労働者数、資本金ともに閾値を超えた場合は大企業とし、いずれかの指標が閾値以下の場合は、中小企業とする。また、閾値は、小売業、サービス業、卸売業、その他といった４区分の産業によって異なり、図１の表のとおりである[1]。

　こうした考え方を差の差の分析といい、同一労働同一賃金の効果の測定に当たっては、2020年度から大企業においてのみ施行されたことを利用し、処置群と対照群を設定している。なお、差の差の分析を用いるに当たっては、処置群と対処群が、施策の実施前に同様の動きをしているという、プリトレンド（施策実施前の平行性）の仮定を満たしている必要があるが、第2−（3）−32図が示しているとおり、おおむね処置群と対照群における正規・非正規雇用労働者間の時給比は同様の動きをしていることが確認できる[2]。具体的には、以下のような推計式を考える。

$$Y_t = \beta_0 + \beta_1 D_{2020} + \beta_2 D_{treat} + \beta_3 D_{effect} + X$$

　Y_tは各事業所における正規・非正規雇用労働者の時給比、D_{2020}は、2020年に１、2019年以前で０をとるダミー変数、D_{treat}は、処置群で１、対照群で０をとるダミー変数、D_{effect}は、2020年の処置群で１をとり、それ以外で０をとるダミー変数である。Xはそれ以外の説明変

1　常用労働者数の閾値は企業単位でみることとしており、小売業については閾値を50人としている。賃金センサスにおいては、企業単位の常用労働者数は階級値で把握し、50人に該当する企業規模の選択肢は「30〜99人」となっていることから、本分析においては、小売業について「30人以上」の企業を同一労働同一賃金の適用対象となる大企業とみなしている。なお、仮に閾値を100人で同一の分析を行った場合でも、結果に大きな違いはない。

2　なお、2015年から2019年までの介入群と制御群について、同じ推計式で計算したトレンド項の係数についてChowテストを行い、これらの係数が等しくないという帰無仮説を棄却できないこと（係数が等しい（平行である）可能性が十分あること）を確認している（P値：0.5903）。

数をしめす。施策の効果はダミー変数 D_{effect} の係数である β_3 として計測される。

	2019 年以前	2020 年	差分
処置群	$\beta_0 + \beta_2 + X$	$\beta_0 + \beta_1 + \beta_2 + \beta_3 + X$	$\beta_1 + \beta_3$
対照群	$\beta_0 + X$	$\beta_0 + \beta_1 + X$	β_1
差分	β_2	$\beta_2 + \beta_3$	$\boldsymbol{\beta_3}$

図1　不合理な待遇差をなくすための規定の適用が1年猶予される中小企業の定義
（常用労働者数と資本金の閾値と大企業・中小企業との関係）

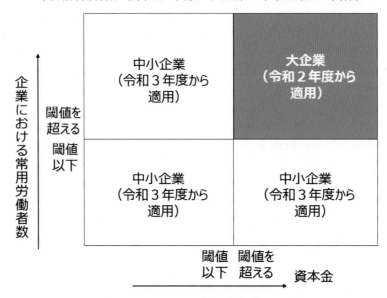

（各産業の資本金と常用労働者数の閾値）

産業	資本金の閾値		常用労働者数（企業単位）の閾値
小売業	5,000万円		50人
サービス業	5,000万円	又は	100人
卸売業	1億円		100人
その他	3億円		300人

分析2については、第2-(3)-34図が示すとおり、プリトレンドの仮定が満たされないと思われることから、差の差の分析を用いることができない。このため、非正規雇用労働者に対して特別給与を支給した事業所と同一労働同一賃金が施行された2020年に大企業であった企業についてダミー変数を作成し、前者のダミー変数に対して後者のダミー変数が与えるインパクトをロジスティック回帰分析により推計することで、同一労働同一賃金が施行されることで、どの程度非正規雇用労働者に対して特別給与等を支払う企業の割合を増加させたかを測定した。

（活用したデータ）
2015～2021年までの厚生労働省「賃金構造基本統計調査」の個票情報を活用し、事業所

ごとに正規・非正規雇用労働者の時給（所定内賃金を所定内労働時間で除したもの）や、非正規雇用労働者に対して支払ったボーナス額の平均を計算し、その上で、法人番号を用いて総務省・経済産業省「経済センサス–活動調査」における資本金情報と結合させることで、資本金情報と結合された事業所ごとの正規・非正規雇用労働者別の時給や特別給与等の支給額のデータを取得している。

2．分析結果について
（差の差の分析結果）

　差の差の分析の結果は以下図のとおりである。効果ダミーが2020年における大企業で1をとるダミーであり、同一労働同一賃金の効果を示している。なお、事業所における固定効果を可能な限りコントロールする観点から、県ダミー、産業（大分類）ダミー、企業規模ダミー[3]を説明変数として追加している。

図2　正規・非正規雇用労働者の時給比についての推計結果（限界効果）

（第2-（3)-33図関係）

	(1)	(2)	(3)	(4)	(5)	(6)
最低賃金		-0.163***	-0.163***	-0.0579***	-0.0516***	-0.0713***
（前年差の対数）		(0.0123)	(0.0124)	(0.0186)	(0.0183)	(0.0183)
有効求人倍率			0.000593	-0.0296*	-0.0340**	-0.0374**
			(0.00571)	(0.0165)	(0.0162)	(0.0161)
2020年ダミー	-0.0392***	-0.00693	-0.00659	-0.0118	-0.0141	-0.0146
	(0.00385)	(0.00490)	(0.00586)	(0.0100)	(0.00981)	(0.00976)
対象事業所ダミー	0.276***	0.280***	0.280***	0.284***	0.216***	0.0985***
	(0.00258)	(0.00259)	(0.00259)	(0.00260)	(0.00273)	(0.00386)
効果ダミー	-0.0740***	-0.0776***	-0.0776***	-0.0761***	-0.0721***	-0.0692***
	(0.00631)	(0.00631)	(0.00631)	(0.00630)	(0.00618)	(0.00616)
トレンド		0.00439**	0.00434**	-0.00645***	-0.00668***	-0.00689***
		(0.00188)	(0.00194)	(0.00243)	(0.00238)	(0.00237)
定数項	1.454***	1.933***	1.933***	1.717***	1.594***	1.586***
	(0.00156)	(0.0324)	(0.0325)	(0.0437)	(0.0430)	(0.0430)
県ダミー	なし	なし	なし	あり	あり	あり
産業ダミー	なし	なし	なし	なし	あり	あり
企業規模ダミー	なし	なし	なし	なし	なし	あり
観測数	188,712	188,712	188,712	188,712	188,712	188,712
決定係数	0.065	0.068	0.068	0.071	0.107	0.117

()内は標準偏差

*** p<0.01, ** p<0.05, * p<0.1

（ロジスティック回帰分析結果）

　ロジスティック回帰分析については、推計したパラメータの値をそのまま効果としてとらえることができないため、以下図においては、限界効果を示している。なお、事業所における固定効果をコントロールする観点から、差の差の分析と同様、県ダミー、産業（大分類）ダミー、企業規模ダミーを説明変数として追加している。

3　企業規模については、5,000人以上、1,000～4,999人、500～999人、300～499人、100～299人、30～99人企業についてダミー変数を作成している。

図3　非正規雇用労働者への賞与支給事業所割合についての推計結果（限界効果）

（第2-（3）-35図関係）

	(1)	(2)	(3)	(4)	(5)
対象事業所ダミー	0.143***	0.138***	0.144***	0.132***	0.0842***
	(0.00221)	(0.00223)	(0.00226)	(0.00232)	(0.00329)
効果ダミー	0.0450***	0.0723***	0.0718***	0.0663***	0.0550***
	(0.00524)	(0.00556)	(0.00555)	(0.00535)	(0.00527)
トレンド		0.00775***	0.00764***	0.00523***	0.00160**
		(0.00054)	(0.000539)	(0.00052)	(0.00052)
県ダミー	なし	なし	あり	あり	あり
産業ダミー	なし	なし	なし	あり	あり
企業規模ダミー	なし	なし	なし	なし	あり

()内は標準偏差

*** $p<0.01$, ** $p<0.05$, * $p<0.1$

3．その他の分析について

（Oaxaca-Blinder分解による正規・非正規雇用労働者間の時給比の分析について）

　第2-(3)-33図において、差の差の分析を用いて雇用形態間の時給比が縮小している可能性を示したが、差の差の分析では、すでに確認したとおり、同一労働同一賃金施行前の並行トレンドが前提とされている上、中小企業も含めて施行された令和4年以降の分析には活用できないという制約がある。

　このため、施策の影響を受けた群と受けていない群を厳密に区分した上で施策の効果を測る差の差の分析だけではなく、施策の影響を受ける群と受けない群を区分せず、確認したい変数について、サンプル全体でその変化を「説明可能部分」と「説明不可部分」に分けるOaxaca-Blinder分解による分析を試みる。

　具体的には、事業所ごとの正規雇用労働者と非正規雇用労働者の時給比について、2016-2017年、2018-2019年、2020-2021年の3時点に分け、各時点間の変化についてOaxaca-Blinder分解を行った。これにより、2016-2017年から2018-2019年、2018-2019年から2020-2021年における雇用形態間の時給比の変化を、事業所の地域や産業等を考慮した「説明可能部分」と、そうした構成変化等を考慮してもなお検出される「説明不可部分」に分け、その推移を確認した。

　結果を示した図4をみると、2016-2017年から2018-2019年の変化では、「説明可能部分」が大きく時給比にマイナスに効いているが、「説明不可部分」の寄与は小さい。一方で、2018-2019年から2020-2021年では「説明不可部分」が大きくマイナスに寄与していることが分かる。「説明不可部分」には様々な効果を含みうることに留意が必要であるが、令和2年に同一労働同一賃金が施行されたことを踏まえれば、2018-2019年から2020-2021年における「説明不可部分」に本施策の効果が包含されているものと考えられる。

図4　Oacaxa-Blinder分解による結果

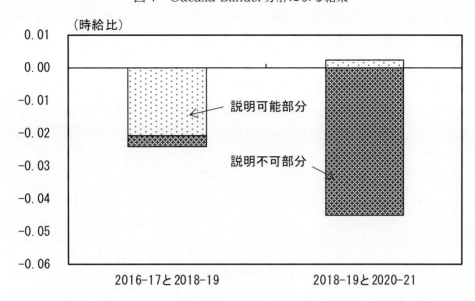

	2016-17と2018-19	2018-19と2020-21
2016-17	1.532***	
	(0.00182)	
2018-19	1.556***	1.490***
	(0.00190)	(0.00453)
2020-21		1.532***
		(0.00182)
差	-0.0241***	-0.0427***
	(0.00263)	(0.00488)
Explained	-0.0209***	0.00242
	(0.00504)	(0.00962)
Unexplained	-0.00315	-0.0451***
	(0.00542)	(0.0107)
観測数	127,309	128,891

() 内は標準偏差

*** p<0.01,　** p<0.05,　* p<0.1

（同一労働同一賃金の非正規雇用労働者に対する賞与等支給額への影響について）

　第2-（3）-35図では、同一労働同一賃金が、非正規雇用労働者に特別給与等を支払う事業所の割合を有意に増加させた可能性があることを示した。それでは、同一労働同一賃金は、非正規雇用労働者への特別給与の支給額にはどのような影響を与えたであろうか。図5により、1人以上の非正規雇用労働者に1円以上の特別賞与等を支払った事業所に限定し、同一労働同一賃金施行前後での支給額の推移をみると、特段大きな変化は確認できない。

　同一労働同一賃金のボーナス支給額への影響の有無について確認するため、県、産業、企業規模といった事業所の固定効果を加味し、かつ、非正規雇用労働者にボーナスを支給した事業所に限定した上で、非正規雇用労働者への特別給与等の支給額について単純な回帰分析を行っ

た。結果は図6が示すとおり、2021年調査[4]の大企業で1をとる「効果ダミー」が有意ではなく、同一労働同一賃金が、非正規雇用労働者への特別給与等の支給額に明らかな影響を与えているとはいえないことが分かる。

図5　正規・非正規雇用労働者別賞与支給額

（1）正規雇用労働者

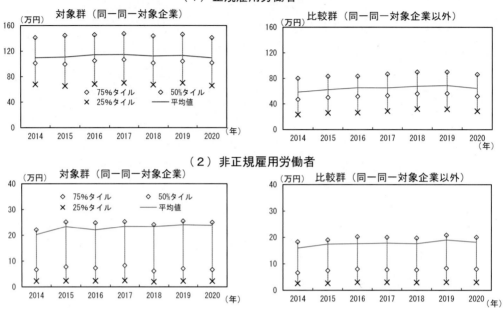

（2）非正規雇用労働者

図6　非正規雇用労働者への賞与支給額についての推計結果

※非正規雇用労働者へのボーナス無支給事業所を除いている。

	(1)	(2)	(3)	(4)	(5)
有効求人倍率	0.111***	0.104***	0.0486**	-0.00343	-0.0162
	(0.0152)	(0.0152)	(0.0208)	(0.0190)	(0.0190)
対象事業所ダミー	0.397***	0.411***	0.394***	0.453***	0.459***
	(0.00861)	(0.00864)	(0.00878)	(0.00869)	(0.0126)
効果ダミー	0.0806***	-0.0133	-0.0309	-0.0205	-0.0166
	(0.0179)	(0.0188)	(0.0191)	(0.0175)	(0.0175)
トレンド		0.0383***	0.0381***	0.0273***	0.0250***
		(0.00238)	(0.00238)	(0.00218)	(0.00222)
定数項	11.21***	11.07***	11.01***	10.98***	10.78***
	(0.0223)	(0.0240)	(0.0405)	(0.0392)	(0.0494)
県ダミー	なし	なし	あり	あり	あり
産業ダミー	なし	なし	なし	あり	あり
企業規模ダミー	なし	なし	なし	なし	あり
観測数	141,084	141,084	141,084	141,084	141,084
決定係数	0.018	0.020	0.025	0.183	0.189

（）内は標準偏差

*** p<0.01, ** p<0.05, * p<0.1

4　賃金構造基本統計調査では、調査年の前年1年間の特別給与支給額を調査しているため、2021年調査では2020年に支払われた特別給与額を調査している。

図表索引

第4章　物価・消費の動向

第Ⅱ部　持続的な賃上げに向けて

第1章　賃金の現状と課題

第2章　賃金引上げによる経済等への効果

第3章　持続的な賃上げに向けて

付属統計図表索引

第Ⅱ部
- ○ 荒巻健二（2019）『日本経済長期低迷の構造-30年にわたる苦闘とその教訓-』東京大学出版会
- ○ 五十嵐俊子、本多純（2022）「日本の製造業における市場集中度と競争環境」CRRCディスカッションペーパー CPDP-91-J
- ○ 今田幸子、平田秀一（1995）『ホワイトカラーの昇進構造』日本労働研究機構
- ○ 岩澤美帆（2015）「少子化をもたらした晩婚化および夫婦の変化」大淵寛・高橋重郷編著『少子化の人口学』原書房, pp.111-1323
- ○ 大槻智彦（2013）「効率賃金仮説と非自発的失業」広島文化女子短期大学紀要第30巻17-23
- ○ 小川一夫（2020）『日本経済の長期停滞-実証分析が明らかにするメカニズム-』日本経済新聞出版
- ○ 厚生労働省（2001）「平成13年版労働経済の分析」
- ○ 厚生労働省（2012）「平成24年版労働経済の分析」
- ○ 厚生労働省（2013）「平成25年版労働経済の分析」
- ○ 厚生労働省（2014）「平成26年版労働経済の分析」
- ○ 厚生労働省（2015）「平成27年版労働経済の分析」
- ○ 厚生労働省（2017）「平成29年版労働経済の分析」
- ○ 厚生労働省（2018）「平成30年版労働経済の分析」
- ○ 厚生労働省（2019）「令和元年版労働経済の分析」
- ○ 厚生労働省（2021）「令和3年版労働経済の分析」
- ○ 厚生労働省（2022）「令和4年版労働経済の分析」
- ○ 佐々木勝（2011）「賃金はどのように決まるのか-素朴な疑問にこたえる」日本労働研究雑誌No.611, pp.4-13
- ○ 中小企業庁（2017）「2017年版中小企業白書」
- ○ 戸田卓宏、並木佑介（2018）「労働時間、出勤日数又は賃金が消費支出に与える影響」労働経済分析レポートNo.3
- ○ 戸田卓宏（2022）「コロナ禍・中長期における賃金の動向と賃金の上方硬直性に係る論点整理」JILPT Discussion Paper 22-10
- ○ 内閣府（2011）「世界経済の潮流2011年Ⅰ」
- ○ 内閣府（2013）「平成25年度年次経済財政報告」
- ○ 内閣府（2014）「平成26年度年次経済財政報告」
- ○ 内閣府（2017）「日本経済2016-2017」
- ○ 内閣府（2018）「平成30年度年次経済財政報告」
- ○ 内閣府（2022）「令和4年版少子化社会対策白書」
- ○ 内閣府（2023）「令和5年版男女共同参画白書」
- ○ 日本銀行（2018）「地域経済報告-さくらレポート-」
- ○ 日本銀行調査統計局（2010）「正社員の企業間移動と賃金カーブに関する事実と考察——日本的雇用慣行は崩れたか？——」Reports & Research Papers
- ○ 野田知彦、阿部正浩（2010）「労働分配率、賃金低下」バブル/デフレ期の日本経済と経済政策 第6巻『労働市場と所得分配』慶應義塾大学出版会
- ○ 服部茂幸（2000）「異質な労働者と効率賃金」奈良産業大学『産業と経済』第14巻3・4号67-82
- ○ 濱秋純哉、堀雅博、前田佐恵子、村田啓子（2011）「低成長と日本的雇用慣行」日本労働研究雑誌No.611, pp.26-37
- ○ 濱口桂一郎（2009）『新しい労働社会-雇用システムの再構築へ』岩波新書
- ○ 濱口桂一郎（2021）『ジョブ型雇用社会とは何か—正社員体制の矛盾と転機』岩波書店
- ○ 日向雄士（2002）「労働分配率の計測方法について」ニッセイ基礎研所報Vol.23
- ○ 前田佐恵子、濱秋純哉、堀雅博、村田啓子（2010）「新卒時就職活動の失敗は挽回可能か？家計研パネルの個票を用いた女性就業の実証分析」ESRI Discussion Paper Series No.234
- ○ 松浦司（2017）「日本の中小企業における労働組合が雇用条件に与える影響」IERCU Discussion Paper No.289
- ○ 宮川努、川上淳之（2006）「新規参入企業の生産性と資金調達」RIETI Discussion Paper Series 06-J-027
- ○ 務川慧、川畑良樹、上野有子（2020）「最低賃金引上げの中小企業の従業員数・付加価値額・労働生産性への影響に関する分析」ESRI Research Note No.54
- ○ 森川正之（2008）「日本の労働組合と生産性-企業データによる実証分析-」RIETI Discussion Paper Series 08-J-030
- ○ 村本孜「地域金融と競争政策～銀行の経営統合と店舗・債権譲渡、アメリカの事例を中心に～」季刊 個人金融2019冬
- ○ 労働省（1975）「昭和50年版労働経済の分析」
- ○ 労働省（1976）「昭和51年版労働経済の分析」

○ 労働省（1981）「昭和56年版労働経済の分析」
○ 労働省（1984）「昭和59年版労働経済の分析」
○ 労働省（1985）「昭和59年版労働経済の分析」
○ 労働省（1999）「平成11年版労働経済の分析」
○ 労働省（2000）「平成12年版労働経済の分析」
○ （独）労働政策研究・研修機構（2010）「データブック国際労働比較2010」
○ （独）労働政策研究・研修機構（2012）「中小企業における人材の採用と定着-人が集まる求人、生きいきとした職場／アイトラッキング、HRMチェックリスト他から-」労働政策研究報告書No.147
○ （独）労働政策研究・研修機構（2014）「若年者の就業状況・キャリア・職業能力開発の現状 ②-平成24年版「就業構造基本調査」より-」JILPT資料シリーズNo.144
○ （独）労働政策研究・研修機構（2019）「若年者の就業状況・キャリア・職業能力開発の現状 ③-平成29年版「就業構造基本調査」より-」JILPT資料シリーズNo.217
○ （独）労働政策研究・研修機構（2021）「「パートタイム」や「有期雇用」の労働者の活用状況等に関する調査結果　労働者調査（「働き方等に関する調査」）編」調査シリーズNo.207-2
○ （独）労働政策研究・研修機構（2022）「ユースフル労働統計2022」
○ 八代尚宏（2011）「管理職への選抜・育成から見た日本的雇用制度」日本労働研究雑誌
○ Izumi, Atsuko, Naomi Kodama and Hyeog Ug Kwon. 2022. "Labor market concentration and heterogeneous effects on wages: Evidence from Japan." Journal of Japanese and International Economies No.67
○ ILO. 2015. "Global Wage Report 2014/15 Wages and Income Inequality." International Labor Organization.
○ Kimura, Takeshi and Kazuo Ueda. 2001. "Downward Nominal Wage Rigidity in Japan." Journal of the Japanese and International Economies 15（1）:50-67.
○ Kuroda, Sachiko and Isamu Yamamoto.2005. "Wage Fluctuations in Japan after the Bursting of the Bubble Economy: Downward Nominal Wage Rigidity, Payroll, and the Unemployment Rate." Monetary and Economic Studies 23（2）. Institute for Monetary and Economic Studies, Bank of Japan.
○ Kuroda, Sachiko and Isamu Yamamoto. 2014. "Is Downward Wage Flexibility the Primary Factor of Japan's Prolonged Deflation?: Downward Wage Flexibility and Deflation." Asian Economic Policy Review 9（1）:143-158.
○ Pissarides, Christopher A. 2000. "Equilibrium Unemployment Theory." 2nd ed.Cambridge, MA:MITPress.
○ OECD. 2018. "Decoupling of Wages from Productivity: What Implications for Public Policies?" OECD Economic Outlook 2 :51-65. Organization for Economic Co-operation and Development.
○ Miyamoto, Hiroaki. 2016. "Growth and Non-Regular Employment." The B.E.Journal of Macroeconomics 16（2）:523-54.

令和5年版 労働経済白書
── 持続的な賃上げに向けて──

令和5年10月27日　発行　　　　　　定価は表紙に表示してあります。

編　集　　厚　生　労　働　省
　　　　　〒100-8916
　　　　　東京都千代田区霞が関1-2-2
　　　　　TEL 03 (5253) 1111
　　　　　URL：https://www.mhlw.go.jp/

発　行　　日　経　印　刷　株　式　会　社
　　　　　〒102-0072
　　　　　東京都千代田区飯田橋2-15-5
　　　　　TEL 03 (6758) 1011

発　売　　全　国　官　報　販　売　協　同　組　合
　　　　　〒100-0013
　　　　　東京都千代田区霞が関1-4-1
　　　　　TEL 03 (5512) 7400

落丁・乱丁本はお取り替えします。

ISBN978-4-86579-395-6